U0143754

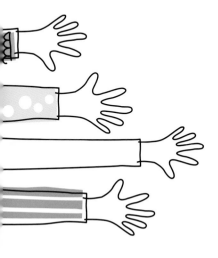

同一堂课 经典语文

A Class Of Classic

张大春　向　阳——主编

南方出版传媒
花城出版社
中国·广州

图书在版编目（ＣＩＰ）数据

同一堂课经典语文. ② / 张大春，向阳主编. -- 广
州 ：花城出版社，2021.1（2021.2重印）
ISBN 978-7-5360-9237-2

Ⅰ. ①同… Ⅱ. ①张… ②向… Ⅲ. ①教育－随笔－
中国－文集 Ⅳ. ①G52-53

中国版本图书馆CIP数据核字(2020)第199614号

出 版 人：肖延兵
责任编辑：文　珍　周思仪
技术编辑：薛伟民　凌春梅
封面设计：八牛·设计

书　　名　同一堂课 经典语文 . ②
　　　　　TONGYITANGKE JINGDIAN YUWEN ②
出版发行　花城出版社
　　　　　（广州市环市东路水荫路 11 号）
经　　销　全国新华书店
印　　刷　佛山市迎高彩印有限公司
　　　　　（佛山市顺德区陈村镇广隆工业区兴业七路 9 号）
开　　本　880 毫米 × 1230 毫米　32 开
印　　张　11. 375　2 插页
字　　数　236，000 字
版　　次　2021 年 1 月第 1 版　2021 年 2 月第 2 次印刷
定　　价　65. 80 元

如发现印装质量问题，请直接与印刷厂联系调换。
购书热线：020-37604658　37602954
花城出版社网站：http：//www.fcph.com.cn

《同一堂课 经典语文》编辑组

主　编

张大春　向　阳

编辑组

陈　涤　袁　蕾　郑　益　孟雨蒙　黄铭明　刘子哲

彭子敏　朱晓佳　苏俭玮　邢伊扬　吴　双　朱　骞

冯　洁　卢　佳（剧照）

序　言

张大春

　　"斅学半"是一个成词，出自《尚书·说命下》。"斅"，今音读作xiào，和学校的校字同音，它原始字形的构成，是左边一个繁体的"学"字，右边一个手持教鞭的"攵"（音pū）字，两边合起来，就是教的意思。

　　"斅学半"说的是：教育这件事，对于施教的一方是有益的；也可以进一步解释成：无论是施教或受教的任何一方，都只是整个教育过程里一部分的受惠者。

　　到了《礼记·学记》，则将"斅学半"的意义朝教与学两方面扩充起来，并且将"教"和"学"各自不为足的原因再进一步说明："学然后知不足，教然后知困。知不足，然后能自反也；知困，然后能自强也。故曰：教学相长也。"这一番见解，可以说是知识论和教育论的结合。其基本精神就是：求知与解答都不足以构成完整的教育。教育过程中施受双方的互动过程，才是使得教育这件事具备完整意义的事情。

　　2017年9月我应制作人向阳之约，抵达山东济南制锦市街小学参与《同一堂课》。这个学校当时已经创办一百一十多年了，和我仍然在济南市的家人亲戚都有着很深的渊源。我的伯父、父亲、姑姑、堂兄姐以及数不清的侄辈亲戚们，绵亘四代，几乎都是从这个小学毕业的。

我走进二年六班的课室，听见孩子们在嬉闹间偶然流露出我父母说话时才会的乡音，不觉有些错乱，仿佛我才是来温习什么课业的那个人。

我日后精细计算过，如果将课外活动（船游大明湖）的三个小时也包括在内，我在制锦市街小学上课的时间总共是三百五十分钟。我几乎没有一刻不在从四十三个孩子身上学到一些东西——可不要说我重新亲近了天真之情、赤子之心这种虚套子，我说的甚至还包括正确写字的笔画。

比方说，就是一个叫王涵诚博的小个头儿告诉我："欢"字的最后一笔不能写成"一捺"，得要写成"一个长点儿"。我必须说：我的知识还不足以应付这么细腻的文字学问题——教学相长不是？

我还可以举一个例子。在游湖和野餐之间，我们有大约一个小时的工夫，上一堂旧诗课。事前，孩子们的班主任王颖老师告诉我，他们从来没有受过古典式的训练，不知声调，不懂格律，一切得从零开始。质言之：这是孩子们第一次试着写出文言语感的诗句。然而，在那一个小时之中，全班同学完全运用自己已有的词汇，完成了一首《游大明湖》七绝："四面八方都是风，行舟西向水流东。荷枯湖浅浮云散，柳絮之间声不穷。"其间我什么忙也帮不上，大概只能说说某句某字平仄不对，某句某字过于俚白，如此而已。但是，也就只是提供了这么一丁点儿的扶持，孩子们很快就能有效地透过带有诗趣的眼光，完成他们对于大明湖秋景的观察。

更不消说，在那三百五十分钟里，我们还一起认识了十六个甲骨文、十六个金文、十六个小篆，学会一首可以贯通套用在所有五言绝句上的歌调，还认识了李白这个不回家的年轻人一生之中如何几次三番错过了他的时代——而不只是爱喝酒而已。

我和这些孩子们的缘分还不止于此。几个月之后，制作人向阳通知我：制锦市街小学二年六班师生之中还有一小队人马要来台湾上一堂课。

我们于是和台北市在地的静心小学的一群学生又规划出一整天的学习行程；从杜甫和李白诗中的食物，到当季在地菜市场里可以取得的食材，并且找到了一所法式餐厅，使用这些食材，做成孩子们非但可以下咽，而且还吃得腹鼓膨脖，以便于下午来到大龙峒的孔庙，在孔夫子的庭院里上一堂《诗经·七月》，甚至还模拟《七月》的手段，写了几句仿《诗经》体的四言诗。

回想起来，每一次登上《同一堂课》的讲堂，或者是像湖船、菜市那样的活动现场，我都是那个学得最多的人。一点儿都不夸张地说：正是《同一堂课》提供的讲堂，帮助我真正理解了也体悟了那些个知识是如何在初学之人身上"过"了一遍，而我初学的时候却错过了。

"斅学半"，然乎？然也。

如果要就我为孩子们设计的那一半——也就是从语文教学内容来说说什么的话，我想从两个角度来谈谈：一个是将一部分大学中文系里才会开出的文字学、训诂学、诗词曲学以及文学史课程的内容，用尽可能较浅白的语言传达给七八岁的孩子，让他们在较丰富的语言环境中对于语文修辞有更丰富和积极的反应与提问。以制锦市街小学二年六班的实作看来，教学现场并没有过度高估孩子们的资质，他们都消化得很好。

另一个课程设计的旨趣则是转换语文教育的验收形式。用"以创作带领教学"来扭转"以考试带领教学"。例言之：在二年六班上课前已经设定了全班同学必须共同完成一首古典诗歌的写作，那么，一步一步透过筑字、砌词、炼句、兴感的布局，学习者已经在看似是简易版的古文字、声韵、训诂课程里耳濡目染，熟悉了古汉语的语感和思路。

以上两者，在现行教育体制和实作上说来——尤其是从升学考试的考量上说来，可能显得特别"奢侈"，因为这样施作，似乎并不容易透过传统的考卷甄别出学习者的"那一半儿"究竟有没有公正、客观又易于评量的学习成果。不过，我想这正是《同一堂课》的构想宗旨。

我个人在《同一堂课》中所实施的教学，只是几十分之一。这个"教师分母"还包括了许多知名人士，有作家、导演、演员、舞者、运动选手……我们有理由相信：来自不同领域的专业人士在自己告别语文课堂之后几十年间，一定也有无数次检验自己语文成绩的人生经验，回想起我自己的这一类经验，并不好过，因为不只"学然后知不足"以及"教然后知困"。但凡是活着就会知不足，就会知困。然而，恰是非专业的语文老师半生之中鲜活体会过的自觉其不足，与自觉其困，能够为他们所面对的学习者带来更宝贵的借鉴。也正是在非语文专科的生活和职业里浸润、体验并打磨出生活与艺能的智慧，再回头来体味语文课所提供的生活与思维养料，宁非弥足珍贵而真实的生命教育呢？

然而制作人向阳对于如何重新打造语文教育的创意奇想并未止步于此。在《同一堂课》的第二季节目里，他又设计了一个"第二现场"，也就是两个迢递不同时空、不相往来的课堂，经由古典文化材料的涵泳，加之以各别讲者更多生活体验的参证，形成了"穿越"。这不只是语文课之嚆矢，也是《同一堂课》这个概念的发轫。试想：借由通信网络，如果有无数的语文课堂之间得以像《同一堂课》中的两个教学现场一样，而且能够及时反馈，随时应答，互相印证，彼此补充，这样的课堂又或许分别设置于天涯海角，则语文课所能串联的人生风景与经验维度，将是何等壮丽而广大呢？

为教育现场推拓出越发活泼而有效率的想法，会使人成天到晚只想从事教育工作的。《同一堂课》让教育者与受教育者发现了原来教育如此令人兴奋，这已经是空前的事了。

目　录

猴王出世 吴承恩

代课老师 黄豆豆
上课地点 江苏苏州平江实验学校

猴王出世①

吴承恩

　　海外有一国土，名日傲来国。国近大海，海中有一座名山，唤为花果山。那座山正当顶上，有一块仙石，其石有三丈六尺五寸高，有二丈四尺围圆。四面更无树木遮阴，左右倒有芝兰相衬。盖自开辟以来，每受天真地秀，日精月华，感之既久，遂有灵通之意。内育仙胞，一日迸裂，产一石卵，似圆球样大。因见风，化作一个石猴。那猴在山中，却会行走跳跃，食草木，饮涧泉，采山花，觅树果；与狼虫为伴，虎豹为群，獐鹿为友，猕猿为亲；夜宿石崖之下，朝游峰洞之中。

　　一朝天气炎热，与群猴避暑，都在松阴之下顽耍。一群猴子耍了一会儿，却去那山涧中洗澡。见那股涧水奔流，真个似滚瓜涌溅。古云："禽有禽言，兽有兽语。"众猴都道："这股水不知是哪里的水。我们今日赶闲无事，顺涧边往上溜头寻看源流，耍子去耶！"喊一声，都拖男挈女，唤弟呼兄，一齐跑来，顺涧爬山，直至源流之处，乃是一股瀑布飞泉。众猴拍手称扬道：好水！好水！原来此处远通山脚之下，直接大海之波。又道："哪一个有本事的，钻进去寻个源头出来，不伤身体者，我等即拜他为王。"连呼了三声，忽见丛杂中跳出一个石猴，应声高叫道："我进去！我进去！"他瞑目蹲身，将身一纵，径跳入瀑布泉

---

① 本文节选自《西游记》第一回，作者是明代的吴承恩，选作课文时有改动。胡适与鲁迅根据清代吴玉搢的《山阳志遗》、阮葵生的《茶余客话》和丁晏的《石亭记事续篇》等书的考证，得出了《西游记》的作者是淮安嘉靖中岁贡生吴承恩的结论。

中，忽睁睛抬头观看，那里边却无水无波，明明朗朗的一架桥梁。他住了身，定了神，仔细再看，原来是座铁板桥。桥下之水，冲贯于石窍之间，倒挂流出去，遮闭了桥门。却又欠身上桥头，再走再看，却似有人家住处一般，真个好所在。石猴看罢多时，跳过桥中间，左右观看，只见正当中有一石碣。碣上有一行楷书大字，镌着花果山福地，水帘洞洞天。

讲堂录

我从小特别喜欢看猴子。我舅舅是个武生演员，小时候我最爱做的事，就是站在舞台边上，看着舅舅他们在脸上画满油彩，在舞台上很威风地耍刀弄剑。

最热闹的就是猴戏，一开场"铛铛铛铛铛"，所有演员把自己扮成《西游记》里的大猴子、小猴子，开始表演。我看得如痴如醉。

后来，我成了一名舞蹈演员，但我一直还有演孙悟空的梦。六年前，大导演邢时苗要导一部舞剧，讲戏班子的故事。我在这部舞剧里饰演一位因演孙悟空而出科的武生演员。当时，我找了最著名的盖派武戏大师张善麟老师，向他学习猴戏表演的基本功。

大家不要看台上孙悟空演得很自如，其实练的时候很苦很苦。但是，我想到孙悟空他在学习的路上也很努力，吃了很多苦，最后才能成长为保护唐僧西天取经的人物，心里就得到些许安慰。

为什么唐僧和孙悟空必须经历九九八十一难才能取得真经？

就是因为这个世界上没有白来的成功。想要修成正果，是没有什么捷径可走的。这就是为什么我们要来学习《西游记》。

第一课　伟大的和尚

《西游记》是真的假的？

我们说它是假的，因为它就是一个神话故事。但我们也说它是真的，因为在历史上，是有西天取经的原型的。

这个原型，就是唐代和尚玄奘法师。他取经回来后，口述整理了一本《大唐西域记》，这就是后人创作《西游记》的底本。

我们一直说"西天取经"，那到底"西天"在哪里呢？它指的是佛教的发源地，也就是今天的印度。

玄奘的西天取经之路走过了当时的110多个国家，全程大概有13800余里，也就是7000公里左右。从苏州走到北京，再走回苏州，这算一个来回，这样走三个来回，差不多就是7000公里。

玄奘一路上遇到了很多困难，曾经五天四夜都没吃一点东西，没喝一口水。他始终记得自己曾经立下的誓言，"若不至天竺，终不东归一步"。意思是，如果我不走到印度，就绝对不会回头。所以，哪怕他已经弹尽粮绝、要昏过去，他也从没停下脚步。

玄奘不只把经书搬了回来。每到一个地方，他都会了解当地的风土人情，去参观当地的佛教遗迹，学习佛法知识，一路走走停停，大概花了4年时间，终于走到了他的目的地印度佛教中心那烂陀寺。

玄奘又用了11年的时间，在那烂陀寺以及周边国家访学，不断跟人探讨、辩论、切磋，了解各个地方的佛教流派，学习新的知识。

当时，天竺国王专门举办了一场佛学辩论大会，请玄奘去当主讲人。他面对五千人，一边讲，一边随时应对提问、辩论。但这五千人，没有一个能够问倒他、辩倒他。因此他获得了所有人的尊敬和认可。

在离开长安近15年后，玄奘带着自己满脑子的知识，还有657部经书，启程回大唐了。取回了真经，是不是就大功告成了呢？不，对于玄奘来说，真正的旅程才完成了一半，更重要的，是回到大唐翻译经书。

苏州盘门是1986版《西游记》中女儿国城门的取景拍摄地。

当时唐太宗觉得，玄奘只研究佛学太屈才了，所以不断地劝玄奘说你不要做和尚，来当辅佐我的大臣好不好？玄奘断然拒绝了唐太宗的请求，他甚至觉得，唐太宗老来骚扰他，实在是太烦人了，所以他几次上书请求离开长安，去比较清静的少林寺。唐太宗断然拒绝了玄奘的请求。

最后，双方各让一步，在唐太宗的支持下，玄奘在长安设立了一个译经院，专门翻译经书。这就是今天的西安大雁塔。这里还聚集了来自全国各地乃至东亚其他国家的优秀学生。玄奘专心译经，成为汉传佛教史上最伟大的译经师之一。

玄奘用他的求经之旅和他的整个人生告诉了我们一个道理，那就是坚持。坚持前行，你会看到终点；坚定目标，就能收获成功；坚守初心，才能有始有终。

第二课　伟大的猴子

孙悟空有多高？

学生A：我觉得孙悟空的身高就是六小龄童爷爷的身高，因为他是专门演这个人物的。

学生B：我认为孙悟空的身高是无限大和无限小，因为他可以随意地变大变小。

让我们来看看《西游记》里是怎么写的：身不足四尺。一尺=0.33米，所以孙悟空其实不高，只有一米三左右。

孙悟空法力高强，能七十二变、上天入地，还能火眼金睛明辨妖魔。我们来看看，如果他和漫威里面的那些超级英雄比，谁更厉害呢？

孙悟空和绿巨人比力气：孙悟空可以挑着两座大山飞起来，

一座须弥山一座峨眉山；而绿巨人只能拿起几吨重的坦克。孙悟空完胜绿巨人。

孙悟空和蚁人比变身大小：孙悟空使出一招"法天象地"，可以瞬间长得身高万丈，顶天立地；也可以小到能在铁扇公主的肚子里拳打脚踢。任何时候、任意时长变大变小，不需要任何辅助。蚁人也可以变大变小，但持续时间有限制，而且还要借助装备。所以，孙悟空胜。

孙悟空和雷神索尔比武器：雷神之锤大约20公斤，金箍棒有多重呢？13 500斤，约6750公斤，是雷神之锤重量的将近340倍。雷神能不能拿得动金箍棒，孙悟空能不能拿得动雷神之锤？都不行。雷神的锤子和金箍棒一样认主人，除了主人，没人拿得动。

孙悟空这么厉害，你们知道，《西游记》中孙悟空一共有几个称号？

石猴——孙悟空是从石卵中蹦出的，一开始，大家都叫他石猴。

孙悟空——孙悟空拜师菩提祖师学习法术，菩提祖师为悟空取的名字。"孙"字取自"猢狲"，"悟空"是法号。

美猴王——孙悟空带领群猴进入水帘洞，成为众猴之王，从此自称美猴王。

弼马温——天庭招安孙悟空，封他做弼马温，一个养马的小官。孙悟空后来知道这是玉帝老儿在欺负他，所以只要有人提及这一名号，孙悟空就会特别生气。

齐天大圣——孙悟空受封弼马温后，觉得受到欺骗，一怒之下离开天庭，回到花果山自封齐天大圣。后来天庭承认该封号，天庭仙班皆敬称孙悟空为"大圣"。

孙行者——唐僧给孙悟空起的名字。

斗战胜佛——孙悟空取到西经后，佛祖册封的佛号，可说是表扬孙悟空战无不胜，并一路护卫唐僧取经的功绩。小说取材自佛教三十五佛之一的斗战胜佛。

演孙悟空，最难的就是他身上的猴性、人性和神性的三性统一。他的三性，在不同阶段的比重不一样，但又三者并存，这就是这个人物特别可爱的地方。

在和唐僧西去取经前，孙悟空在五行山下被压了五百年，取经路上，又经历了九九八十一难。在现实生活中，我们每个人在学习和成长的路上都可能遇到挫折，你们长这么大，最受挫的事

黄豆豆老师跳上讲台，为学生直观展示无忧无虑、无法无天、无私无畏这三个不同阶段的孙悟空。

是什么事情？

　　学生A：四年级的时候，我参加计算大比拼，我们小组虽然配合默契，但整体水平不是很高，最后只得了第十。

　　学生B：期末考试没考好，结果暑假玩耍的计划泡汤了。

　　我听出来了，大家遇到的挫折基本上都是学习上的挫折。

　　我给大家讲讲我的故事。我9岁开始，就去投考北京舞蹈学院，一共考了四次。其中两次都因为一些硬性指标被刷下来了，比如下肢要比上身长12厘米以上，而我的下肢只比上身长8厘米。

　　所以，我爸妈就给我拟定了一个下肢加长的训练计划。每天，他们给我压腿，让我两脚悬空架在两张椅子中心，轮流坐在

黄豆豆老师展示猴戏棍法。

我的腿上。为了尽快拉长下肢，我爸爸还特意找铁匠赶制了一对铁环，悬挂在家里的房梁上，把我身体倒挂起来，天天3至4次挂着，牵拉韧带。

第二个挫折，是我22岁的时候，有一次演出我受伤了，整个膝盖坏掉，需要做手术。手术时，医生在我的膝盖上打了6个洞，做关节镜手术。术后我躺了五六十天，医生说你可以站起来试试了。刚站起来的时候，我的腿根本支撑不了我的身体重量。

后来我用了四个月的时间，从练起立开始，慢慢地咬着牙从走路练习到跑到跳，才重返舞台。

我遇到挫折的时候就会想到孙悟空无论遇到多少艰难险阻，都一步一个脚印地走下去，面对挑战决不退缩，坚持到底。

坚持，既是一个等待的过程，更是历练自己的过程，我们要在这个过程里学会成熟、学会成长。

结课八分钟

《猴王出世》中，孙悟空一开始也不是无所不能的孙悟空，它出生时，只是一只一无所有的石猴，一只普通的猴子。

那是什么让这只猴子变得不普通呢？我们学习了孙悟空的"猴生"三阶段，无忧无虑的美猴王因为一心向学，所以走出了花果山去学艺，坐竹筏漂了十年才找到菩提老祖；有了一身本领的孙悟空也叛逆过，那时他是大闹天宫的齐天大圣，是无法无天的孙猴子。

但当孙悟空遇上唐僧后，一切就不一样了。孙悟空本来不喜欢到西天取经，动不动就想跑回花果山，还被师父唐僧两次赶走，气得他流眼泪，后来却成为最坚定的取经者。

猪八戒、沙和尚不说，连唐僧都动不动很害怕的时候，孙悟空一点儿都不害怕，坚定地保护师父，最终到达西天雷音寺，自己也成为斗战胜佛，会战斗并且取得胜利的佛。是勇敢、野心、毅力、忍耐和心胸，让孙悟空不再是一只普通的猴子。

这两天，我们认识了一个伟大的猴子——孙悟空，认识了一个伟大的和尚——玄奘大和尚。

比一比，他们谁更了不起？孙悟空可以打败好莱坞那些超级英雄，他比他们出生早太多了。中国人的想象力太了不起了。

但更了不起的是唐僧。不是《西游记》里头的唐僧，是历史上真正的玄奘。为什么？没有玄奘到印度取经的真故事，就不可能有孙悟空保护唐僧去西天取经的《西游记》。没有唐僧，就没有孙悟空。

老师希望每位同学都有自己的目标，在实现目标的这条道路上，一步一个脚印地走到底，吃爱吃的苦，去完成自己的梦想，成为自己的孙悟空。

大春老师说

在中国小说史上，描写神、怪、魔的品类里，有神仙更多的《封神榜》，有大场面更多的《三遂平妖传》。但为什么独独《西游记》成了四大名著之一，最常被改编成戏曲、影视作品？

黄豆豆老师上课的时候提到，他感觉练京剧非常辛苦，可是他有一个体会：孙悟空也吃了很多苦。孙悟空历经九九八十一难，一路上有吃不完的苦、历不完的险，大大小小的灾难、陷阱在等着他，他不但要用武术法术去克服，有时候还得动脑筋、想计谋，还得求助于神佛菩萨。也就是说，个人能力不能解决的问题，还得依靠智力、友谊、江湖人脉予以打通和解决，这就使得这个故事的起承转合更有丰富度。

我认为，四大名著，包括《金瓶梅》，过几十年、几百年，甚至上千年，还会有人继续转述、改造。为什么呢？因为此前没有人用这样的方式、这样的角度去诠释这样一个故事，这些新的视野，会让人眼前一亮。

在《水浒传》里，我们第一次用盗匪的角度来决定正义。在《三国》里，我们第一次用一个失败王朝的悲剧角度来看待历史。好像从来没有人像曹雪芹一样，在《红楼梦》里写家长里短、鸡毛蒜皮的事情，我们却能从中看出一个大家族（荣宁二国府）如何在时代的巨浪中慢慢崩溃。

任何一部伟大的小说，都需要有一个在根底上前所未见、绝对创新的观点。

《西游记》的创新，是将两个畜生作为主角——一只猴子、一头猪。在中国小说史上，在神魔传奇小说的传统中，这一点前所未见。经历了一次又一次的艰难险阻，这只猴子、这头猪有了成长，甚至还有了一些升华。想想看，猴何人也，予何人也？猪何人也，予何人也？这当然是这个故事里面最吸引人的，而且是前所未见的一个发明了。

为什么说玄奘是一名很伟大的和尚？

三藏法师对语言的贡献巨大。我们今天常用的汉语语词，大概有500个以上来源于古印度，是印度语的意译和音译。比方说，世界、抬举、钥匙、爱河、海阔天空……"印度"这个词，也是玄奘法师命名的。

当我们用惯了这个字，或者用惯了这个词，那么我们就接受了这个字、这个词所带来的教化。这个教化，又可能被我们无心地传递给其他人。这是一个很有趣的循环。

上课记

给孩子们上一堂语文课，对舞蹈演员黄豆豆来说，紧张程度不亚于上台。

自从12岁考进上海艺校，黄豆豆就生活在练功房，他的课堂经验很少。

在江苏苏州平江实验学校，当他拿起粉笔写下自己名字的时候，他甚至回忆不起来，自己上一次拿着粉笔写字，是在几岁。

孙悟空对人生看得太穿了

请黄豆豆讲孙悟空，不是一个偶然。孙悟空是黄豆豆小时候最喜欢的神话人物。

那时候没电视看、没电影看，黄豆豆喜欢的孙悟空，是戏曲舞台上的孙悟空。

父母太忙，把他寄养在舅舅家。舅舅演武生，住剧团。白天，演员们像平常人一样生活，到了晚上，这个叔叔成了"托塔李天王"，那个阿姨成了"哪吒"。孙悟空一出来，黄豆豆就止不住地兴奋。

小时候，孙悟空高强的本领吸引着黄豆豆；越长大，黄豆豆就越喜欢孙悟空性格里的诙谐。

黄豆豆说："这个人物永远有一种轻松、活泼，甚至诙谐的质感在里面。我想他是在经历了生活的磨砺和苦难，吃遍了常人没吃过的练功的苦、修行的苦、取经的苦之后，达到了一种非常乐观的、率真的看待人生的态度。他的活泼、诙谐，甚至有时候的恶作剧，其实也许是因为他对人生看得太穿了。"

做了舞蹈演员之后，黄豆豆也一直想要演一次孙悟空。

念念不忘，必有回响。

1995年，黄豆豆凭借《醉鼓》，在央视春晚舞台上一夜成名。上台前，他自顾自地在一张桌子上翻滚腾挪，一遍遍地重复练习着。当时担任舞蹈指导的邢时苗导演，被黄豆豆吸引住了。这个不知疲倦的身影，让他想起了一个人——武生泰斗盖叫天。

2011年，邢时苗导演要排舞剧《粉墨春秋》，还专门找了电影《霸王别姬》的原著作者李碧华来写剧本。关于主角武生的人选，他第一个想到的就是黄豆豆。

排练舞剧前，邢时苗专门邀请盖叫天先生的嫡孙、京剧表演艺术家张善麟为演员们传授武戏基本功。张善麟看了看黄豆豆的底子，建议他学"张家猴"的猴戏。

真正练起猴戏来，黄豆豆才发现，这和练舞一样苦。孙悟空的棍子一抛一接，在观众看来是很简单的一个动作，黄豆豆却在练习时吃尽了苦头。头三天练下来，抛起的棍子落下来，不是磕到鼻子就是把头砸出了血，好不容易接住了，十个手指中六个指甲全揭开了花。

黄豆豆也曾问自己，为什么要吃这么多的苦？后来他就想想孙悟空：九九八十一难都过来了，有什么苦的？

做自己的孙悟空

黄豆豆的语文课，是从几个脑洞大开的问题开始的。

《西游记》是真的假的？四大名著里，最没有资格问真假的，恐怕就是《西游记》。《西游记》当然是假的，可是玄奘大和尚踏破艰难险阻万里求经，这是真的。

孙悟空有多高？书上明确写着的，不过一米三左右，妥妥的矮子。可孙悟空能变大变小，想有多高就有多高，想有多矮就有多矮。怎么办到的？后天学艺练成的。

孙悟空和超级英雄一对比，孙悟空完胜。中西方对超级英雄的一切想象，不过是人类理想的七十二般变化。

孙悟空有几个名字？这个问题问到了痛处。孙悟空的几个名字，恰恰对应着他的几段人生。

孙悟空原本是无忧无虑的美猴王，后来是无法无天的齐天大圣，再后来是无私无畏的孙行者，最后取经成功，成为斗战胜佛。这是他成长的过程，也是他从妖到人再到佛的过程。

孩子们喜欢孙悟空火眼金睛、七十二般变化，一个跟头十万八千里。但是黄豆豆最想给他们讲的是，孙悟空在五指山下的五百年。

黄豆豆说："每个人在成长路上都会有低谷，但最重要的是，你在这个过程中要坚持、不能放弃。

"还有，人最怕的就是骄傲。如果考试考好了就骄傲，没考好就垂头丧气，这其实对他们走向社会并不是很有利。所以，我们既要有鼓励的教育，更要有挫折教育。

"孩子们应该知道，孙悟空本事那么大，也会有被压在五指山下五百年的时候。人外有人，天外有天。挫折有时候未尝不是好事。

"孙悟空被压五百年，可他最终在这五百年的时间里，把猴性慢慢褪去。成为孙行者后，他的人性慢慢显现。经历九九八十一难，他一边斩妖除魔，一边见识了大千世界的喜怒哀乐、悲欢离合。在他身上，猴性和人性得到了统一，最后成为斗战胜佛。"

黄豆豆自己，也经历过"五百年"。在课堂上，他和孩子们分享了这段故事，9岁、22岁的两段挫折。

在课堂上，黄豆豆用这些故事鼓励同学们："我们每个人都会碰到各种各样的挫折，但最重要的是，对未来要有梦想，有坚持，我们要成为自己的孙悟空。"

不要让我用教舞蹈的方法教你

一开始走进江苏苏州平江实验学校的时候，黄豆豆差点儿以为自己走进了熟悉的形体课教室。

2019年有一句网络流行语，叫"我不知道说什么好，不如给你劈个叉吧"。

黄豆豆老师做自我介绍的时候大概就是这么想的：我也不知道该怎么介绍我自己，不如先给你们劈个叉吧。

他架了一个一字马。

没想到，这班上卧虎藏龙。瞬间，好几个同学要上台和他PK。

"瑜伽男孩"吴仔乾轻轻松松把腿掰到了脖子上。小姑娘曹珺涵立志考上北京舞蹈学院，她表演了一个标准的"倒踢紫金冠"。总是甜甜笑着的朱恬雨，在过道上徒手下腰。

这么好的同学们，不排个猴戏就浪费了。

第二天户外课，黄豆豆带着这一班"小猴子"，在1986版《西游记》的女儿国城门取景地盘门排练。盘门是全国现存唯一的水陆并联城门。

除了盘门，苏州和《西游记》还有一处勾连：在寒山寺藏经阁的屋脊上，有用非遗工艺"苏州泥塑"塑造的一组《西游记》人物——师徒四人和白龙马。这座藏经阁面西而立，正是唐僧师徒取经回来的方向，以此纪念玄奘大和尚在佛学交流和翻译方面的贡献。

11月的苏州冷得不行，又下起一点小雨，黄豆豆有点担心孩子们在盘门能否承受得住。结果，学生们完全沉浸在猴戏的动作练习中，彻底忘了冷。

前一天在讨论孙悟空到底多高时，有个叫谢子阳的学生，与班上的同学吵了起来。黄豆豆几次维持秩序，都没有效果。渐渐地，他面色冷了下来，严肃地对谢子阳说："出去！我说真的。拿上书包，一、二、三！所有人不要逼着我用教舞蹈的方法教你们，知道吗？"

在苏州昆曲博物馆的戏台上，学生们表演一出"猴王练兵"。

教舞蹈的方法——那可是一种相当艰苦的练习，相当残酷的自律。

在黄豆豆的严厉批评下，谢子阳只好抹着眼泪，小声向黄豆豆老师和全班道歉。

第二天在盘门，谢子阳却成了最努力练习的那个学生。

谢子阳说："我们穿上（猴子的）衣服，都觉得自己是个演员了，我们要像演员一样坚持不懈地辛苦地排练。"

最后，黄豆豆给孩子们戴上孙悟空头套，穿上小猴子的衣服，在苏州昆曲博物馆，为其他同学和家长们表演了一出精彩的"猴王练兵"。

黄豆豆演出时的那根金箍棒，对他而言也是很重要的一根金箍棒。他说："孙悟空的金箍棒，是中国传统表演艺术里非常特别的。一根棍子，只要到了中国演员手里，就可以不借助任何服化帮助，把孙悟空最具代表性的形象，完整地展示给观众，而且不会有任何语言障碍。

"演不同时期的孙悟空，有不同颜色的金箍棒。今天演出，我用的是大闹天宫时期的孙悟空用的金箍棒，它的特点是红色特别鲜亮，有点灯芯绒材质，再加上感光质感的金色点缀。这个时期的孙悟空和它的金箍棒，是非常自豪、自傲、洒脱、顽皮，甚至带一点点张扬的形象。"

黄豆豆还会一直喜欢、研究孙悟空这个角色。

他永远记得，京剧老师张善鳞曾对他说："孙悟空这个角色，最难演。在他人生的每个阶段，猴性、人性和神性三者的统一和比例要很微妙、很细腻地去把控，这是值得演员用一生时间去思考、去体验的事。"

狼 蒲松龄

代课老师 王洛勇

上课地点 贵州毕节市赫章珠市彝族乡中心小学

狼①

[清] 蒲松龄

一屠晚归，担中肉尽，止有剩骨。途中两狼，缀行甚远②。

屠惧，投以骨。一狼得骨止，一狼仍从。复投之，后狼止而前狼又至。骨已尽矣，而两狼之并驱如故。

屠大窘③，恐前后受其敌④。顾野有麦场，场主积薪其中，苫蔽成丘⑤。屠乃奔倚其下，弛担持刀。狼不敢前，眈眈相向⑥。

少时，一狼径去，其一犬坐于前。久之，目似瞑⑦，意暇甚。屠暴起，以刀劈狼首，又数刀毙之。方欲行，转视积薪后，一狼洞其中，意将隧入以攻其后也。身已半入，止露尻⑧尾。屠自后断其股，亦毙之。乃悟前狼假寐⑨，盖以诱敌。

狼亦黠矣，而顷刻两毙，禽兽之变诈几何哉？止增笑耳。

---

① 文章选自《聊斋志异》卷六（上海古籍出版社1986年版）。此题下有三则故事，这里选的是第二则。蒲松龄（1640—1715），中国清代志怪小说作家。字留仙，一字剑臣，别号柳泉居士，山东淄川（今淄博市淄川区）人，世称"聊斋先生"。蒲松龄平时喜好收集怪异的民间故事，死后以短篇故事集《聊斋志异》闻名于世。

② 缀行甚远：紧随着走了很远。缀：连接，紧跟。甚：很。

③ 窘（jiǒng）：困窘，处境危急，困迫为难。

④ 敌：意动用法。这里是动词，指攻击的意思。

⑤ 苫（shàn）蔽成丘：覆盖成小山一样。苫蔽：覆盖、遮盖。

⑥ 眈眈（dān dān）相向：眈眈：注视的样子。相：表示偏指一方，指狼瞪屠户，非"相互"。

⑦ 瞑（míng）：闭上眼睛。

⑧ 尻（kāo）：屁股。

⑨ 假寐（mèi）：假装睡觉。寐：睡觉。

讲堂录

我是你们的新老师王洛勇，我从上海来。我是个演员，但不是明星。我在上海戏剧学院教大学生。这次我要给你们上三天课，我们学的东西将会很好玩。

在古代汉朝的时候，咱们赫章叫夜郎国，我小时候就听说过，因为有一个成语叫"夜郎自大"。当时夜郎国的国王，以为自己的领土是全天下最大的，所以 "夜郎自大"比喻自吹自擂、妄自尊大的人。

根据历史学家的研究，古代夜郎国其实真的很大，从湖南、广西到四川中部都是夜郎国。我说这些是想让大家在心中形成一个"夜郎真的很大"的概念，而且它距离咱们很近，中心点就在赫章县可乐乡。

今天我要讲的是《狼》这篇课文。

蒲松龄的《狼》并不是讲牛、鸡、羊这些常见的动物，而且狼在咱们中国文化里面有很多被歧视的嫌疑，比如很多表示贬义的成语狼心狗肺、狼狈为奸、狼子野心，所以，我觉得从这儿入手蛮有意思。

我这次语文课的期许是，要加强你们对文字的感受力，用文字记录对生活的观察。我想通过蒲松龄一篇很著名的短文《狼》，让你们知道如何构思结构来讲述自己的故事。

第一课　狼的家庭观念非常强

我今天给你们说一个狼的故事。说故事之前，我们先来了解一下狼，很多同学原来在现实生活中没有看过狼。

狼和狗长得很像，因为它们都是犬科类动物。在一般情况下，狗的尾巴是竖起来的，而狼的尾巴是耷拉下来的。但狼的尾巴在有些时候也会竖起来，那就是它打胜仗，胜利的时候。

我们都知道狼很可怕，很凶狠，很狡猾。小时候，我最怕的动物就是狼。但是，狼有时候也很善良。传说古罗马的创建者罗慕路斯和勒莫兄弟俩，就是被遗弃在山洞后，由母狼喂养大的。

那为什么我们会怕狼呢？因为狼这种动物，它饿了会吃鸡、吃羊，有时候甚至会吃人。但这其实是大自然的法则，只是为了自身生存的合理行为。

狼有自己独特的捕猎技巧——群体合作，互帮互助。

每次狼群围捕猎物时，每匹狼都有自己不同的任务：有时，它们从不同方向追赶猎物，耗尽猎物的体力，最后一下子扑倒它；有时其中一匹狼在猎物的前方出现，吸引它的注意，其他的狼会从后面突袭；还有的时候猎物是成群的，狼群会先隐蔽好自己，然后其中一些狼试图打散整个猎物群，或者设法隔离一些落单的猎物出来，让其他狼去围捕。

这个狼群小组，其实就是狼的家庭，它们的家庭观念非常强，群居性极高，是一种有着严格"等级制度"和喜欢"结帮"的动物。一个狼群可以很小，小到只有一对父母和几个子女。狼群也可以很大，有爷爷奶奶、叔伯、娘姨，甚至收养来的孤儿。很像人类的家庭。狼群中每匹狼虽然性格都不一样，但似乎都有一个共性：宠爱狼崽，对它们有求必应。狼群会集体照顾小狼，哪怕不是自己亲生的小狼。成年的狼常常会衔一些骨头回来，当礼物送给狼崽。

每个狼群中都有一匹头狼，就是这个群里的小首领。以家庭为单位的狼群，通常以一对成年夫妇狼为领导；而以兄弟姐妹为单位的狼群，会以最强的一匹狼为领导。可是头狼不是生下来就是头狼，它是从小锻炼出来的，从小勇敢，碰到什么事情，它都跑到前面，它不是懒的狼，它也不是吊儿郎当的狼。小狼的"社会地位"，往往取决于它们小时候的打架水平。小狼长到一个月的时候，就很喜欢打架了。只要两匹小狼一碰到，它们就会用刚

王洛勇老师和学生一同模仿屠夫击退狼的动作。

长出来的乳牙和爪子来相互厮打。打赢的一方，会踩在输的一方身上，翘起小尾巴，非常得意。而失败的一方呢，会躺在地上，一面摇尾巴，一面喘气，向胜利者乞求"宽恕"，显出一副可怜的样子。它们一边打斗一边长大，谁是常胜将军，谁就会变成下一代的头狼。

我们人类的不同动作不同表情，代表着不同的情绪。狼也有，我们可以通过观察狼的形态，去判断那个时候狼是怎样的一个状况。

狼在玩耍的时候，上半身会伏低贴在地面，嘴和耳朵向两边拉开，有时还会快速伸出舌头。

愤怒的狼，它们的耳朵会平平地伸出去，背上的毛也会竖立起来，嘴唇会皱起，露出门牙，尾巴是平举的，有时候，还会弓着背或者大声咆哮。

当它们害怕时，会试图把身子缩起来，就不那么显眼，或者是拱背防守，收回尾巴。

如果狼表示顺从，会把身体蜷缩起来，狼毛变得平顺，耳朵贴伏，尾巴夹在胯部的两侧，还会呜呜低嚎，把狼头埋进自己的臂弯，以示臣服。

在一群狼群中，头狼最容易辨认了。头狼身体挺得是最高的，腿也是最直的，神态很坚定，耳朵直立向前。

第二课　动物的天性并非黑白分明的

　　我用比较口语的话来把《狼》这篇文章的故事给大家讲一遍：一个屠夫傍晚回来，担子里的肉已经卖完了，只剩下骨头。半路上两匹狼紧跟其后。于是，害怕的屠夫把骨头扔给狼。一匹狼得到骨头就停止了，另一匹狼仍然跟从。屠夫再次扔骨头，跟从的狼停住了，之前获得骨头的狼又跟上来了。骨头已经没有了，可是两匹狼像原来一样一起追赶屠夫。

　　屠夫感到处境危急，担心前后受到狼夹击。他发现附近田野中有个麦场，有围墙，在场子中间场主堆了很多的柴火和稻草。屠夫靠在柴草垛上，不一会儿，其中一匹狼径直走开了，另一匹狼像狗一样蹲坐在前面。过了一会儿，蹲坐的那匹狼的眼睛好像闭上了，神情悠闲得很。

　　这时候，屠夫突然跳起来，连砍了几刀把狼杀死。他刚刚想离开，转身看柴草堆后面，另一匹狼正在挖洞，想通过在柴草堆中打洞来从后面攻击屠户。狼的身体已经钻进去一半，只露出屁股和尾巴。屠户又绕到后面杀死了这匹狼。他才领悟到前面的狼假装睡觉，原来是用来诱引敌人的。

　　课文最后一段："狼亦黠矣，而顷刻两毙，禽兽之变诈几何哉？止增笑耳。"这段话意思是，狼好狡猾，它们俩本来要吃我，但是都被我杀掉、降住了，狼就是这几个招数，都被我识破。

　　屠夫教会了我们在危急时刻的临危不变、沉着冷静。

　　我把这篇课文改编成了三段歌，大家跟我一起学：

　　屠夫：今天赶集肉都卖光了，大步流星走走走，心情实在好，回家了，吃饭了，酒要喝个够，一家老小吃得饱，日子实在好。

狼：一路跟来想吃肉，就是想吃肉。肚子空空腿发软，无力向前走。兵分两路一起上，不能让他溜，抢到肉，快回家，一家就有救。

屠夫：骨头扔完手空空，狼还是不肯退，四下无人夜空空，只有一草堆，怎么办怎么办？我该怎么办？想活命，赶紧跑，草堆当后盾。

狼：快快看，快快看，屠夫无处逃，你在前，我在后，吃完就能饱。糟糕，糟糕，真糟糕。屠夫有把刀，你想想，我想想，如何才是好？

少时，一狼径去，其一犬坐于前。久之，目似瞑，意暇甚。屠暴起，以刀劈狼首，又数刀毙之。方欲行，转视积薪后，一狼洞其中，意将隧入以攻其后也。身已半入，止露尻尾。屠自后断其股，亦毙之。乃悟前狼假寐，盖以诱敌。

狼亦黠矣，而顷刻两毙，禽兽之变诈几何哉？止增笑耳。

通过这篇课文，老师想要告诉大家的是，我们知道了在狼极端饿的情况下，它会很凶残。如果你今后碰到一匹成年狼，一方面，这匹狼可能充满很多痛苦悲伤的回忆，可能被人打过，被人伤过的，甚至可能是被别人拿夹子夹过，因此在这样的情况下，它对人是很防范的，当它看到一个人就认为人要伤它时，它就会对你进行攻击。但另一方面，它或许又会在我们面前呈现出善良的一面，跟我们自己家里养的狗一样，它也会舔人，甚至会发出非常友好的声音，围着主人转。老师希望能够通过这篇课文和狼捕食的纪录片，让同学们明白，评价一种动物的天性并非黑白分

明的，我们要站在动物的立场去理解、包容。

但是这并不是说要忽视身边出现的危险因子。文中屠夫在关键的时候，虽然害怕，但非常冷静。所以，不管你们以后长大碰到什么样的紧张情况，一定要冷静，因为冷静了你才能想出办法。如果你恐惧、你不冷静，你就会盲目，你紧张，你的脑子就会僵硬。

结课八分钟

我们这三天主要是学蒲松龄的《狼》，还一起排演了课本剧。

在美国有一个非常非常大的公园，这个地方叫黄石公园。很多年以前，在美国也有一次非常非常大的杀狼活动。当欧洲人进了北美，进了美国和加拿大之后，这两个国家大概在200年的时间里杀了100万匹狼，因为，他们当时觉得狼特别残忍。可是当地的印第安人，是特别喜欢狼的，他们把狼作为自己的好朋友。

美国200年之后发现，生态破坏，有很多鹿都跑到马路上来，把树都咬死了，把草也咬光了，公路经常出现撞车事故。后来美国人又想起了，可能是我们把狼给杀得太多了，当时除了夏威夷和阿拉斯加有狼以外，其他的州，很多的狼都被杀死了。后来他们停止杀狼后，鹿的数量也得到控制。这个故事告诉我们，人和树、草、山、水，和我们的整个生存环境，和环境生态都有关系。

你们都知道，我们赫章很多年以前是有很多很多树的，是有森林的。但是后来森林没有了以后，野猪也没有了，各种动物都没有了，但是，有一个老爷爷，叫文朝荣，当然也有很多其他的英雄，他们开始种树。几十年之后，现在很多地方的森林又恢复了，我们的水又好了，野猪回来了，也有人看到狼了。我相信，有一天，我们会知道怎么和动物打交道，知道怎么爱护树林和水。那样我们赫章才会变得更美，全世界的人才会到这里来向我们学习。

我到学校后，特别感动，我看到了我们身后的校训："微笑的你最美，乐学的你真棒，健康的你最好。"我相信你们会越来越好的，要爱你们的老师，爱你们的校园，也爱你们彼此，谢谢你们。

上课记

从北京出发飞行3个小时抵达毕节飞雄机场，再开车4个多小时才能抵达赫章县珠市乡，赫章县城里处处可见"夜郎古国"大标语。选择到毕节赫章的小学上课，王洛勇十分坚持。

一年多前，他主演的《文朝荣》刚刚在这里杀青。拍戏的那段时间他和老百姓同吃同住，观察到那里的小男生，上课时间居然在街上晃悠，叼着烟，提着酒瓶，丝毫没有害怕和内疚的表情。王洛勇心里着急，觉得有责任要回到这片土地上。

不会说汉语的彝族孩子

赫章珠市彝族乡中心小学是乡里唯一的小学，学校85%的学生为彝族学生，1270个学生，48位老师，师生比例1∶26。王洛勇要给三年级四班的学生上一堂语文课。很多彝族孩子不爱跟其他人一起玩，因为不会说汉语。正式上课的前一天，王洛勇找到了小学校长学习彝语的读音和写法，从最简单的打招呼开始，"谢

学生们表演他们回家路上的见闻——斗牛。

谢，怎么念？""夸学生你真棒怎么说？"王洛勇学会的最初三句彝文是："你好，谢谢，你真棒。"不断练习，标准的读音让彝语老师都竖起了大拇指。

第二天，一进教室，他一边点名，一边与孩子们击掌、飞吻、握手，"孩子特别强调身体的感受，你手上一定要有信号传递，他能接收到你的真诚"。羞涩的山村孩子们一下子对眼前的王老师产生了好几分亲近感。

王洛勇选择蒲松龄的《狼》作为课文，他认为孩子跟动物有一种天然的联系。有些孩子第一次见到狗的第一反应都是去摸，反而是大人的害怕传递给孩子们，让孩子们才害怕动物；再者，多年在海外的音乐剧经历以及在上戏的教师经历，都让王洛勇对于"戏剧教育"特别有心得，百老汇的音乐剧里面有《猫》，有《狮子王》，有《走进森林》，很多都跟动物有关系，选择一篇与动物相关的文章能够跟孩子快速产生连接。

这篇课文对于小学生来说有难度，孩子们基本看不懂意思。为了让孩子们更快更好地理解蒲松龄的《狼》，他请孩子们观看影片，分辨狼的特征和习性，并为狼正名：狼不一定是凶恶的。他带着孩子们模仿动物的姿态，全班小朋友在王洛勇的带领下，化身争食的小猪和俯卧的小狗。

对于狼，王洛勇认为它在中国文化里有被歧视的嫌疑，狼心狗肺，狼狈为奸，狼子野心，我们多数情况下是把狼作为贬义词。但是，狼群和人类有非常多相似的地方，比如狼群的合作、狼群里的阶级分化和家庭概念等等，同时王洛勇更希望借此作为切入口让孩子们了解人与动物与自然是什么样的关系，打破对"狼"的偏见，认识和理解自然界中的动物性。

该不该给文春奖励

班上有一个孩子叫文春，三天的课程里，一直被王洛勇记挂在心上。

第一天点名的时候，唯独点到"文春"叫了两遍，还是一位叫杨龙的同学给王洛勇指了同桌文春，王洛勇才发现他。文春头都快埋进课桌抽屉了，也不敢跟王洛勇击掌。旁边同学叽叽喳喳，王洛勇才知道文春是班里唯一一个不会讲汉语的彝族学生。王洛勇立马对文春说了一段彝语，"你好，我是你们的新老师，王洛勇。"文春这才敢抬起一点头。

王洛勇在课上问问题、演角色，都特别照顾文春，读课文时会走到文春身边，边带着全班读，边拉着文春的手指逐字点着课本上每个念出来的字，而文春还是把头低着，眼睛只敢盯着面前的课本，嘴巴却张不开。

课上请同学来模仿"方欲行，转视积薪后，一狼洞其中，意将隧入以攻其后也。身已半入，止露尻尾"。王洛勇点名文春来演钻草堆的狼，文春满脸通红又带着些兴奋地模仿刚刚老师钻在讲台下面露出尾部的样子，认真极了。王洛勇立马用彝语对文春说"你真棒"，坐回座位的文春开始看黑板而不再低头看抽屉。

课后王洛勇给学生布置当天的家庭作业，画今天放学回家路上所观察到的植物和动物，并写一篇小作文。

第二天，文春交的作业是一幅画，没有写作文。小伙伴杨龙代替文春说出了画中的内容："他回家的路上看见了飞机，他回家的路上看见了蜜蜂，他回家的路上看见了蘑菇，他回家的路上看见了一头猪，他回家的路上看见了一只老鹰，他回家的路上看见了一朵花。"文春画出了他脑海中回家的路。文春的家就在学校旁边，出校门沿着商店拐过一个路口就到了。文春跟哥哥姐姐一起住，三个孩子没有大人照顾，自己煮饭自己吃，自己洗衣服自己穿。哥哥姐姐不爱带着弟弟文春一起玩。房子里除了床，什么都没有，黑洞洞的。

听完一轮作业，王洛勇拿出了一个漂亮的蓝色的文具盒，想要奖励给文春。立马有同学跳出来说"不能给文春，文春的作业是杨龙帮他画的"，文春特别委屈，但说不出。王洛勇带着同学几轮讨论这个文具盒到底要不要给文春？最后班上同学达成一致，给，因为这是文春第一次主动完成作业。

王老师要走了，学生们依依不舍。

文春抱着文具盒笑得特别开心。

孩子们真的能排出短剧吗

作为专业的戏剧教师和演员，王洛勇深知解放孩子天性的重要性。他想带着孩子们把《狼》排演成课本剧，他带着一群孩子在大草原上围成一圈，模仿课文中狼的每一个动作和声音，直至所有人一起在草地上打起滚来。

这帮孩子真的能排一出短剧吗？

有注意力溜号的学生，一会拔个草，一会看看远方的牛。王洛勇的热情劲儿似乎对孩子们来说已经不起作用了。远处天空飘来好几朵大乌云，眼看着就要下雨了，学生们连站位都没搞清楚就收拾收拾回学校了。在回去的路上，王洛勇一直眯着眼睛躺在座位上，想着怎么激励学生。

第五天，最后一天，按计划王洛勇就要离开赫章，回上海准备上戏学生的期末考试答辩了。一早到教室，为了给学生们一点压力，王洛勇声称他已经跟校长商量好了，下午三年级四班要给全校同学表演短剧《狼》。学生们立马当了真。

第一天连头都不敢抬的彝族孩子，开始有了变化，变得敢于参与，敢于快乐，敢于表达，甚至愿意表达了。最终呈现了一场精彩绝伦的演出。王洛勇，不仅仅是贵州毕节彝族孩子们的语文代课老师，更是他们的心灵导师。

"你会发现在偏远的山村，学生对知识的获取和记忆，真是不以我们大人所估量、所想象的，他们就是一个海绵，你给他什么就收什么。我相信这些孩子就是中国的未来。"

赴成登程口占示家人·其二 林则徐

代课老师 濮存昕
上课地点 北京市朝阳区外国语学校来广营校区

赴戍登程口占示家人

其二

〔清〕林则徐①

力微任重久神疲，再竭衰庸②定不支。

苟利国家生死以，岂因祸福避趋之！

谪居③正是君恩厚，养拙④刚于戍卒宜。

戏与山妻谈故事，试吟断送老头皮⑤。

---

① 林则徐是清朝时期的政治家、思想家和诗人。官至一品，曾任湖广总督、陕甘总督和云贵总督，两次受命钦差大臣；因其主张严禁鸦片、抵抗西方列强侵略，被誉为"民族英雄"。

② 衰（shuāi）庸：意近"衰朽"，衰老而无能，这里是自谦之词。"衰"为多音字，当作为古代用粗麻布制成的毛边丧服时，读作cuī。

③ 谪（zhé）居：因有罪被遣戍远方。

④ 养拙：犹言藏拙，有守本分、不显露自己的意思。

⑤ 老头皮：指脑袋。

讲堂录

我是戏剧演员，舞台是我的专业，我也正在国家大剧院演出话剧《林则徐》。

林则徐的两句诗——"苟利国家生死以，岂因祸福避趋之"，激励着一代又一代人的报国心、天下志、历史担当。他是第一个敢于和洋人抗争的人，也是第一个把眼光投向世界的人。中华民族近代发展史，林则徐是不可忽略的一个人。

林则徐虎门销烟之后，英国人为了维护鸦片贸易，开始攻击中国。但是英国人没有直接攻击林则徐镇守的广东，而是北上攻击了浙江，威胁天津、北京。惊慌失措的道光皇帝成了投降派，把林则徐发配到新疆去流放。林则徐离开西安上路去新疆的那一天，写下了这首诗。

林则徐这首《赴戍登程口占示家人》，是说给他的三个儿子的，但表达的，是他的一腔爱国情怀。这首诗之所以能够传诵这么久，不仅仅因为它本身写得好，而且因为这背后的故事，真实的历史大故事。

林则徐被皇帝委以重任，做的是利国利民的事情，所以他心甘情愿赴汤蹈火。

清朝严禁鸦片，但是屡禁不止，而且越来越严重。为什么呢？

一方面，是清朝封建制度的腐败，贪污成风，行贿索贿。

另一方面，当时的英国，几乎是用国家的力量制毒贩毒。

为什么说是"几乎"？当时统治印度的是英国东印度公司，一个有皇家特许制度的跨国大公司。它公开地大面积种植鸦片、制造鸦片。英国统治印度，依靠的就是贩卖鸦片赚的钱。

我们输出的是茶叶，英国人带来的是鸦片。

林则徐禁烟，必然触犯英国商人的利益，遭到英国的报复。

道光皇帝让林则徐禁烟。鸦片战争之后，道光皇帝就动摇了、反悔了。林则徐被出卖了，成了替罪羊。

但是林则徐从不后悔。林则徐从不认为自己有罪。他的确无罪，他有功。

学生们到国家大剧院后台探班濮老师。

第一课　我们为什么要认识林则徐

今天，我们在北京讲林则徐。林则徐这一生，有三个地方对他很重要，北京、广州和伊犁。

林则徐来过北京好几次，最长的一次住了七年。林则徐第一次来北京时21岁。他来参加考试，可是没考上，后来又考了两次，直到第三次才考上。林则徐在北京的大部分时间，住在福州新馆，现在这里改建成了新的林则徐纪念馆。

在北京，林则徐步入仕途，颇受重用，曾经连着八天被道光皇帝召见。皇帝准许他在紫禁城里骑马乘轿，可见对他的重视。而这八次召见，正是为了将林则徐调往广州禁烟。

在广州，林则徐让他的幕僚翻译《世界地理大全》，编撰成了《四洲志》。在《四洲志》之前，中国人以为大清就是世界的中心，自称天朝上国。

话剧《林则徐》有一句台词，叫：在广州之前，我只知道中国。广州之后，我看到了这个世界。

林则徐是中国开眼看世界的第一人，他提出了一系列的主张，包括建立海军，包括中国应该开发铁路，包括中国要向洋人学习。后来，魏源在《四洲志》的基础上，编撰成了《海国图志》。"师夷长技以制夷"这句话，便出自这本《海国图志》。

《海国图志》在中国只印刷了1000本，没有引起很大关注。但在日本官方的支持下，这本书先后被翻译、刊印成二十几个版本。它成了日本明治维新的重要推手。

现在，北京林则徐纪念馆已经修缮完毕，开始接待参观者。这座纪念馆中，有林则徐的画像。其中一幅，是洋人用油画画的。

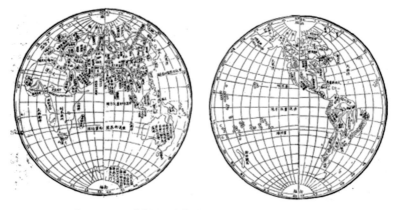

《海国图志》中的地球全图

林则徐年纪并不大，去世的时候65岁，比现在的濮老师还小一岁呢。

第二课　虎门销烟环保吗

同学们去过人民英雄纪念碑吗？人民英雄纪念碑上的第一幅浮雕，讲的就是虎门销烟。虎门销烟发生于1839年，2019年刚好是虎门销烟180周年。

中国近代史从虎门销烟开始。19世纪30年代的中国特别落后，洋人用鸦片欺负我们。鸦片进入中国几十年间，从达官贵胄到商人，到一般老百姓，甚至僧尼、道士，都在吸食鸦片。鸦片是毒品，它会伤害人的中枢神经，使人依赖它，使种田的人慢慢丧失劳动能力，使战士失去作战能力。林则徐上奏道光皇帝，奏折上说，每年有千千万万两白银，被西方列强通过鸦片赚走，如果再不严禁鸦片，不光白银流失，民众的身体健康也会受到严重的侵害。

皇帝终于下定决心禁绝鸦片，委派林则徐到广州禁烟。

当时清朝只有广州一口通商，鸦片进入中国的渠道就是广州。鸦片利润很大，中国海关官员腐败、贪污，甚至海关官员也抽鸦片。林则徐禁烟决心极大，宣称："若鸦片一日未绝，本大臣一日不回！"

英国商船停泊在广州珠江，他们得吃饭，喝淡水，林则徐不给，不缴烟，就不给淡水，不给粮食和蔬菜。这些洋人哪儿受得了？他们迫不得已，把烟都缴了。

1839年6月3日，在离广州很近的虎门，林则徐将收缴来的2 376 254斤鸦片销毁。

当时是怎么销烟的呢？

当然不是用火。用火，空气会被鸦片污染。林则徐用的是海水浸化法。

海水浸化法，是在海边挖两个池子，在池底铺上石头，为了防止鸦片渗漏，再在四周钉上板子。然后挖一条水沟通向池子。再把盐水倒进水沟，让它流入池中。接着，把烟土割成四瓣，放进盐水，浸泡半日。再投入石灰，石灰遇水便沸，霎时浓烟滚滚，烟土溶解。待退潮时，溶解的烟土会被海水冲走。

尽管这样的做法相比火烧更环保，但依然会让海水里的鱼儿虾儿遭殃。

所以，在销烟前，林则徐特地做了一个祈祷仪式，请海神转告海里的生物：对不起啦！你们快跑吧！不要白白牺牲了！

林则徐在日记中这样写道：

二十日，乙酉。祭告海神，以日内消化鸦片，放出大洋，令水族先期暂徙，以避其毒。

林则徐还把美国的商人和传教士都叫到虎门现场去观看，为的就是让洋人看中国人禁烟的决心。在虎门销烟的时候，林则徐看到了老百姓从来没有过的欢腾和自豪。

第三课　销烟成功了 林则徐却被发配边疆

虎门销烟后，英国人很生气。

当时中国的军事力量，用的都是冷兵器——刀，剑，枪，英国人用的枪我们中国还没有呢。

当时英国的炮，炮口可以升降，可以转动，所以说它打得准。而中国的炮是固定的，但凡离近或者离远，都打不到英国的军舰。

工业革命之后，英国的战船建造已经走在了世界前列。当时的英国海军是一支拥有战列舰、巡航舰、轻巡航舰、运兵船、运输船等舰船的庞大舰队。

英国的军舰与中国水师战船相比，航速快，机动性强，载炮量多。

清朝水师战船的吨位普遍很小。鸦片战争前期，林则徐购买了一艘商船，把它改造成战船，这已经是当时广东水师最大的战船了。同时，战船的炮位也很少，有些船没有安装大炮，有些战船直接用排枪来做武器。

双方军事力量悬殊。

1840年6月21日，从印度开来的英国海、陆军首先到达珠江口外。英国派军舰封锁珠江口，进攻广州，但是林则徐严防死守，英军进攻没有成功。于是，英军转攻海防脆弱的浙江，一下子打到了天津外面的大沽口，向皇上示威，说我不跟你林则徐正面

林则徐不仅是民族英雄，也是中国开眼看世界第一人。日本近代史上许多著名人物都深受《海国图志》这套书的影响，首相伊藤博文便是《海国图志》的铁杆粉丝。

干，我跟你皇上干。这对林则徐造成了非常大的困境。

最后，道光皇帝决定妥协，把林则徐免职，发配新疆。

林则徐是一个品格高尚、有报国之志的士大夫，他有一句传颂到今天的豪言壮语："苟利国家生死以，岂因祸福避趋之。"

赴是奔赴、赶路，是"到什么地方去"的意思。去哪儿呢？去"戍"。

戍，念shù。是防守的意思。戍，就是戍边。戍边，就是防守边疆的意思。

登程就是上路的意思。

口占，是脱口而出的意思。

示家人，就是给家人听、给家人看。

林则徐说，我要去边疆戍边了，口述出来这些话，给我的家人听。

"力微任重久神疲，再竭衰庸定不支。"虎门销烟、黄河治水，为国为民操心，现在又被贬边疆，他的身体和精神，都已经非常疲惫了。

"苟利国家生死以，岂因祸福避趋之。"苟是什么？苟就是如果，如果对国家有利，我可以不顾生死。"以"是一个动词，就是为，或者去做的意思，就是不能够贪图个人利益，不能够避开个人损失去做事情。不能这件事对自己有好处就做，对自己没好处就不做。这句诗化用郑国大夫子产的"苟利社稷，死生以之"，其中"国家""生死""祸福""避趋"为偏义词，指"国""死""祸""避"，表现林则徐不计个人得失的情怀。

"谪居正是君恩厚，养拙刚于戍卒宜。"谪居正是君恩厚，皇上既然把我贬了，他对我的恩情很厚。养拙刚于戍卒宜，他要让我来当一名戍边的兵卒，我正好借此机会来好好改正自己的缺点。

"戏与山妻谈故事，试吟断送老头皮。"林则徐不认为自己有罪，因此即使被贬也心怀坦荡，自己开自己玩笑，断送老头皮。老头皮是一个俗语，就是脑袋。

结课八分钟

这两天，我们一起认识了林则徐，感怀了林则徐。

他是我们应该记住的一个历史先贤。

我们的国家，就是因为有很多很多这样了不起的人，才会有富强的今天。他鼓励着我们奋进、不服输，在最最困难的关头，也不失此志，振兴中华。

林则徐在去禁烟之前，没有认识到世界。跟洋人面对面一

"这首诗是林则徐在被贬新疆的路上写下的。"濮老师说。

交手，虽然失败了，但他发现了差距，发现了自己的国家为什么如此孱弱、不堪一击。除了国家内部自己的腐败，还有列强们的强大。后来，中国人想了很多办法，于是有了洋务运动、戊戌变法、辛亥革命，直到最后，1949年新中国成立。

曾经我们被打过，被欺负过。如果当时我们服输了，气馁了，就不会有今天的富足生活。因此，我们必须自强，必须自尊，必须不服输。我们中国，必须要和全世界平等相待。

大春老师说

林则徐虎门销烟后，道光皇帝受到来自各方的压力，特别是来自英国的压力，道光皇帝承受不起这个压力，于是他把林则徐流放到新疆。

发遣流放在清朝是非常重的惩罚。当时有一个解决方式，就是让林则徐交一笔赎罪银，他便可以不流放，但林则徐拒绝了，他认为他无罪，他为国家所做的事，是正确的，应该的。

换言之，一旦他交了赎罪银，即使免于发遣新疆，他也将背负着一个不属于他的罪名。

他发遣到新疆之前，从西安出发。在西安，他写下了两首七律诗，都叫作《赴戍登程口占示家人》。从这两首诗里，可以看到他性格里非常幽默的一面。

第一首的第一句：出门一笑莫心哀。这个"出门一笑"有两个来历，第一个是唐代李白的"仰天大笑出门去，我辈岂是蓬蒿人"，第二个是苏东坡的"出门一笑大江横"。它们都显示着一种开怀的甚至带着戏谑的，万事不在乎的情感，高高兴兴、坦坦荡荡地出门了，去接受国家给他的，他既不认错也不认罪的惩罚。

正是因为这样的开怀，他的诗是用口占的形式写的，也就是不必打草稿，信口吟来。

第二首最后两句："戏与山妻谈故事，试吟断送老头皮。"这个典故出自苏东坡的《东坡志林》，里面记载了宋真宗时代一个隐士的故事。这个隐士叫杨朴，杨朴不肯做官，可是宋真宗一定要征召他来做官，而且征召来特别问他，你这一次应召而来，有没有朋友给你写送行诗？杨朴非常幽默，他说朋友没有，但是我那乡下的老婆山妻写了一首诗给我，怎么写的呢？"更休落魄贪杯酒"，千万不要逞着你的性子一直喝酒。"且莫猖狂爱咏诗"，不要以为你有才华就随口一直在念诗，为什么呢？后面的两句说得更明白，也更通俗，我猜想也是用方言俗语。这两句诗说的是：今日捉将官里去，这回断送老头皮。

这是一个隐士开自己的玩笑，而且引得皇帝也笑起来了，从此一笑而罢，放归还山，杨朴仍然可以安心做他的隐士，并没有断送老头皮。

用杨朴来自侃，这正是林则徐开怀坦荡、不计较自己生死前途的一种胸怀，可见他的豁达。

上课记

朝阳区外国语学校四年级一班的10个同学第一次见到代课老师濮存昕，是在国家大剧院的化妆间。

林则徐这一课，是从国家大剧院开始的。濮老师邀请学生们来观看自己的排练。年度大戏《林则徐》跨年演出，有两层纪念，2019年是虎门销烟180周年，2020年是鸦片战争180周年。

濮老师和学生们一起朗读了林则徐的名句，"苟利国家生死以，岂因福祸避趋之"。这两句诗，出现在新编版的语文教科书五年级上册。

林则徐这一课的第二节，是参观人民英雄纪念碑。隔着栅栏，学生们也能看见纪念碑上的浮雕，纪念碑东面第一帧浮雕就是虎门销烟，浮雕上没有林则徐。纪念碑上只有人民，所有的浮雕都是群像。

正式的上课还要等一等，在《林则徐》首轮演出中的休息日，一个周一。

说故事了

《林则徐》第二场演出当晚，北京下了入冬第二场雪，大雪一直下到第二天。

上午，濮存昕去中央戏剧学院讲课。中午，赶到朝阳区外国语学校来广营校区，吃完盒饭，开始上课。

"我特别高兴来上课。我喜欢小朋友。我的孙女马上就要上学了。我喜欢你们。"濮存昕的开场白是这样的。

四年一班的大多数学生第一次见到濮存昕。对这个代课老师的第一印象就是：笑眯眯的，笑盈盈的，幽默，真的会讲课。"平常的老师几乎不会笑"，"班主任会讲一点笑话"。

课文是林则徐的诗，濮老师先不讲诗，先讲人。

一边讲，一边向学生们提问。

四年一班的学生们显示了极高的学习本领和预习功夫，向妈妈问，在网上搜索，自己阅读。所以濮老师的提问，总能得到积极的抢答。

语文课的规定动作之一，是朗读课文。四年一班的学生们得到了一位专业的朗读艺术家的领读指导。

濮存昕多年做的一件事情是"濮哥读美文"，不仅在同名公众号上长年示范朗读，两年前，又开始了"濮哥读美文"的系列剧场版诵读演出，濮存昕自己领衔，每场演出都聚集了很多优秀的艺术家参与，参演的还有普通朗读者。

濮存昕为孩子们完整讲解了《赴戍登程口占示家人》，并且增加了私货，讲解了林则徐的另外两副名联："海到无边天作岸，山登绝顶我为峰"，"海纳百川，有容乃大。壁立千仞，无欲则刚"。

中国诗歌向来有以诗言志的传统，林则徐的诗歌就很能体现这一传统。

演出开始了

平常老师讲课用PPT，濮老师用打印的图片。

"大家知道林则徐长什么样吗？"濮老师问。

"不知道。"同学回答说。

"我们来看看林则徐长什么样。"濮老师刚刚参加了修缮后林则徐纪念馆的开馆仪式，在纪念馆找到了两张林则徐画像。"有一个是洋人给他画，用油画画的，有一个是中国人用中国画给画的。"

濮存昕把图贴到黑板上，喊两个同学上来画一画林则徐。两个画画最好的同学，都是女生，在黑板上用粉笔一笔一画地临摹林则徐。

语文课为什么要画画？

"可以让孩子们直观地了解林则徐这个人。"濮存昕说。

讲台上的绘画继续中，台下的演出也开始了。

话剧《林则徐》的台本，也成了本课的教材。濮存昕在其中选了三段台词，分给孩子们来朗读。三段台词有三个林则徐。

一段是道光接见林则徐，分派禁烟任务。一段是林则徐和妻儿道别，托付《海国图志》。戏份最重要的，当然是林则徐舌战义律。

姐姐张誉子朗读这一段的林则徐。妹妹张誉凡演义律。这对双胞胎姐妹平常就唇枪舌剑的，所以觉得演出舌战"很正常"。

濮老师强调，义律说"钦差林则徐先生"时，要拖长腔。义律是一个很狂傲的英国人，他看不起人，他认为我们是"东亚病夫"啊。

义律：通商贸易遵循公平竞争的原则，是当今世界的通例，我抗议贵国收缴我国商人货物的行为。

林则徐：鸦片是毒品，不是货物。

义律：林先生，凡进入正常贸易流通的物品都是货物。

林则徐：请教英吉利国领事义律先生，贵国女王下令英吉利国禁止鸦片，严禁臣民吸食。本官听闻有一刑罚，将吸食者悬于海边高杆之上，以为示众，继而火炮轰击入海，却是为何？

濮老师指导说，义律语气中蔑视中国人，林则徐是慷慨陈词，要拿出林则徐的"气节"。"林则徐回答义律要更坚定一点，稳当一点，给你画线的地方，都喘一口气再说。"

没上场的学生，濮老师也给他们分派了任务。报捷的同学喊"报"，"要像足球进了球一样"。

学生：报——

学生：清点完毕，收缴鸦片共计21 306箱。

学生：报——

学生：销烟池已注满盐水。

学生：报——

学生：生石灰准备就绪。钦差大臣林则徐有令，销烟开始。

濮存昕："所有的同学，销烟开始，一起鼓掌。一边鼓掌一边说，好啊，好。"

全班同学喊破嗓子一样地"报"，鞭炮一样的掌声，教室里热热闹闹像开运动会。

演出在掌声中圆满结束。讲台上的绘画也收工了。

"都很好。"濮老师点赞了小画师，"只是林则徐的帽子有

濮老师指导台词："拿出林则徐的气节来。"

一点小错误。他戴的不是那个瓜皮帽，他戴的是官帽，只要这里稍稍改一点就全都好了。"

绘画也得到了掌声鼓励。

看图提问了

"这是维多利亚女王，鸦片战争那年她24岁。这是道光皇帝，当时他53岁。"

在濮老师的课堂里，不断地有看图说话。有图片，还有地图。

濮老师带了一张大地图，给同学们讲当时的"世界"是怎样，看地图说世界。

濮老师带了一张彩色大地图。为了更醒目，他没有选用《海国图志》中的黑白插图，而是挑了一张英国人在19世纪画的世界地图。

"中国在这儿。当时中国的版图是有史以来最大的版图，一直到黑龙江以北，都是中国的版图。"濮老师说，"严格意义上说，中华这个大民族真正的民族英雄，面对外辱有抗击精神的有四个，林则徐是一个，另外三个是跟倭寇打仗的戚继光，打败荷兰人收复台湾的郑成功，在黑龙江以北打败俄罗斯人的萨布素。"

在地图上，可以清晰地看到，在大西洋上，欧洲边上的岛国英国，如何扩张成遍布全球的大英殖民帝国。地图被涂红的都是英国殖民地，包含今天巴基斯坦、孟加拉国和印度，中国香港地区也曾被英国殖民 。

在印度，英国王室入股的东印度公司，用跨国公司的能力组织了鸦片种植、收割和加工。收割的鸦片被制作成一球一球的鸦片丸，但是谨慎地不标注公司的名字。

鸦片的销售被转包给私营公司。这些公司的鸦片船行驶到珠江口外的伶仃洋上，再用小船偷运到岸上。

地图上，还有人物画像，有非洲人、印第安人、印度人，有西方人，有清朝的中国人。

"这是印度，印度洋，大不列颠英吉利国当年也就是这么大。英国人先于我们发明了蒸汽机，人类进入了蒸汽机时代后，整个世界的速度发生了变化。我们只是坐牛车、坐马车的速度，他们因为有了蒸汽机，就有了火车。中国的科技，落后了英国一百多年。"

看图说话之后，是自由提问时间。

学生：既然中国发明了火药，为什么不用火药发明更加厉害的武器，反倒是英国更先发明了那种子弹、枪呢？

濮存昕：因为他们那边从冶炼技术，一直到它整个工业的设计，都支持了他们能发明出新式的子弹和枪，能够用子弹壳填装药物。虽然火药是我们发明的，但是，我们在机械制造这方面落后他们。科学家也不受重视。所以说没有这方面的发展。

学生：中国当时的军事力量为什么那么弱？

濮存昕：就是因为我们没有远大的目标，没有脚踏实地的一种精神，所以才那么弱。总觉得自己天下第一，特别自满，自以为是，一定会落后的。一定要发愤图强，知道自己的不足，才能够奋进。

学生：林则徐想没想过失败呢？

濮存昕：他说，不可为也要去为。即使是失败，也要去做，因为中国必须消灭鸦片，不能再让鸦片泛滥。他受命要禁绝鸦片，他就把鸦片禁了。禁了，洋人不干了，就打我们，打我们，皇帝后悔了，皇帝变心了，撤火了，林则徐没有办法。林则徐是

濮老师要求教室桌椅重新摆放，为排演留出空间。

一个悲剧人物，但是，不失为英雄。

学生：如果没有撤换林则徐，我们会不会打赢呢？

濮存昕：如果一直不撤林则徐会怎么样？我觉得根据当时历史的发展，可能林则徐在后来也还会是个悲剧，因为整个国家有问题，不是林则徐以一己之力可以挽回的。我们应该去反思这件事情。但是，这不妨碍我们对林则徐的尊敬，他是一个失败者，但他是一个伟大的民族英雄。

交作业了

《同一堂课》的每一课，都有作业。林则徐这一课的作业，是给林则徐爷爷写信，说说自己的话。

赵俊彦以前就知道林则徐，是因为看过一本《中国历史绘本》。张馨子很早就知道林则徐，是因为姥爷家的一幅画。

"林爷爷，我很早就对您充满了崇敬，那是始于我姥爷家挂的一幅画，画的是一位手拿团扇的女郎。而吸引我的，是团扇上画的一枝娇艳无比的花朵。姥爷告诉我，这幅画的名字叫《罂粟花》，而扇子上画的就是一枝罂粟花。姥爷还告诉我，罂粟花虽美，却是名副其实的妖花，因为曾经毒害中国人的鸦片烟，就是用它制成的。而在180年前，中国就出了一位不顾个人安危荣辱，坚决销毁这种毒品的民族英雄，那就是您，林则徐爷爷。"

　　同学们在作文里纷纷给林爷爷汇报他曾走过的地方：北京、福州、广州、西安。

　　还有香港，第一次鸦片战争后被迫割让了100多年的领土。

　　万千羽去过香港迪士尼，她在作文里谢谢林则徐爷爷"打败了外国人"，"林则徐爷爷，我很敬佩您。您使我们中国人意识到还有反抗的能力"。

　　"林则徐爷爷，您知道吗？现在我们中国已经很强大了，而且我们也已经过上了幸福又快乐的生活。英国人他们也不敢占据香港了。现在的香港，也和我们北京一样。我去过香港的迪士尼乐园玩，香港人也去过北京玩，看到了北京著名的建筑。"

　　寇森尧站在台上念作文总是很紧张，濮老师一直捏着他的肩膀，要他放松，鼓励他清楚地念完最后一个字。"林则徐爷爷，您真伟大，我们一定会继承您的精神，努力学习，让我们更强大，为祖国尽力。"

　　完成作业，寇森尧感觉自己比刚上去的时候，"站在那儿好点了，不对，好多了"。

　　寇森尧自己上网查的故宫，他告诉林则徐爷爷，"您曾经的工作地北京，现在是中华人民共和国的首都"，"这里住着两三千万人。您那时参加考试面见道光皇帝的皇宫，现在已经成为北京故宫博物院，我们现在每天都能进去参观，还可以在里面看到各个朝代的文物"。

下课之后

"我最喜欢濮老师给我们提问的时间。"

"我喜欢看地图，就是英国人画的世界地图。"

四年一班的同学喜欢这堂课。朝阳区外国语学校的强项是英文，从一年级就使用自编的英文教材。但是，对濮老师这堂语文课，他们也高度喜欢，应该是因为这堂国学课，兼容了历史课、戏剧课、美术课。

一堂课有这么些内容，孩子们会记得吗？"我们给他们什么就是什么。就如同他们每天吃的饭一样，他们获得的营养，维生素也好，蛋白质也好，就是给予，没有问题。我们今天给他们讲林则徐，我相信他们会记住的，他们将来还会重温。"

濮存昕说，学生们也许一段时间会淡忘，但是多年后他们又会回想起来。他回忆自己的小学生活，就有很多记忆犹新的细节。比如一首诗——

"为人进出的门紧锁着，为狗爬出的洞敞开着，一个声音高叫着——爬出来吧，给你自由，我渴望自由，但人的身躯怎能从狗的洞里爬出。这都是在小学四年级的时候背的，今天还可以张口就来。孩子们受到的教育，就是一点点的积累，就像层积岩一样的，一层一层累积来的。"

濮老师记得一年级学会的《王二小放牛》，边说边唱出来：牛儿还在山坡吃草，放牛的却不知哪儿去了。不是他贪玩耍丢了牛，那放牛的孩子王二小。

教唱歌的，是五六年级的哥哥姐姐，他们来做辅导员。

濮存昕记得唐老师，"永远的矮矮的个，穿绿的呢子大衣，短发，方方的脸"。

生平第一个给他发奖的是班主任唐老师，奖品是一块橡皮，领奖的原因是他写的日记。

二年级下学期，唐老师就要求学生们写日记。从第十课开始，就要求学生们讲课文，再磕磕绊绊，都要讲完。

"语文课应该有各种各样的方法，体现着教师的聪明才智，最重要的是调动孩子们的兴趣，完成一种养成，从被动学习到主动学习。"濮存昕说。

敬业与乐业　梁启超

代课老师　惠英红

上课地点　云南腾冲市和顺镇中心小学

敬业与乐业①（节选）

梁启超

"敬业乐业"四个字，是人类生活的不二法门。

先要说说有业之必要。

孔子说："饱食终日，无所用心，难矣哉！"又说："群居终日，言不及义，好行小慧，难矣哉！"孔子是一位教育大家，他心目中没有什么人不可教诲，独独对于这两种人便摇头叹气说道："难！难！"可见人生一切毛病都有药可医，唯有无业游民，虽大圣人碰着他，也没有办法。

唐朝有一位名僧百丈禅师，他常常用两句格言教训弟子，说道："一日不做事，一日不吃饭。"他每天除上堂说法之外，还要自己扫地、擦桌子、洗衣服，直到八十岁，日日如此。有一回，他的门生想替他服务，把他本日应做的工悄悄地都做了。这位言行相顾的老禅师，老实不客气，那一天便绝对地不肯吃饭。

我征引儒门、佛门这两段话，不外证明人人都要有正当职业，人人都要不断地劳作。

今日所讲，专为现在有职业及现在正做职业上预备的人——学生——说法，告诉他们对于自己现有的职业应采何种态度。

第一要敬业。敬字是古代圣贤教人做人最简易、直捷的法门。凡做一件事，便忠于一件事，将全副精力集中到这事上头，一点不旁骛，便是敬。业有什么可敬呢？为什么该敬呢？人类一

---

① 文章选自《饮冰室合集》第五册（中华书局1989年版）。本文是梁启超1922年8月14日在上海中华职业学校的演讲，有删改。

面为生活而劳动，一面也是为劳动而生活。

怎样才能把一种劳作做到圆满呢？唯一的秘诀就是忠实，忠实从心理上发出来的便是敬。《庄子》说，凡做一件事，便把这件事看作我的生命，无论别的什么好处，到底不肯牺牲我现做的事来和他交换。

我信得过我当木匠的做成一张好桌子，和你们当政治家的建设成一个共和国家同一价值；我信得过我当挑粪的把马桶收拾得干净，和你们当军人的打胜一支压境的敌军同一价值。大家同是替社会做事，你不必美慕我，我不必美慕你。怕的是我这件事做得不妥当，便对不起这一天里头所吃的饭。所以我做这事的时候，丝毫不肯分心到事外。"坐这山，望那山，一事无成。"

第二要乐业。"做工好苦呀！"这种叹气的声音，无论何人都会常在口边流露出来。但我要问他："做工苦，难道不做工就不苦吗？"

我老实告诉你一句话："凡职业都是有趣味的，只要你肯继续做下去，趣味自然会发生。"

为什么呢？

第一，因为凡一件职业，总有许多层累、曲折，倘能身入其中，看他变化、进展的状态，最为亲切有味。

第二，因为每一职业之成就，离不了奋斗；一步一步地奋斗前去，从刻苦中得快乐，快乐的分量加增。

第三，职业性质，常常要和同业的人比较骈进，好像赛球一般，因竞胜而得快乐。

第四，专心做一职业时，把许多游思、妄想杜绝了，省却无限闲烦恼。孔子说："知之者不如好之者，好之者不如乐之者。"人生能从自己职业中领略出趣味，生活才有价值。孔子自述生平，说道："其为人也，发愤忘食，乐以忘忧，不知老之将至云尔。"这种生活，真算得人类理想的生活了。

我生平最受用的有两句话：一是"责任心"，二是"趣味"。我自己常常力求这两句话之实现与调和，又常常把这两句话向我的朋友强聒不舍。今天所讲，敬业即是责任心，乐业即是趣味。我深信人类合理的生活总该如此，我盼望诸君和我一同受用。

讲堂录

同学们好，今天我来做你们的语文老师。但其实我不想当什么代课老师，所以，你们可以叫我惠同学，我们一起来上语文课。

我们今天的语文课，要认识一个人，认识一个字，认识一个道理。这个人叫梁启超。梁启超是曾经带领护国军打败了袁世凯的云南大英雄蔡锷的老师。

第一个提出"中华民族"这个名词的人就是梁启超。

梁启超是个少年天才，从小爱读书。他觉得全天下的事情都很有趣、都要学习，恨不得一天24小时变成48小时。

他文章写得很好，好到连毛主席年轻的时候都拼命学习他的文章，他的文章里面充满了感情，也充满了力量。

梁启超还是一个优秀的演说家。我们今天的课文就是他的一篇演说稿。他是个广东人，当初他的普通话说得不太好，可能连我都不如。他要劝皇帝去改良，但是皇帝根本就听不懂他说什么。后来他流放去日本，在日本到处去演说，回到中国之后，他就成了一位非常受欢迎的演说家。虽然他的普通话带着广东的口音，可是每一个字大家都听得懂。

他还是个很操心的老爸。他生了9个孩子，几乎三五天就给孩子写一封信，一辈子写了几百封家书。虽然他很啰唆，但他教出的9个小孩个个都很优秀，都是国家栋梁之材，其中有3个还是院士。他的大儿子叫梁思成，是一个建筑学家。北京天安门广场的人民英雄纪念碑就是梁思成主持设计的。原本人民英雄纪念碑上面的花纹是木棉花，梁启超的儿媳、梁思成的妻子林徽因挑选了代表中国的花：牡丹花、荷花和菊花。他最小的孩子叫梁思礼，长得非常像他。梁启超死的时候，这个孩子只有5岁。但梁启超在世时特别喜欢这个小孩子，所以常常叫他baby。梁思礼后来成了一个火箭专家。我们知道现在最新的宇航成就，机器人第一次登陆月球的背面，这个成就和梁思礼他们自新中国成立以来的科研成果是最直接相关的。

今天我就给大家讲一讲梁启超曾经给学生讲过的一篇关于工作、关于职业的文章《敬业与乐业》。

惠英红老师选择在腾冲上课，因为多年前她曾在此地拍戏。

第一课　我们为什么要工作？

我们再来认识一个字。

🀄，你们看这个字像什么？

这个字是金文的"业"。

上面的🀄是刑具，下面的🀄，是一个人、一个口，是"去"的意思。"业"就是，一个奴隶很辛苦地去劳动。

这样的"业"，我们不要。我们要代表热爱的，敬爱的，快乐的"业"。

我们读课文的第一部分，什么是"业"。在梁启超看来，"业"不苦，且"业"对人极为重要。

课文里面提到孔子说"饱食终日，无所用心，难矣哉！"，意思是一个人只想着自己的好处，吃喝玩乐，从来没有贡献，这个人时间就白白浪费了。

人活着，如果不做事情就是在浪费时间，做事情会使生活充实很多。有的人经常埋怨说：哎呀，今天又要上班了，好苦啊。可是，如果一个人生存在世界上，没有工作，他每天都在浪费自己的时间，是不是更可怕？

禅师也一样，禅师说他一日不做事就一天不吃饭。你今天吃了一碗饭，非常高兴，为什么？因为昨天在社会上你有所贡献，这一碗饭是你付出的劳力换回来的，这就是你的成就感。你付出给社会，回报而来的东西就是你的成功和成就。所以，事业对于一个人来说非常重要，因为人必须有自己的位置才会有人尊重他，才会有自我的尊重。

那我们为什么要工作呢？

学生：工作挣钱养家。

非常对，但不止如此。有的人做的工作赚钱很少，其他人就不理他。这是不对的。每个岗位在社会上都有重要的价值。比如，一个倒垃圾的工人跟一个公司总裁对比，似乎总裁地位更高。可是倒垃圾的工人，你会觉得他没有贡献吗？他的贡献非常大。他每天为你们服务，为你们清洁，保护你们的健康，让环境更美好。如果社会没有这个职位，你就算再有钱、再高尚，也生存在一个污秽的环境中，不会快乐。所以，不要把工作看高看低，工作是每个人都必须要做的。

梁启超对职业的态度有两种：一种是敬业，就是心无旁骛地做一件事情，任何的职业不论它是高还是低，是贵还是贱，都要把事情做得完满。一种是乐业，就是所有职业都是有趣味的，只要你肯继续下去，趣味自然就会出现。

有的人会觉得工作很无聊啊，每天抱怨上班还要早起啊，会堵车啊，9点钟来到工作岗位上低着头做事情，很苦很苦。但如果你们现在就开始去发现自己最有才华的地方，然后集中精力地多积累一点自己最好的本领，慢慢培养自己的人生，长大后就可能挑到你自己喜欢的工作。集中到一个方面努力，总会拥有一种才华，取得一个成就。

那么在工作中要如何敬业呢？

老师的职业是一名演员，我敢说我是一个敬业的演员。我年轻时拍戏的时候很辛苦，因为每天都要拍打戏。可是我要告诉所有的人，我喜欢这个东西，我必须做好。因为所有片子，只要有一个画面做得不好，大家不会骂导演，也不会骂其他人，只会骂画面上的那个演员，所以我不容许我任何一个镜头出现问题。还有，我必须尊重我的工作，这样当我表现最好的时候，所有人都会尊重我。

在这个过程里，我有成就，这成就是我苦苦地抓回来的，我会享受这个成果，在我的工作里面我很快乐。我做到今天是43年，还没有疲倦。这43年里，我从来没有迟到一天。

我也觉得人生不应只做一件事情。我做过副导演、场记、编剧、统筹，也做过监制，做过武术指导。我当演员，配音，剪片。在电影的范畴里，我全都懂。今年我演了一个舞台剧，舞台剧很耗时，钱很少。可我觉得在我的人生工作表里缺了一点东西，所以我挑战自己，演了九场，每天都是掌声，我非常满意。这就是我的敬业。

除了敬业，"业"字还可以组成一个词，叫"学业"。今天你们在社会上的岗位就是学生，学生这个岗位就是要把功课学好，充实自己。学业是一个基础，这个基础可以奠定你以后的事业，因为我没有读过书，一直令我挺自卑的，我所有的学问都是这边通一点，那边精一点，零零碎碎凑起来，没有经历正统的学习。所以我真的很希望你们珍惜在学校的时间，否则将来一定会觉得后悔。

人生最好的时间就是在学校，不要浪费人生最好的时间。

第二课　给孩子的职业教育

你们爸爸妈妈的工作是什么？

学生A：妈妈的工作是开客栈和餐馆，她每天早上8点开始工作，直到晚上客人全部离开才能休息。妈妈每天必须把客栈打扫得干干净净，把客人要的美味一盘盘地送到餐桌上。

当有游客说这个院子古老而又干净的时候，妈妈脸上总会有笑容。当餐桌上所有盘子一扫而空的时候，妈妈也很欣慰。但有时也会遇到一些挑剔的客人。记得有一次客人到了家里，就不停地埋怨，说这老房子看看是可以的，要住下是不行的，这时妈妈并没有生气，而是及时地帮客人联系了其他的客栈。妈妈常对我说，这是道光年间的房子。妈妈喜欢做这份工作，是因为她可以让很多的人到这里了解我们的历史和文化。

学生B：我妈妈的职业是厨师，她每天7点上班，11点下班，每天必须要买菜炒菜。我妈妈现在用的老灶台柴火炒菜，妈妈说这样做出来的菜特别香，特别好吃。我问妈妈为什么会做现在这份工作，妈妈说因为喜欢这个行业。我问妈妈这份工作最好玩的地方在哪里，妈妈说这份工作最好玩的是学创新菜。我再问妈妈，怎样才能把工作做好，我妈妈说，尽心尽力地去服务客人，尽心尽力地炒菜做饭。

社会上有多种多样的职业，有的很令人尊敬，比如消防员。我的侄子就是消防员，他考了三次才考上消防员。每一个消防员在第一天上岗的时候，都会写一封信，放在他们的抽屉里面锁着。他们写的是遗嘱。消防员是一个非常伟大的职业，因为他随时随地可能牺牲自己的生命，去保护他人的生命，值得被我们尊重。

还有一些职业，常常被忽视，比如说家庭主妇。这也是令人尊敬的职业。我的妈妈就是一个家庭主妇。我小时候家里非常穷，因为我爸爸在工作时发生意外眼睛瞎了，我母亲就成了家里唯一一个赚钱的人。有个阿姨看我们挺可怜的，就教我妈妈带着这两个孩子一起去湾仔要饭。我们从此就去湾仔街头要饭，要了几年，常常被警察抓。有一次警察抓了我，把我关在牢里，我妈就跟警察又跪又求又磕头，希望把孩子要回来。虽然她从来没有在社会上做过任何工作，可是她还是为社会贡献了很多，她把我们八个孩子都培养成人。

我觉得家庭主妇的工作应该是超越了所有的工作。你想想看，她做的是24小时没有酬劳的工作，你在睡觉，她起来弄早点，你出去上班的时候，她整理家务，然后买菜，回来煮一顿很温暖的饭菜。这个过程每天重复做，可能有些人做了40年、50年，其实很辛苦。你要想想她有多爱才可以坚持。我到现在都没有对我的妈妈说：你辛苦了，妈妈你的工作真棒。我希望你们不要像我一样，请你们去赞美妈妈，因为她们的工作超越了所有的工作。

惠英红老师家访，和学生共同了解他们父母的职业。

如果现在问你们将来想做的职业是什么，可能你们只有一个模糊的概念，不知道具体做什么好。我送给你们一个小窍门：要想了解自己将来想做什么，首先必须要了解我自己有什么"才"，我有什么长处、什么天分。如果你数学很厉害，班里考试你永远都是数学最高分，那数学就是你的天分。如果你喜欢画画，就在这方面多加努力，将来可能是一个画家，或是教师。但是不要盲目地空想，要专注自己，认识清楚自己的才华在哪里，然后再去想自己以后的志愿，希望做什么样的工作岗位。如果你今天清楚地认识自己，知道自己的意愿是什么，那你会成功的。

就像我，我一辈子到现在干了三个职业。第一个是从3岁到13岁，当时我在街上当要饭的乞丐。可是在这10年里，我认识清楚了我自己的才干——我的肢体运动很发达，我思想很灵活，会想天马行空的事情，还能表演出来，所以我的志愿是当表演明星。13岁到15岁的时候，我在做舞蹈表演，跳中国舞。那几年的舞蹈训练很辛苦，每天拉筋练习，还要表演。我告诉自己，我不能放弃，一定要达到我的目的，我的目标就是要当演员。三年之后，我被一个大导演挑中了，去演一部叫《射雕英雄传》的电影，里面我当上了第二女主角。这就是我的志愿，我永不放弃。

结课八分钟

我从来没有上过一天学，我一辈子都觉得遗憾。我希望你们遇到困难的时候，想想惠老师能做的，所有人都能做，让你们坚持，不要放弃，虽然很多人说我坚持了，我就一定成功吗？

我告诉你，只要你坚持，达不到100分，总会达到70分，可是你放弃，永远都是零。所以，一定要朝着自己的目标认准自己喜欢的，向着那个目标冲，不要被其他的东西打扰。

找到自己的目标，去敬重你的事业，爱你的事业，就会找到你喜欢的乐趣，你的人生就像彩虹一样，七彩的，有酸甜苦辣，这样组合下来才是一个美好的人生。

你们的志愿，其实都是很伟大，很远大，我希望你们不要放弃。不要受其他的影响，不要去改变自己的想法，人必须要有自我。但也要认真思考自己认为对的事情，如果自己认为是真的很对，那就去坚持，有志者事竟成。

你们以后一定要记住梁启超老师的这篇文章《敬业与乐业》，不管那个事业有多尊贵、有多卑微，都对社会有一定的贡献。

大春老师说

梁启超先生从他16岁中举后，就开始去思考到底什么是学问，什么是有用的学问。

对他而言，八股取士所谓的"制艺之学"是极为不重要的。他要求新学，他想知道这个世界上，尤其在欧洲或者是被称之为先进的国家，那些国家是如何去理解世界，是如何满足好奇，如何面对知识。他终其一生，从没有停止过学习，没有停止过对新学术的吸收、应用。

梁启超一生大概写了1400万字，很多人认为梁启超的文体文白夹杂，但我看到的是，他有非常多传统文字，而且还能在他本人不提倡的八股文里面，找到很多文章的基础结构。

制艺的"制"是制度的"制"，"艺"是艺术的"艺"，跟八股文其实是形神相合的，他填充的内容也就是所谓的"时学"，具备着对社会的新理解，对世界开发的新知识，这是使梁启超成为一个大家的基本原因。

很多人也提到过，梁启超笔锋常带感情，也就是说他的文字能呼唤到读者内心的情感，这是因为他大量地运用累叠法、排比法、对照对仗法，就是让文字本身在词和句之间形成某一种反复回旋的张力，而这种张力其实就是让笔锋常带情感的奥秘。

在梁启超的时代，梁启想透过"敬业"这个概念，让我们知道没有一个行业会比另外一个行业更高贵，也没有一个行业比另外一个行业更低贱。

梁启超先生希望能够从一个新国家的诞生带给原先在职业上面临不平等的状况的人更大及更强的自尊。除此之外到了"乐业"这个程度，请容我还是愿意用"乐"来形容这个字。

如果是"乐业"的话，那就是人人都可以各安其分，并且连这社会都能透过各种资源力量、辅助力量，帮助人进入到他时刻不想离开的志业，每一个职业都可能是一个志业。

上课记

从第一天踏进教室，惠英红就和同学们商量：你们可不可以叫我惠同学啊？

话音刚落，腾冲市和顺镇中心小学的孩子们就七嘴八舌地开始喊起"惠同学"。

惠英红一张玉面笑得涨红。

为期三天的课程结束后，惠英红在备采摄像机前说："我有一个私心，就是想抓住这个机会，填充我一天学也没上过的遗憾。"

在李氏宗祠，学生们把代表家长职业的照片贴在黑板上。

和顺图书馆是中国最大的乡村图书馆。在图书馆露台上学生们大声喊出自己的
职业理想。

到和顺去

这不是惠英红第一次来到腾冲和顺。

2010年，惠英红曾经随同导演陈可辛的《武侠》剧组，到这里拍戏。在这部戏中，惠英红饰演十三娘，正是一个她擅长的打戏角色。

那次，惠英红在和顺待了二十多天。每天，她都能迎面看到和顺人淳朴的笑脸，这让她感到温暖。所以，当接到《同一堂课》的邀请时，惠英红对于选址的第一反应，就是"到和顺去"。

和顺古镇在腾冲西南四公里，有个古名，叫"阳温墩"。有一条小河绕村流过，所以后来更名"河顺"。再后来，当地人取了"士和民顺"之意，称之为"和顺镇"。

和顺风景不错，"远山茫苍苍，近水河悠扬，万家坡坨下，绝胜小苏杭。"这是李根源称赞和顺的诗。

如果追根溯源，和顺镇中心小学已经有一百多年历史了。光绪年间，赴日留学归来的中国同盟会员寸馥清在和顺文昌宫开办了一间"和顺高等小学堂"，并亲自担任校长。这所"高等小学堂"，就是如今和顺小学的前身。

从敬业到乐业

惠英红带给孩子们的课文是《敬业与乐业》，这是梁启超先生的一篇演讲文稿。但对于惠英红来说，这也是她这一生的写照。

惠英红跌宕起伏的人生故事，无论是正经的报章杂志还是路边的八卦小报，都详详细细添油加醋地写过。

她从小家境不好，最困难的时候，3岁的惠英红曾被母亲领着到处乞讨，只为混一口饭吃。

稍大一些，惠英红就到湾仔码头贩卖口香糖维持生计。她有一个绝招，一旦看出对方不想买，就冲上去抱住对方的大腿，如此一来，多数人也不好拒绝。

更大一些的时候，惠英红觉得总抱大腿这件事也不太好，便转战夜总会跳舞。

偏偏惠英红很擅长跳舞，很快就跳到了当时香港最红火的夜总会之一"美丽华"。16岁时，她在这里遇到了自己一生的贵人——电影导演张彻。

张彻看中了她的舞蹈功底，邀请她出演打戏。

就这样，求仁得仁，惠英红开启了自己演员生涯的第一阶段，成了全香港最拼的"打女"。

做"打女"的惠英红，每天游走在危险边缘，豁出命来演戏。

鼎盛时期，她每年平均能有七部戏的产出。就这样，22岁时，年轻的惠英红，就成了香港第一位"打女"影后。但娱乐圈是残酷的，在20世纪的港片鼎盛时期，尤其如此。本该风光无限的影后，很快就发现自己已经无戏可拍。

20世纪90年代，看多了打打杀杀的观众们似乎想要换换口味，动作片不再吃香，人们转而追逐文艺片。"那一刻，所有原先向我敞开的大门都关上了。"惠英红说。那时候，她才30岁出头。

无事可做，惠英红每天靠打牌度日，她浑身的光芒都暗淡了下来，最后彻底熄灭。

因为抑郁，惠英红到鬼门关走了一遭。

万幸，她被朋友救了回来。劫后余生，看着母亲和妹妹哭肿的脸，惠英红决意不能继续消沉。做配角、跑龙套、放低身段，她重回众人视线。

为了不要再次陷落，她积极寻求心理援助，自学心理学，甚至拿到了香港大学心理学的学位。

更重要的是，经历了事业起伏、人生风雨的她，终于能够真正享受聚光灯下的每一次表演。

她从那个"敬业"的"打女"，终于变成了一个"乐业"的演员。

这样的心态，让她在职业生涯的后半段，得以进一步精进演技，领悟表演的魅力。

在《同一堂课》向她发出邀请的时候，她刚刚凭借《血观音》再次获得金马影后。在惠英红这期节目播出时，她主演的电影《我和我的祖国》，也正在电影院热映。

惠英红迎来了自己演艺事业的第二个黄金时期。如果说年轻时靠拼命，这一次，她靠的是积淀。

职业是没有贵贱的

梁启超的《敬业与乐业》，是惠英红翻过语文课本后，选定的课文。

这篇文章，是梁启超在1922年8月，对上海中华职业学校学生所做的一次演讲。

梁启超认为，"敬业"与"乐业"四字是人类生活的不二法门。

对惠英红来说，这四个字就是自己一生的写照。

课文题目是《敬业与乐业》，在户外课的设计上，惠英红特别希望能带着同学们去认识自己爸爸妈妈的职业、自己身边人的

惠英红老师问："你们可以叫我'惠同学'吗？"下课后，孩子们把"惠同学"围作一团。

职业。

她让孩子们记录父母工作的时间、地点、工作内容。

但在最后分享的时候，小女孩江海碧却默默地低下了头，随后流起眼泪。

在搞清楚了事情原委后，惠英红告诉江海碧说：不要觉得父亲的职业不好。农夫是一个很高尚的职业，没有一个人的生存能够离得开农夫。

为此，她和江海碧讲起自己妈妈作为"家庭主妇"的职业："我妈妈是一个家庭主妇，她从来没有上过一天班，但是她培养了我们，我一样觉得她是一个很伟大的人。"她认真地对孩子们讲：职业是无贵贱的。

惠英红说："其实职业是无贵贱的。这一点在我身上很明确，我从来不怕告诉人我要过饭，我觉得英雄莫问出处，我出处很低，比一般人都低，可我今天站得比一般人都高，我应该很骄傲。

"所有的职业，其实都有自己的意义和价值，也应该去平等对待。

"如果今天，倒垃圾的公公阿婶不干了，这个社会会好吗？每个街上都是垃圾，臭臭的，活不下去。每个职位整合起来，才是一个社会整体，缺一不行。"

送别 李叔同

代课老师 老狼
上课地点 黑龙江漠河市北红村北红小学

送 别

李叔同 [1]

长亭外，古道边，芳草碧连天。

晚风拂柳笛声残，夕阳山外山。

天之涯，地之角，知交半零落。

一壶浊酒尽余欢，今宵别梦寒。

---

[1] 李叔同（1880—1942），学堂乐歌作者，音乐、美术教育家。《送别》曲调取自约翰·P.奥德威作曲的美国歌曲《梦见家和母亲》。《送别》是当时脍炙人口的学堂乐歌，李叔同共作学堂乐歌五十余首。

讲堂录

我的名字叫王阳，这是我的本名。我还有另外一个名字：老狼。这是当时在学校里面同学们给我起的外号，后来我做歌手的时候，就用这个外号当了我的艺名。

我不是专业的老师，我最擅长的是音乐，所以希望能够把吉他、鼓融入我们这堂课中。

我们今天的课文是《送别》，我自己本身很喜欢《送别》这首歌。我小时候看过一部电影叫《城南旧事》，《送别》就是那部电影的主题曲，它的音调非常简单，易于上口，而且很优美。

虽然这首歌的歌词、旋律特别简单，但其中蕴含了人的一种特别复杂的情感。跟过去，跟逝去的人，跟你喜欢的一种东西的告别，会有一种特别复杂的情绪。

第一课　天之涯、地之角到底在哪里

《送别》是一首歌的歌词，作者是李叔同。它的曲调实际上原来是一首美国的歌曲。民国时代的中国，我们还没有流行音乐，没有被传唱的现代歌谣。所以当时很多歌都来自西方，来自美国、欧洲，中国的学者就把这些歌填上歌词，变成中文歌曲，然后在中国的学堂里面传唱，也叫学堂音乐课。

李叔同是怎么写出《送别》这首歌的呢？在一个大雪纷飞的冬天，他的好友许幻园站在门外喊出李叔同说："叔同兄，我家

老狼老师说："音乐能够发现人的各种情绪，是你了解这个世界的另外一种方式。"

破产了，咱们后会有期。"说完，挥泪而别。李叔同看着昔日好友远去的背影。在雪里站了很久后，李叔同返身回到屋内，写下了：长亭外，古道边，芳草碧连天……

"长亭外，古道边"，其实和我们这儿（北红村）的感觉挺相近。长亭就像我们村里的教堂，古道就像我们乡村的道路。"芳草碧连天"，就是一望无际的树和草。"晚风拂柳笛声残"，晚风吹拂着柳树，我们能听到从远远的地方传来若隐若现的笛声。若隐若现，就是你听也听不太清，但是它好像一直还都在。残，就是残缺的意思，你听不完整，但还是能听到的。"夕阳山外山"，在傍晚的时候，看到太阳慢慢落下山的时候，你可以看到一座山连着一座山，它离我们很远。

"天之涯，地之角，知交半零落"，什么是天之涯，地之角？古人把天涯地角比喻成相隔非常遥远，它强调了思念离别之情的深重。

今天说天涯海角，其实就是远方的意思。我们现在所在的漠河北红村，对于大多数中国人，这里就是天涯地角。相对于王老师来说，你们就在天之涯，地之角。因为王老师不可能在这永远地给大家上课，我们总会有分别的那一天。

下面我们来讲一讲中国的天涯海角，最东、最南、最西、最北的地方。

广义上，我们现在所处的位置，已经是中国最北的地方了。那么，中国最南端在哪儿？

最南端，实际上是叫曾母暗沙，在海南省三沙市的永兴岛。当我从东南亚那边飞回中国的时候，在飞机上可以看到这个岛，特别有意思，是很小很小的一个岛，可能也就我们北红村这么大。在这个岛上有一条长长的跑道。那个城市实际上也就只有这么一条跑道。它的四周全是海，离我们现在所在的大陆非常远。永兴岛是热带海洋性气候，全年都是夏天。一年四季都特别热，最热的时候得有40多摄氏度。岛上有我们的解放军叔叔。我曾经看过解放军叔叔的照片，他们每天恨不得被晒得脱一次皮，全是黑黝黝的。

中国的最东端，在黑龙江省抚远市的黑瞎子岛。在东北方言中，"黑瞎子"是形容大黑熊的，这个岛也在我们的黑龙江省，在中国和俄罗斯的边境上。中国最东端的黑瞎子岛，是中国最早看到日出的地方。

最西是哪儿？不是西藏，而是新疆乌恰县吉根乡斯姆哈纳村。

我们再来看看世界的东西南北。实际上地球上没法分东西，因为地球是圆的。转的时候，哪一个地方都是东西。我们只有南北两个极点，上面是北极，下面是南极。所以北极点，位于北纬90°，南极点就是南纬90°。

北极和南极哪个冷？可能是南极更冷，因为南极的气温，据说最冷能达到 −89.6℃，而北极最低气温纪录为 −70℃。

老师曾经去过北极圈。我考大家一下，北极圈有什么？有海狮、北极熊。

北极熊浑身都是白色的。白色是它们的保护色，因为北极常年都是冰雪天地，周围全是北冰洋，全是海，四周全是冰。北极熊就在冰上生活，它会捕猎一些海豹，捕猎一些鱼来生存。

我有些朋友曾经去过南极，在南极大陆上旅游探险。他们到了南极之后，为了保护南极大陆的环境，所有的生活垃圾都要带出来，包括我们的大便小便，都要运出来，因为如果我们太多的人去那儿，就会带去各种各样的病菌、各种各样的废物垃圾，不仅会造成很大的污染，也会对南极的生物造成很大的影响。

第二课　孩子们，摇滚起来！

我们要一起去玩一首歌，这首歌叫 *Rock you*。这是一首英文歌，rock you 的中文解释是"摇滚起来"。这是世界上最流行的一首摇滚乐曲，来自英国的一支著名的摇滚乐队 Queen，皇后乐队，这是一支非常伟大的摇滚乐队。

我觉得这首歌的歌词特别令人感动，特别想跟大家分享一下。

"你只是一个会大声嚷嚷的孩子，在街头嬉闹，希望有一天成为大人物，但是你搞得灰头土脸，狼狈至极，把铁罐到处踢来踢去，然后我们要让你摇滚起来。他说兄弟，你是个年轻人，一条硬汉，在街头叫嚣，总有一天要接管这个世界，你搞得满脸鲜血，狼狈至极，到处挥舞你的条幅，我们要让你摇滚起来。兄弟说你是一个可怜的老头，眼里乞求着宽恕，总有一天，你遇到瓶颈，搞得你灰头土脸，狼狈至极，只好有人能把你赶回老家去，我们要让你摇滚起来，我们要让你摇滚起来。"

在我们一生中，会遇到各种各样的挫折、失败，或者是你的人生特别低落的阶段，但是我们要积极地去面对，要摇滚起来，摆脱那些不好的东西。

音乐能够发现人的各种情绪，是你了解这个世界的另外一种方式。我们能够一块拍手，一块拍桌子、打鼓，甚至胡乱拨拉吉他，都是一种参与，实际上是一种特别好的互动。

老狼老师将专业乐队带进教室，用现场合作演奏的方式和同学们一起"玩摇滚"。

结课八分钟

我们这两天，其实没有正经上课，就带着你们玩了。我们为什么要这样？我希望，就是通过让你们玩来学会另外一种学习方式。所以，这两天玩出了两首歌，是不是？

昨天晚上我们唱了半宿的歌，特别开心，这就是音乐给大家带来的快乐。漠河的冬天特别长，特别冷，大家很少有机会去户外活动，那我们如果去朋友家，大家煮一锅肉，钓两条鱼，然后我们再开两瓶汽水，美美地聊一晚上，唱一晚上，是特别开心的事。我希望音乐给大家带来快乐。我们不要担心自己唱不好，或者唱错了什么的，都不重要。

通过这几天的相处，我慢慢也了解了我们7个同学的性格，也了解了漠河北红村。我们一起学了唱歌，一起看星星，一起玩乐器。乐器本来是死的，它是没有生命的，但是放在音乐家手里面，它就有了生命。我希望有一天，这些乐器在同学们的手里活起来。

今天是老师在北红小学跟大家度过的最后一天。王老师是一个特别不称职的老师，希望老师给大家带来了一点欢乐，让大家知道，这个世界上可能有好多的事情，有一天我们走出北红村，然后去看看外面的世界。

上课记

老狼的号召力，在圈内很不一般，一呼百应。

2020年4月19日凌晨，老狼熬夜看了世界卫生组织举办的"One World: Together At Home"公益在线抗疫演唱会，兴奋地发了个朋友圈："不如大家各自来一段放上来，Come together。"

不到24小时，150名音乐人自发响应，以15秒短视频的形式，发起了一场线上接力行动。老狼不眠不休，挨个把片段转发到自己的朋友圈。这启发了音乐界的人们，成为中国音乐史上最大规模的在线义演"相信未来"的灵感来源。

只要是老狼在意的事，他都十分用心，总是希望调动最大的资源和人脉来做好这件事。

来参加《同一堂课》也是。出发前，老狼四处奔走，在北京搜罗了各种有趣的教具，还打了好几个电话，把觉得适合的帮手们一个个薅了过来，组织了一个"豪华助教天团"。老狼自称"不称职"的老师，他总觉得去中国最北端的小学讲课，一定得给他们带得多一些、再多一些。

"今年是暖冬，只有零下40摄氏度"

从北京出发，飞机转飞机，再转汽车，要到北红村，至少得十七八个小时。黑龙江漠河市北红村北红小学，确实是中国最北端的小学。

北红村，原来叫大草甸子，是漠河乡的牧场，在中国版图的最北端，一江之隔就是俄罗斯的领土。村里只有一条主干道，从

没到过北红村的人可能无法想象,零下40摄氏度,对当地人而言是"暖冬"。
这里每年有着长达8个月的冰封期,最低温度能达到零下50多摄氏度。

村口到村尾，一公里左右。全村的"CBD"，是老年活动中心和旁边的小卖部。村里人口不到350人，以前都是务农为生，现在每家每户在政策的扶持下开小旅馆或者餐馆，发展极地乡村旅游。

没到过北红村的人可能无法想象，关于这里的温度，当地人是这么介绍的："今年是暖冬，只有零下40摄氏度。" 这里每年有着长达8个月的冰封期，最低温度能达到零下50多摄氏度。每到大雪封山时，道路格外难走，用当地人的话说是"进来出不去，出去进不来"。即使到现在，前往北红村也没有公共交通工具。这里2018年初刚刚开通网络，各家小旅馆每天供应1—2小时热水，躺在床上必须捂上两床被子，房间根本关不住暖气。

北红小学全校一共7个学生、2个老师。

村里仅有的两位老师是一对夫妻，王忠雷和于晶。2009年，王忠雷在齐齐哈尔高等师范专科学校毕业，在家人的劝说下，报考了特岗老师。当时考虑到县城一般就业选择多一点，方便女朋友于晶找工作，所以他在报考系统里千挑万选，选了"漠河县北红小学"。没过多久，王忠雷顺利地通过了笔试和面试，拿着行李兴冲冲地去报到。没想到，从齐齐哈尔出发，他坐了十几个小时的火车，才到了漠河，再转汽车到了北极乡中心校。中心校的人派了专车，开了四五个小时土路，才到达了北红小学。同在黑龙江，隔了一天的路程，颠簸辗转。

王忠雷也是大兴安岭地区长大的林区子弟，过惯了苦日子，来之前对学校条件有过心理准备。但没想到，他当年刚到北红村的时候，村里非但没有自来水，连电每天也是只通几个小时。

因为地理位置太偏僻，条件太苦，以往的老师，都是由中心校的全体老师两三个月一轮岗。孩子们刚和老师熟悉了，就换下一个，村里的孩子暗暗有种"老师都不喜欢我们"的感觉，成绩也一直不太好。

老实敦厚的王忠雷，也好几次动过"走"的念头。村里人为了留下他，尽管家里也不太宽裕，还是隔三岔五给他送菜送肉。

为了孩子们的成长，王忠雷在北红小学一待就将近十个年头。他不仅留下了，还把当时的女朋友于晶拉过来一起当老师。于晶负责教语文和音乐，王忠雷教数学和体育。偶尔，请附近驻扎的部队士兵给孩子们上英语课。

近几年，在王忠雷和于晶的坚守下，北红小学作为漠河市唯一的乡村教学点保留了下来。在各界人士的关心下，学校里打了一口水井，取暖的锅炉换了新的，也有了图书、电子白板、投影等教具。

硬件的改善带来了新气象，但孩子们常年在小村里待着，眼界无法和城区的孩子相比。

第一次看到吉他的孩子们

"这里的孩子最缺的还是见识。"老狼到北红村后，先去拜访了王忠雷，并把王老师的这句话记在了心里。

当晚，老狼回到了客栈，为了给孩子们带去更多的收获，召集自己带来的"豪华助教天团"开会，增加更多的课程内容。

老狼带去了国家天文馆的老师——北京天文馆馆长助理寇文，带着孩子们在深夜用天文望远镜认出了天狼星、北斗星、大熊座、小熊座……

老狼带去了专业的户外教练张艳杰，跟孩子们一起乘坐马拉爬犁，一起抓鱼，他担心这里的孩子跟大自然接触得多，想给他们多一些安全、自救知识。

老狼还带去了3位乐手——吉他手夏炎、鼓手史德恒、吉他手及口琴演奏杨健，都是中国顶尖音乐人。他将自己的乐队带进教室，用现场合作演奏的方式和同学们一起"玩摇滚"。每天晚上为了给孩子们教授最合适的音乐，他们都会排练到后半夜。老狼在北红村的三个夜晚，乐队的歌声打破了寒夜的清冷，村里人都被吸引过来了，说："你们来了，像过年了一样。"

师资齐备，教具不能缺。老狼还采购了一批适合孩子们弹奏的鼓和吉他，还有太阳系行星涂色模型，让孩子们边学边玩，还找了手机品牌商募集了几部最新款手机，全部留下来送给孩子们。

这是学生们第一次摸乐器。

在中国最北村庄上天文课。北红村位于黑龙江漠河，比北极村更北，是真正的最北的村庄。

老狼老师邀请了专业的户外教练张艳杰，教给这些亲近大自然的学生一些安全自救知识。

语文课、音乐课、天文课、户外生存课，这是《同一堂课》第一季最丰富的课程表，达成了中国最北端孩子的好多个"第一次"："第一次看到真正的吉他""第一次看到天文望远镜""第一次用手机记录生活"……

社戏 鲁迅

代课老师 刘震云
上课地点 福建龙岩市下洋镇初溪小学

社 戏①

鲁 迅

　　我们鲁镇的习惯，本来是凡有出嫁的女儿，倘自己还未当家，夏间便大抵回到母家去消夏。那时我的祖母虽然还康建，但母亲也已分担了些家务，所以夏期便不能多日的归省了，只得在扫墓完毕之后，抽空去住几天，这时我便每年跟了我的母亲住在外祖母的家里。那地方叫平桥村，是一个离海边不远，极偏僻的，临河的小村庄；住户不满三十家，都种田，打鱼，只有一家很小的杂货店。但在我是乐土：因为我在这里不但得到优待，又可以免念"秩秩斯干幽幽南山"了。

　　和我一同玩的是许多小朋友，因为有了远客，他们也都从父母那里得了减少工作的许可，伴我来游戏。在小村里，一家的客，几乎也就是公共的。我们年纪都相仿，但论起行辈来，却至少是叔子，有几个还是太公，因为他们合村都同姓，是本家。然而我们是朋友，即使偶而吵闹起来，打了太公，一村的老老少少，也决没有一个会想出"犯上"这两个字来，而他们也百分之九十九不识字。

　　我们每天的事情大概是掘蚯蚓，掘来穿在铜丝做的小钩上，伏在河沿上去钓虾。虾是水世界里的呆子，决不惮用了自己的两个钳捧着钓尖送到嘴里去的，所以不半天便可以钓到一大碗。这虾照例是归我吃的。其次便是一同去放牛，但或者因为高等动物了的缘故罢，黄牛水牛都欺生，敢于欺侮我，因此我也总不敢走

---

① 文章选自《呐喊》。有删节。社：在绍兴指一种居住区域，社戏就是社中每年所演的"年规戏"。

近身，只好远远地跟着，站着。这时候，小朋友们便不再原谅我会读"秩秩斯干"，却全都嘲笑起来了。

至于我在那里所第一盼望的，却在到赵庄去看戏。赵庄是离平桥村五里的较大的村庄；平桥村太小，自己演不起戏，每年总付给赵庄多少钱，算作合做的。当时我并不想到他们为什么年年要演戏。现在想，那或者是春赛，是社戏了。

就在我十一二岁时候的这一年，这日期也看看等到了。不料这一年真可惜，在早上就叫不到船。平桥村只有一只早出晚归的航船是大船，决没有留用的道理。其余的都是小船，不合用；央人到邻村去问，也没有，早都给别人定下了。外祖母很气恼，怪家里的人不早定，絮叨起来。母亲便宽慰伊，说我们鲁镇的戏比小村里的好得多，一年看几回，今天就算了。只有我急得要哭，母亲却竭力的嘱咐我，说万不能装模装样，怕又招外祖母生气，又不准和别人一同去，说是怕外祖母要担心。

总之，是完了。到下午，我的朋友都去了，戏已经开场了，我似乎听到锣鼓的声音，而且知道他们在戏台下买豆浆喝。

这一天我不钓虾，东西也少吃。母亲很为难，没有法子想。到晚饭时候，外祖母也终于觉察了，并且说我应当不高兴，他们太怠慢，是待客的礼数里从来没有的。吃饭之后，看过戏的少年们也都聚拢来了，高高兴兴的来讲戏。只有我不开口；他们都叹息而且表同情。忽然间，一个最聪明的双喜大悟似的提议了，他说，"大船？八叔的航船不是回来了么？"十几个别的少年也大悟，立刻撺掇起来，说可以坐了这航船和我一同去。我高兴了。然而外祖母又怕都是孩子，不可靠；母亲又说是若叫大人一同去，他们白天全有工作，要他熬夜，是不合情理的。在这迟疑之中，双喜可又看出底细来了，便又大声的说道，"我写包票！船又大；迅哥儿向来不乱跑；我们又都是识水性的！"

诚然！这十多个少年，委实没有一个不会凫水的，而且两三个还是弄潮的好手。

外祖母和母亲也相信，便不再驳回，都微笑了。我们立刻一哄的出了门。

我的很重的心忽而轻松了，身体也似乎舒展到说不出的大。一出门，便望见月下的平桥内泊着一只白篷的航船，大家跳下船，双喜拔前篙，阿发拔后篙，年幼的都陪我坐在舱中，较大的聚在船尾。母亲送出来吩咐"要小心"的时候，我们已经点开船，在桥石上一磕，退后几尺，即又上前出了桥。于是架起两支橹，一支两人，一里一换，有说笑的，有嚷的，夹着潺潺的船头激水的声音，在左右都是碧绿的豆麦田地的河流中，飞一般径向赵庄前进了。

两岸的豆麦和河底的水草所发散出来的清香，夹杂在水气中扑面的吹来；月色便朦胧在这水气里。淡黑的起伏的连山，仿佛是踊跃的铁的兽脊似的，都远远地向船尾跑去了，但我却还以为船慢。他们换了四回手，渐望见依稀的赵庄，而且似乎听到歌吹了，还有几点火，料想便是戏台，但或者也许是渔火。

那声音大概是横笛，宛转，悠扬，使我的心也沉静，然而又自失起来，觉得要和他弥散在含着豆麦蕴藻之香的夜气里。

那火接近了，果然是渔火；我才记得先前望见的也不是赵庄。那是正对船头的一丛松柏林，我去年也曾经去游玩过，还看见破的石马倒在地下，一个石羊蹲在草里呢。过了那林，船便弯进了叉港，于是赵庄便真在眼前了。

最惹眼的是屹立在庄外临河的空地上的一座戏台，模胡在远处的月夜中，和空间几乎分不出界限，我疑心画上见过的仙境，就在这里出现了。这时船走得更快，不多时，在台上显出人物来，红红绿绿的动，近台的河里一望乌黑的是看戏的人家的船篷。

　　"近台没有什么空了，我们远远的看罢。"阿发说。

　　这时船慢了，不久就到，果然近不得台旁，大家只能下了篙，比那正对戏台的神棚还要远。其实我们这白篷的航船，本也不愿意和乌篷的船在一处，而况没有空地呢……

　　在停船的匆忙中，看见台上有一个黑的长胡子的背上插着四张旗，捏着长枪，和一群赤膊的人正打仗。双喜说，那就是有名的铁头老生，能连翻八十四个筋斗，他日里亲自数过的。

　　我们便都挤在船头上看打仗，但那铁头老生却又并不翻筋斗，只有几个赤膊的人翻，翻了一阵，都进去了，接着走出一个小旦来，咿咿呀呀的唱。双喜说，"晚上看客少，铁头老生也懈了，谁肯显本领给白地看呢？"我相信这话对，因为其时台下已经不很有人，乡下人为了明天的工作，熬不得夜，早都睡觉去了，疏疏朗朗的站着的不过是几十个本村和邻村的闲汉。乌篷船里的那些土财主的家眷固然在，然而他们也不在乎看戏，多半是专到戏台下来吃糕饼水果和瓜子的。所以简直可以算白地。

　　然而我的意思却也并不在乎看翻筋斗。我最愿意看的是一个人蒙了白布，两手在头上捧着一支棒似的蛇头的蛇精，其次是套了黄布衣跳老虎。但是等了许多时都不见，小旦虽然进去了，立刻又出来了一个很老的小生。我有些疲倦了，托桂生买豆浆去。他去了一刻，回来说，"没有。卖豆浆的聋子也回去了。日里倒有，我还喝了两碗呢。现在去舀一瓢水来给你喝罢。"

我不喝水，支撑着仍然看，也说不出见了些什么，只觉得戏子的脸都渐渐的有些稀奇了，那五官渐不明显，似乎融成一片的再没有什么高低。年纪小的几个多打呵欠了，大的也各管自己谈话。忽而一个红衫的小丑被绑在台柱子上，给一个花白胡子的用马鞭打起来了，大家才又振作精神的笑着看。在这一夜里，我以为这实在要算是最好的一折。

然而老旦终于出台了。老旦本来是我所最怕的东西，尤其是怕他坐下了唱。这时候，看见大家也都很扫兴，才知道他们的意见是和我一致的。那老旦当初还只是踱来踱去的唱，后来竟在中间的一把交椅上坐下了。我很担心；双喜他们却就破口喃喃的骂。我忍耐的等着，许多工夫，只见那老旦将手一抬，我以为就要站起来了，不料他却又慢慢的放下在原地方，仍旧唱。全船里几个人不住的吁气，其余的也打起哈欠来。双喜终于熬不住了，说道，怕他会唱到天明还不完，还是我们走的好罢。大家立刻都赞成，和开船时候一样踊跃，三四人径奔船尾，拔了篙，点退几丈，回转船头，驾起橹，骂着老旦，又向那松柏林前进了。

月还没有落，仿佛看戏也并不很久似的，而一离赵庄，月光又显得格外的皎洁。回望戏台在灯火光中，却又如初来未到时候一般，又漂渺得像一座仙山楼阁，满被红霞罩着了。吹到耳边来的又是横笛，很悠扬；我疑心老旦已经进去了，但也不好意思说再回去看。

不多久，松柏林早在船后了，船行也并不慢，但周围的黑暗只是浓，可知已经到了深夜。他们一面议论着戏子，或骂，或笑，一面加紧的摇船。这一次船头的激水声更其响亮了，那航船，就像一条大白鱼背着一群孩子在浪花里蹿，连夜渔的几个老渔父，也停了艇子看着喝采起来。

离平桥村还有一里模样，船行却慢了，摇船的都说很疲乏，因为太用力，而且许久没有东西吃。这回想出来的是桂生，说是罗汉豆正旺相，柴火又现成，我们可以偷一点来煮吃。大家都赞成，立刻近岸停了船；岸上的田里，乌油油的都是结实的罗汉豆。

"阿阿，阿发，这边是你家的，这边是老六一家的，我们偷那一边的呢？"双喜先跳下去了，在岸上说。

我们也都跳上岸。阿发一面跳，一面说道，"且慢，让我来看一看罢，"他于是往来的摸了一回，直起身来说道，"偷我们的罢，我们的大得多呢。"一声答应，大家便散开在阿发家的豆田里，各摘了一大捧，抛入船舱中。双喜以为再多偷，倘给阿发的娘知道是要哭骂的，于是各人便到六一公公的田里又各偷了一大捧。

我们中间几个年长的仍然慢慢的摇着船，几个到后舱去生火，年幼的和我都剥豆。不久豆熟了，便任凭航船浮在水面上，都围起来用手撮着吃。吃完豆，又开船，一面洗器具，豆荚豆壳全抛在河水里，什么痕迹也没有了。双喜所虑的是用了八公公船上的盐和柴，这老头子很细心，一定要知道，会骂的。然而大家议论之后，归结是不怕。他如果骂，我们便要他归还去年在岸边拾去的一枝枯桕树，而且当面叫他"八癞子"。

"都回来了！那里会错。我原说过写包票的！"双喜在船头上忽而大声的说。

我向船头一望，前面已经是平桥。桥脚上站着一个人，却是我的母亲，双喜便是对伊说着话。我走出前舱去，船也就进了平桥了，停了船，我们纷纷都上岸。母亲颇有些生气，说是过了三更了，怎么回来得这样迟，但也就高兴了，笑着邀大家去吃炒米。

大家都说已经吃了点心，又渴睡，不如及早睡的好，各自回去了。

第二天，我向午才起来，并没有听到什么关系八公公盐柴事件的纠葛，下午仍然去钓虾。

"双喜，你们这班小鬼，昨天偷了我的豆了罢？又不肯好好的摘，踏坏了不少。"我抬头看时，是六一公公棹着小船，卖了豆回来了，船肚里还有剩下的一堆豆。

"是的。我们请客。我们当初还不要你的呢。你看，你把我的虾吓跑了！"双喜说。

六一公公看见我，便停了棹，笑道，"请客？这是应该的。"于是对我说，"迅哥儿，昨天的戏可好么？"

我点一点头，说道，"好。"

"豆可中吃呢？"

我又点一点头，说道，"很好。"

不料六一公公竟非常感激起来，将大拇指一翘，得意的说道，"这真是大市镇里出来的读过书的人才识货！我的豆种是粒粒挑选过的，乡下人不识好歹，还说我的豆比不上别人的呢。我今天也要送些给我们的姑奶奶尝尝去……"他于是打着棹子过去了。

待到母亲叫我回去吃晚饭的时候，桌上便有一大碗煮熟了的罗汉豆，就是六一公公送给母亲和我吃的。听说他还对母亲极口夸奖我，说"小小年纪便有见识，将来一定要中状元。姑奶奶，你的福气是可以写包票的了。"但我吃了豆，却并没有昨夜的豆那么好。

真的，一直到现在，我实在再没有吃到那夜似的好豆，——也不再看到那夜似的好戏了。

一九二二年十月

讲堂录

我从小是个农村孩子，我知道上学对一个人的成长有多么重要。一个人的聪明和天分当然存在，但是要长成参天大树，还需要温度、湿度和土壤。

每个人上学都有自己的老师，老师最重要的是教给孩子思维方法，一句有见识的话，顶一万句的话。

孩子有时候心里藏了很多话，但是可能没有场合环境能表达出来。所以当有了合适的湿度和温度，孩子能把心里话说出来的时候，我都特别触动。因为一个作者存在的意义，就是要把世界上那些被忽略的人、被忽略的情感，那些无处说的肺腑之言，帮他们说出来。

第一课　世界上存在两本书：一本是书本　一本是生活

大家都爱去外婆家，一是有吃的，二是有好玩的，三是有好看的，第四是还可以聊天。鲁迅也是如此，他的外婆家叫平桥村。

平桥跟初溪一样，有一条小河，河里有鱼，有虾。鲁迅到平桥外婆家之后，最爱干的就是钓虾。他在外婆家发现了生活特有的趣味。

鲁迅在那里的第一盼望，却是坐船去附近赵庄看戏。但是船都被别人事先预订了，去不了的鲁迅急得连饭也吃不下去了。这时，他的好朋友双喜说，可以开八叔的船去看戏。然而这个戏特别没意思，这群小朋友就准备回去了。回家路上这一段写得特别好，它有情绪。鲁迅用拟人的方法，说"那航船，就像一条大白鱼背着一群孩子在浪花里蹿"，又用渔夫的喝采（彩）映衬了几个孩子的情绪，说"连夜渔的几个老渔父，也停了艇子看着喝采起来"。

再往前走，大家饿了，就到地里偷了点蚕豆，有吃有说，特别快乐。鲁迅说，此后他再没有吃过这么好的罗汉豆。

作文就是从生活来的。世界上有两本书，一本是我们首先读的生活的书，还有一本就是我们读的书本的书。

人生八字：大、小、多、少、高、低、远、近。

第二课　人生八字：大小多少高低远近

语文课，首先是识字，比如说从一年级就开始学的，大、小、多、少、高、低、远、近。这八个字，能够概括将来以及你们的一生，包括整个世界。

什么要比较大呢？我们的心胸要比较大。什么要比较多呢？我们的知识要掌握得比较多。什么要比较高呢？我们看一个事要站得比较高。什么能看得比较远呢？经过的事多了，心胸开阔了，看事情就看得比较远。

什么叫作文？我们能够通过文字表达自己的情感和想法，这就叫作文。

我这次从全班中挑出了四篇作文。

第一篇，是徐思琳同学写的。她写了一篇关于咱们初溪村的作文，题目就叫《我的故乡》。

我的故乡

我的故乡在初溪，我爱我的故乡，我更爱故乡秀丽的景色。春天暖风习习，火花怒放，粉红色的小花朵在微风中翩翩起舞。极目迥望，田野上成了花的海洋，枝头上的小鸟，唧唧喳喳地唱着悦耳动听的歌曲。春天给山上披上一层浓浓的绿装，河水清澈见底，称得上是山清水秀，鸟语花香。

夏天，人们开始给苹果梨子等包上了果袋，轻巧灵活的手特别快地包完了一部分，五颜六色的果袋把田园打扮得妖娆艳丽。

秋天是硕果累累的季节，人们早出晚归，忙里忙外，终于收获了一年辛苦劳动的成果。田野上沸腾一片，构成了一幅快乐的

初溪村仍保留着圆形土楼建筑。

刘震云老师邀请了首批国家级"非遗"土楼营造技艺的传承人徐松生作为助教老师，让学生们上手体验土楼的营造技术。

丰美景色。

冬天，天真活泼的孩子在白色花瓣下开展着各种有益的活动，有的锻炼身体，有的捉迷藏，有的玩一二三木头人，有的聚在一起讲童话故事。

文章写了初溪村的美景，以及对故乡村庄美景和初溪村人的感情。这篇作文，写得最好的地方是她用春、夏、秋、冬四个季节来描写村庄。

不同的季节，不同的景色，体现出来村庄的变化。

"变化"对于写作文特别重要。这个变化，除了有外在美景的变化，同时还有人心情的变化。这就叫"结构"。

第二篇，是徐金萍同学的《家乡的柿子》。

家乡的柿子

今天让我隆重地介绍一下我们家乡的柿子，它的外形和苹果差不多，只不过比苹果软一点，它的里面是橘红色的，里面还有籽呢。

柿子的外形并不出众，但很好吃。我来为你们介绍柿子的做法。

第一，盐水柿子，把有点绿中泛黄的柿子摘下洗净，准备好一个干净的水桶，把水倒入桶里，放上盐巴，把洗净的柿子放进桶里，放上一星期。

第二，柿子饼，把树上黄了的柿子洗干净，准备好一个晾衣晒的架子，把柿子刮干净，晾在准备好的架子上，晾几个星期。晒好的柿子饼，不用拿去清洗，直接吃就可以了。家里的人离不开柿子，因为家里的人，拿它来卖，拿去送亲人、朋友、同学。

这篇作文写柿子写得非常具体，她把如何将柿子做成柿饼的过程详详细细地都写下来了。

写作文，就是用文字跟人说话。第一要像徐思琳一样有结构和变化，还要像金萍一样，写得"具体"。

第三篇，是熊燕同学的《菠萝的自述》。

菠萝的自述

我的名字够洋气吧，悄悄地告诉你一个秘密，我的小名叫凤梨，我的家乡在南方，我是一种热带水果。实不相瞒，我是人见人爱，车见车载的水果之王，你瞧有一个穿着红衣服的格子装的小女孩，伸长脖子，眯着眼睛，张大鼻孔，她在闻什么呢？

她当然在闻我身上迷人的气味，我的气味非常芬香，任你越闻越爱闻，闻着闻着还会引起条件反射，任人流口水。我不仅气味清香，而且外形也酷极了，帅呆了。瞧我金黄的盔甲，头戴一顶威武的将军帽，就像一位打了胜仗的大将军，我的盔甲是菱形的，一片一片的整齐地排列着。这盔甲坚硬无比，一般的虫子对它无可奈何，每片盔甲上长着一根又细又小的叶子，长大后，叶子干枯了，向下垂着，摸起来，没那么扎手。

妈妈告诉我，小时候营养不良，面色发青，长大了会变得黄绿相间，成熟后就是金黄色的特别引人瞩目。我不仅模样俊俏，而且味道也一级棒。不过你们要品尝我，首先你要用刀割去我坚硬的外皮，再把我身上的果眼挖掉，如果你这样的时候就一大口咬下去，一定会觉得舌头又麻又涩，因为我身上还有菠萝酶，它会分解蛋白质，使嘴唇和舌头上的黏膜受到刺激。不过处理方法很简单，只要把我放在盐水里浸泡一两个小时，那时候吃起来一定酸甜可口。不是我吹牛，我可是浑身都是宝，我的果肉可以制成罐头，果汁可以制成菠萝酒，那叫一个美味呀。我的皮可以入药做肥料，连我的叶子也可以编成绳子。

这篇作文用拟人化的手法写菠萝，把自己当成一个菠萝，不仅写得具体，更好的是"角度"，希望大家记在心里。

第四篇，是曾金凤同学的《我亲爱的小鱼》。

我亲爱的小鱼

有一天我在小溪里玩，突然我看见一条小鱼，在比较浅的水里，我觉得只要我一伸手就能捉住它。于是我马上去找一个空瓶子装上水，一往水里，小鱼就被我抓到了。

小鱼非常漂亮，它穿着一身洁白无瑕的衣服，尾巴很长，像美人鱼一般，它的头顶上还有几个小小的黑斑点，它那娇小玲珑的面孔上有像涂了口红一样的小嘴巴。因为它是白色的，所以它的鳞片会像星星一样，亮晶晶地闪来闪去，一看到它就像看到了神仙下凡的仙鱼。我从来没有想过小鱼也会想念大自然，你想过吗？这居然是真的，就在一天下雨，小鱼用头直撞瓶子，我看着小鱼的头被撞成那样，我非常心疼，真不知道小鱼这是为什么。然后我看它撞的方向是往小溪的方向，天哪，现在我才知道小鱼为什么会游向小溪了，原来小鱼想家和亲人了，小鱼不能没有家。我就把小鱼放走了。

金凤的作文，第一有想象力，她说"一看到它就像看到了神仙下凡的仙鱼"。文章还写了小金鱼和自己的感触，当她看到这个鱼在不断地撞瓶子的时候，就想到了如果远离了家乡和亲人，一定想早一点回去。所以，她把这条小鱼又放到了小溪里。这是写作文又很重要的两个字："感情"。

一个作文，如果有了结构、具体、角度、感情、想象力这五个要素，就会写得特别好。

第三课　生命中的好老师

童年读书

刘震云

一提起读书，就让人想起了自己的童年。因为人第一次接触书，大都在童年时代。记得在我童年时候，给我印象最深的一篇课文叫《我要读书》，里面写了一个穷苦孩子对知识的向往和读书的不易。我小时读书，也是外祖母卖了头上的簪子，把我送进学堂的。记得学堂原是村中一个牛屋，墙上掏了几个洞；课间从洞里爬出去，就到了麦草堆里；记得老师叫孟庆瑞，年长慈祥，长留在我的记忆里——仔细算起来，那时他也就三十来岁吧。我现在仍记得第一次发书时，我闻到那书的油墨的清香；放学回家，还放到外祖母鼻子下让她闻。从那时到现在，再没闻到那么清香的书本了。那时的书本，怎么就那么香。

书发到手，接着就是包书皮。外祖母不识字，把读书看得特别神圣和不易。她拿着书本用眼睛照："打死我也学不会。"听说我要包书皮，从箱底把她最珍贵的一叠绿花格子油纸拿了出来——这是乡下人出嫁闺女时贴箱底用的。在我上学的问题上，父母有不同的意见。当时我的父亲在县城当职员，母亲在废品厂整理破烂；他们说本来家里生活就紧张，小小年纪上什么学。他们不知道这上学的机会多么难得：多少年村中无学校，1963年，来了一个孟庆瑞老师，村里的顽童，十几岁的也有，像我这样五六岁的也有，全部鱼龙混杂在孟老师的门下。错过这个机会，何年何月才能再上学？何况别人都去上学，剩下我一个人脱离、游离大家，也让人感到孤单和不放心。我听到消息，从野地里光着身子旋风般到家，向外祖母哭闹。外祖母虽然目不识丁，但深明大义，从头上摘下簪子，到镇上卖了五块钱，手拉手把我送进了学堂，又闻了我的书香，替我包了书皮。

闻过书香，包过书皮，接着开始学书中的内容。无非是"大、小、多、少、上、下、左、右"这些既简单又一辈子难以弄懂它们深刻意蕴的单字。为了学会这些既复杂又简单的文字表皮，我多次在油灯下犯难。一次啼哭着去请教一位表兄，被他拒绝。这位表兄的父亲，上私塾时潇洒无比，把书上犯难的字都抠了下来："哪里短这几个字！"轮到表兄，却对字如此吝啬。回到家外祖母劝我："学了一天脑子糊住了，要不先睡，明天五更我纺花的时候，把你喊起来。"五更鸡叫，是外祖母每天起床劳作的开始。第二天早上外祖母把我喊起来，在纺车的"嗡嗡"声中，我突然看懂了书上的字："姥娘，我会了。"外祖母摇着纺车，脸上露出了笑容。

等这些字从外形上认识得差不多了，我的父母来了，说为了更好地读书，要把我接到城里。这使我很愤怒。我自小跟外祖母长大，现在为了读书，我要告别外祖母。一方面我感到自己读书的失败，世界正在给我编织阴谋；另一方面，我对书本开始产生拒绝。我在村里学习成绩很好，到了城里却一落千丈。老师、父母，都对我非常失望。直到这年的中秋节，姥姥带着我的弟弟到县城来看我，母亲唠叨我学习如何不好，外祖母拉着我的手一言不发。这时我看到了外祖母灰白的头发上，插着一根秫秸，我想起了她送我上学卖掉的簪子。我知道，那根簪子，是五十年前外祖母出嫁时，她娘给她的陪嫁。

这一年的下一学期，我的学习成绩上去了。城里的老师又说："乡下来的孩子，就是比城里的孩子用功。"

我们再讲一篇作文，这篇作文是我写的，大家看一看我的作业《童年读书》写得怎么样？

学生：文章有列数字，比如三十来岁、1963 年，而且写的比较具体。

学生：描写了外祖母支持你上学。

学生：整个作文写出了对读书的热爱。

同学们都说得特别好，但我这篇作文比较好的原因是除了五要素外，还有"转折"。

从学习困难，到成绩好，从乡下到城里，从外祖母的簪子到秫秸秆，这中间文章是有起伏的，有一个人跟这个世界之间内心的变化，这个变化体现在对书本认识的变化，对学习的变化，还有对人的认识的变化。

所以写文章，要记住"转折"。

还有一点，就是读书非常非常重要，一个人见识多，但要想能够站得高一点，看得远一点，就一定要学习，一定要读书。

第一个人（节选）

加 缪

贝尔纳先生的四个学生，还有先到的一些学生，都站在走廊里等待着，大门紧闭，马路还是湿的，过会儿太阳一出来，就会布满灰尘，大多数人都掩饰自己内心的胆怯，装出自在的神态，有几位面色苍白，默不作声，显露出内心的焦虑不安，雅克他们整整早到了半个小时，谁也不说话，紧紧地挨着他们的老师，老师也没说什么。突然，贝尔纳先生说了一句话，我去去就来，便离开了。

果真，他一会儿就回来了，依然戴着卷边帽，戴着手套，姿态优雅，手中拿着两个沙子包，为了拿起来方便，纸包顶端还简单地卷成了螺旋形。他走到他们跟前，他们发现油油的，羊角面包来了，贝尔纳先生说，现在吃一个，留一个十点钟再吃。他们道过谢，吃了起来。但嚼过的干干的面包，堵在喉咙口，难以下咽。

别慌，老师反复叮咛，看清题目要求和作文题，多读几遍，你们有足够的时间，他一定会重复好几遍的，按照他的意思去办，因为他无所不知，都没有任何障碍可以阻挡他，跟着他走不会有错。

加缪是法国人，世界上非常著名的作家。加缪在得诺贝尔文学奖的第二天，就给他的老师写了一封信。

加缪生长在一个很穷的国家：阿尔及利亚。加缪家里也特别穷，父亲因为第一次世界大战去世，仅靠母亲一人洗衣做饭养活全家四口。但是他在学校遇到了一个非常好的老师：贝尔纳。

贝尔纳成功劝说了加缪的祖母，让加缪可以接着上学、考中学。

什么叫好老师呢？他除了在生活中能帮你解决困难，还能教给你学习、做人做事的方法。比如这一篇文章里面，写得最好的

刘震云老师说：课堂是一个讨论的地方，是一个发表不同意见的地方，而不只是允许一件事情产生一种观点，一种思维。

一句话："别慌，看清题目要求和作文题，多读几遍，你们有足够的时间。"这个老师就教给学生一个学习的方法，一个考试的方法。这也就是我想教给你们的一句话。

第四课　篝火边的作文课

昨天我给大家布置作文，两个题目"刚好遇见你"和"让我感动的事"。我今天看了看16篇作文，都写得特别好。昨天老师说写作文有八点（结构、具体、角度、感情、想象力、转折、读书、审题），大家都记住了。

让我感动的事

熊　燕

我小时候是个很可爱的小孩，那时我还小，但我还记得一件事，让我感动的事，小时候外婆睡觉的时候，外婆的手好像被我变成了一个枕头，小时候我天天睡觉都要我外婆的手来枕。有一天，我生病了，我一直睡在床上，我枕外婆的手，枕了三天三夜。外婆连续三天三夜都没有睡觉，外婆的眼睛已经很疲惫了，那时候的我还小，不知道外婆也是很辛苦。我再给你说让我感动的事，外婆从我一岁时背我，当我六岁时，才知道外婆是不是很辛苦，但那时，我看见外婆的背已经弯了。我感觉这几件事让我感动。我和外婆外公住在一起，我们家住在神庆楼。

熊燕这一篇《让我感动的事》的观察角度特别妙，她选择了外婆对她好的细节——手、眼睛和已经弯了的背。

在祈福花灯上徐春园写下心愿："希望我妈妈能快点好起来。"

刚好遇见你

徐春园

我叫徐春园，今年十一岁了，我住在爷爷奶奶家，爸爸妈妈去都别人做工。妈妈生病了，有时候就在家里，一两个星期后去龙岩医院。妈妈因为要化疗，所以妈妈的头发没有了，每天不是很舒服。妈妈，我希望您可以快些好起来，如果我没有遇见您，我也不会有这些快乐的时光。在我妈妈没有生病的时候，有我，有小哥，有大伯，有伯母，还有我的朋友徐宜兴和他的弟弟徐仁坚。如果妈妈没有生病，像原来那样，那该多好呀。在我和妈妈的快乐时光里，还有我的家人。我最快乐的时候，是过年的时候，因为那时有我的家人和我认识的朋友。我很喜欢花灯，因为我听别人说，花灯有祝福的意思，如果我有一个花灯，我会在里面写一句话，妈妈，您要快点好起来呀。如果没有遇到您这一位母亲，我就不会有这些时光了。

春园这篇作文很动人，尤其她通过对比妈妈生病前后的生活使文章感情表达更充分了。

结课八分钟

这次到初溪村，我收获最多的是，孩子丰富的内心世界呈现在了我的面前，它是我生活的一种滋养，甚至说创作的一种滋养。

我在世界上多16个朋友，就多16份力量，我觉得这就像我的神经末梢又长出很多的枝叶，与这16个同学命运相关，情感相连。

上课记

作家是更好的语文老师。

为什么？或者因为他们是语文专家，都带有熟练的阅读经验和写作经验，带有写作者的敏感，以及源自职业和天性的双重同理心。

作家讲课喜欢增加课目。

阿来老师的本课是讲水，增加了植物；张悦然老师的本课是《虞美人·春花秋月何时了》，加课欧·亨利《最后一片叶子》。

刘震云老师加课尤其严重。刘震云的本课是鲁迅的《社戏》，增加了加缪的《第一个人》，再加上刘震云本人的《童年读书》。

《同一堂课》约定必须有户外课。刘震云的户外课也大肆加课。他正式的户外课，就在福建龙岩初溪村里，但是增加的户外课远在千里外的北京。刘震云初溪课结课之后的第8个月，时逢北京国际书展，刘震云是北京国际书展的形象大使，初溪村的一班孩子一个不少地被刘震云请到了北京。

在书展的新闻发布会上，刘震云已经宣布了，他的16个朋友要来北京了。

初溪村的孩子们

"山村里的孩子最大的特点是他们的眼睛，他们的目光像山泉一样清澈，他们对世界的判断首先是从他们的情感出发的。当然他们也会有理智的地方。最后这16个孩子跟我都成了特别好的朋友。其中跟我交流最深的、把心里话说出来的孩子，是春园和思琳。"

刘震云在初溪村第二天的课是手工课，上午扎花灯，下午夯土墙。土楼打墙用米糠，然后用胶泥。打桩子的时候，春园不小心把思琳的手给打肿了，春园转身就跑了。

刘震云从来没想到一个孩子在躲避自己犯的错误的时候，她会去哪里。春园爬到树上去了，特别敏捷，爬得很高。同学们越喊她下来，她越往上爬。刘震云对其他学生说："那就让她爬吧，我们就别喊了，都回来吧。"

等所有人都在打墙的时候，刘震云又过去，对春园说："就剩我一个人了，你下来吧，老师在这。"春园从树上下来了。刘震云对这个11岁的孩子讲了一个道理："人没有不犯错误的。但是错误分两种，是有意的还是无意的。你犯这个错误是无意的，无意的错误人人会犯。你如果还局限在这个错误里，它可能会是更大的错误。"

刘震云问春园："你担心思琳什么呢？"春园说："我担

刘老师告诉学生，"任何人在这个世界上，不可能不犯错，无意的错误，不要放在心上"。

心她跟我记仇。""人还有两类，一种人记得别人的善良，还有一种记得别人的仇。你这个担心是有道理的，那怎么办呢？我把你跟思琳叫到一块儿，你们俩来说说这个事。"刘震云问思琳："她把你手给砸肿了也不是有意的，你能不能原谅她？"思琳说："能。"两人和好了，拉着手又笑了。

刘震云在村里待了五天，上了三天课，跟每个人都成了好朋友。临走的时候，每一个孩子都给他送礼物。山村孩子的礼物就是用纸叠一个东西。有的叠的是一个小动物，有的叠的是一颗心。

这些十一二岁的男孩子送的礼物特别有意思。他们知道刘震云老师属狗，就把他们自己的属相——羊、猴、鸡，和刘震云老师的属相狗画在了一起。狗跟鸡、跟猴、跟羊都拉着手。画得有点四不像，但是感情特别真挚。

"我把它们搁在了我的书房里面。我有时候看到内心有特别真挚的那种温暖感，我在世界上又有16个心在牵挂着。"

临走的时候，春园突然跑到刘震云老师身边，什么都不说，把他的手掰开，放了一块糖。她说，老师，吃糖。这个糖是牛奶糖。这对一个生活在山村、母亲生病的女孩子来说是非常珍贵的，她可能因此好多天没得吃。刘震云说，好，我吃。春园看了老师一眼，她跑了。

初溪和北京的文学课

从机场进城的大巴上，刘震云帮助同学们复习了一下初溪村的课程，并且布置了北京课程的作业。

"在初溪小学的课堂上，我们讲过三篇课文，一个是法国的作家加缪的《第一个人》、鲁迅的《社戏》，还有我的一篇散文

《童年读书》。从三篇课文中，我们学到了：

"第一，立意要不同；

"第二，写作文不要用形容词，要多用动词和名词；

"第三，要特别注意细节描写；

"第四，文章的转折。

"当时给大家布置的作文题目是'刚好遇见你'。同学们都是第一次来北京，大家在北京待一个礼拜再写一篇作文，题目是'刚好遇见你，北京'。"

在初溪村的最后一节课，刘震云老师在黑板上写了三句话：

1. 把事情一次性做好。

2. 把会的事情做对。

3. 16个同学都要考上大学。

8个月之后，初溪小学的16个同学走进了刘震云老师的母校北京大学，上了一堂博士生上的文学课。教课的是刘震云的师弟，纽约大学兼北京大学的教授张旭东。

孩子们跟老师团团围坐，跟博士生上课一样。电子屏上显示的课件大纲，也是用于博士生课程的。

张老师介绍说，上课的教室在俄文楼，也叫万圣楼，如今是元培学院的教学楼。走廊上有鲁迅的画像，因为鲁迅就在北大教过书。

张老师讲的题目是：什么是文学？文学为什么有意思？文学为什么重要？

以老舍的《骆驼祥子》为例。张老师说，这本书，以大家的程度，现在都可以看，大名著并不是只有等大学以后才开始看。

如果只说"祥子是人力车夫"，这是一个信息，一个事实

在北京大学的万圣楼，张旭东教授给学生们上了一堂文学课。

描述，这不算文学。张老师说，开篇说祥子是骆驼，文学就开始了。他为什么像骆驼，像骆驼一样的人是怎么活着的？整本书，就是围绕祥子、骆驼、车夫这三个关系展开的。祥子苦了一辈子，就是想得到一辆自己的车，没实现，一度得到了，又没了。

人为什么要看故事看小说？就像照镜子，看看自己的样子，看到自己不想像祥子那样的一个样子。

小说里不仅有祥子，还有祥子跟环境、跟世界的关系，一个时代、一个世界、生活的哲学，都在里面了，密度非常大。

通过看小说，我们看见世界是什么样子，发现我们经常看见的世界不是我们以为的那个世界。看了一本书，我们像多活了一辈子。

张老师说，这本书是一个悲惨的故事，但是语言非常好看、好玩，像跳舞一样，像说相声一样。

刘震云老师在初溪讲课时讲过：写作文多用名词和动词，不用形容词。形容词都约定俗成了，不容易形成新的意思。

张老师说，《骆驼祥子》整本书，确实多用动词、名词来讲故事。但是全书的最后一段，用了很多形容词，也很有意思。

"体面的，要强的，好梦想的，利己的，个人的，健壮的，伟大的，祥子，不知陪着人家送了多少回殡；不知道何时何地会埋起他自己来，埋起这堕落的，自私的，不幸的，社会病胎

里的产儿，个人主义的末路鬼！"祥子是一个不会说话的人。老舍把祥子的一辈子都写完了，最后给了他一堆定语，这一段也很了不起。

"今天就是来感受一下北大的气氛。我说过大家都要考上大学。考北大就要更努力。"

下课了，两位老师陪着同学们参观了北大校园，在未名湖边拍照留念。

北图朗读课

2018年8月24日上午9点，孩子们来到位于国家图书馆南区的典籍博物馆。

国家典籍博物馆拥有10个展厅，分别展示了不同主题的文物。这里很多的馆藏典籍是国家一级文物，从三千多年前的殷墟甲骨，到一百年前的桑皮纸，包罗万象。

孩子们最先参观的是二号展厅："从《诗经》到《红楼梦》——那些年我们读过的经典"。展览依照时间顺序分为七个部分：先秦两汉、魏晋南北朝、隋唐五代、宋代、元代、明代、清代。通过各个时期人物及作品的简介，串联起中国文学发展的历程，展现中国古代文学精粹。展出的70多件古籍，件件都是国宝。

"我们今天看到的《诗经》，是仅存的歌词部分，非常押韵好听，但是当年的乐谱没有流传下来。"讲解员从最早的《诗经》开始讲解。

孩子们不自觉地把脸贴近展柜玻璃，好奇地盯着那些古籍。

接下来就到了《庄子》部分，"北冥有鱼，其名为鲲。鲲之大，不知其几千里也。学过吗？"

"没有。"

"大家有没有看过一个电影叫《大鱼海棠》？"

"有！"这些来自龙岩土楼的孩子对那部动画再熟悉不过，连最调皮的徐钟阳也回过神了。《大鱼海棠》中土楼的原型就是他们家乡的福建土楼。

"里面的大鱼叫什么？"

"鲲！"

"对！这个角色，就是来源于庄子的《逍遥游》。"

来到魏晋南北朝展区，看到展墙上的南北朝民歌《敕勒歌》，讲解员刚起了个头，孩子们就齐声背诵出来："天苍苍，野茫茫，风吹草低见牛羊"。

"这首你们耳熟能详的民歌，距今已经1500多年了。"

"哇！"

一路下来，每次看到熟悉的诗文，孩子们都会齐声朗诵，从"君不见，黄河之水天上来，奔流到海不复回"到"大江东去，浪淘尽，千古风流人物。故垒西边，人道是，三国周郎赤壁"。

最后，孩子们在展厅中心的四大名著展区结束了经典文学的漫游，随即前往第五、六展厅的"甲骨文记忆"展区。

国家图书馆是世界上收藏甲骨最多的地方，这次展览特地从3万多件甲骨馆藏中，挑选出65件代表性的珍品。还用很多高科技手段互动，让甲骨文"活"了起来。

一进展厅，孩子们就被眼前的景象所震撼，半空中，5重帷幕上写有"龙""凤""典""史"等10个甲骨文汉字，这些古代日常文字带领孩子们开启中华文明之旅。来到郁郁葱葱的"姓属林"，徐思琳一下子就找到了自己的"徐"字。

男孩子们则更喜欢在旁边的触摸屏上临摹甲骨文。每临完一个，系统会给出相应的分数。

"好像在画画，太好玩了吧！"

"你才得了 85 分！"

"终于轮到我了！"

"我知道，这个是牛的角！"

下午，孩子们来到博物馆一层的儿童馆活动室，体验了一堂专业级别的朗诵课。

指导老师是来自中央人民广播电台的配音演员王磊，她曾经为几十部国产片和译制片配音。现场先是播放了王磊老师的配音片段，在一分钟内，用声音雕刻出《西游记》中的三个人物形象。孩子们听得入了神。

主持人请孩子们分别上台朗诵，大家拿着前一晚准备好的朗诵材料，跃跃欲试。

轮到徐春园，她读的是《上善若水》，很多字发音不准。王磊老师说："'水善利万物而不争'的'争'字，你们都发不准。现在跟我读：zh-e-n-g 争，一定是后鼻音。先说 eng，zheng，这样就对了。"

"还有一个练习，你们回去好好练一下：山前有四十四个小狮子，山后有四十四棵紫色柿子树，山前四十四个小狮子吃了山后四十四棵紫色柿子树的涩柿子，山前四十四个小狮子让山后四十四棵紫色柿子树的涩柿子给涩死了。"

王磊老师一口气念完绕口令，孩子们在目瞪口呆中鼓起了掌，暗下决心练好普通话。

北京国际书展的结业礼

最后一天是在北京国际书展展馆举办的结业典礼。

"有个问题想问一下思琳，北京和你来之前的想象，你觉得有什么不同？"主持人问。

思琳说："我觉得北京是一个很大又很贵重的地方。"

"为什么你觉得它很贵重？"

"因为这里有很多的遗迹，有故宫，有长城。"

思琳的作文在结业礼上宣读了。

刚好遇见你，北京

徐思琳

我可是等了好久了，终于盼来了这一天，8月21日。

8月21日早晨，我4点多就已经准备好了，现在就踏上去往北京的旅程，在下午3点多的时候，我们就已经着地了。哇，北京，我终于见到了您了。

哇，时间过得真快呀，很快一周的北京之旅就快结束了，想想今天已经是倒数第二天了，真是有些不舍。这几天我们去了北京大学，听张老师讲的什么是文学。之后我们参观了北大未名湖、博雅塔，感觉很像一个公园，很壮观很美丽，跟我想象中的大学不太一样。

在北京国际书展上，听了刘震云老师对话《一个人的朝圣》的作者瑞秋·乔伊斯，我感悟到一个人只要抱着希望就一定能完成。

故宫，到了那里可真热呀，而且人又特别多，但进去是非常壮观，还有一个十分厉害的房子，听说连皇上都不敢住，那屋檐上有十只神兽，我只记得四只，分别是龙、凤、虎和行什，我觉得那很好玩，又很美丽。

还有去大栅栏。大栅栏是一条街，里面有瑞蚨祥、内联升、93号院博物馆。瑞蚨祥是一个做旗袍的，我还试穿了。我想等我长大以后，一定要穿一件为自己量身定做的旗袍。内联升是一个做鞋的店，那里有好多鞋，我还听一个姐姐说，一双鞋要四天才能做好，我想了一下，要这么长的时间，做鞋的师傅一定很累吧。最后是93号院博物馆，它是专门做毛猴的地方，我一开始还以为是猴子，没想到竟是一个小小的东西和一些装饰摆在一起的小玩意儿，是很好玩的一个小东西。

但让我印象最深的还是国家图书馆儿童馆，它是一个小会议，要叫人上台演讲的，我对我的作品很有信心，可没想到，演讲完之后，老师还点评了很多不好的地方，我没想到竟有这么多问题，我深深地记住了，以后一定要改正不对的地方。哇，北京，遇见你真好呀。

从百草园到三味书屋 鲁 迅

代课老师 麦 家
上课地点 浙江杭州市富阳区蒋家村民乐学校

从百草园到三味书屋[①]

鲁迅

我家的后面有一个很大的园，相传叫作百草园。现在是早已并屋子一起卖给朱文公的子孙了，连那最末次的相见也已经隔了七八年，其中似乎确凿只有一些野草；但那时却是我的乐园。

不必说碧绿的菜畦，光滑的石井栏，高大的皂荚树，紫红的桑葚；也不必说鸣蝉在树叶里长吟，肥胖的黄蜂伏在菜花上，轻捷的叫天子（云雀）忽然从草间直窜向云霄里去了。单是周围的短短的泥墙根一带，就有无限趣味。油蛉在这里低唱，蟋蟀们在这里弹琴。翻开断砖来，有时会遇见蜈蚣；还有斑蝥，倘若用手指按住它的脊梁，便会拍的一声，从后窍喷出一阵烟雾。何首乌藤和木莲藤缠络着，木莲有莲房一般的果实，何首乌有拥肿的根。

有人说，何首乌根是有像人形的，吃了便可以成仙，我于是常常拔它起来，牵连不断地拔起来，也曾因此弄坏了泥墙，却从来没有见过有一块根像人样。如果不怕刺，还可以摘到覆盆子，像小珊瑚珠攒成的小球，又酸又甜，色味都比桑葚要好得远。

长的草里是不去的，因为相传这园里有一条很大的赤练蛇。

长妈妈曾经讲给我一个故事听：先前，有一个读书人住在古庙里用功，晚间，在院子里纳凉的时候，突然听到有人在叫他。

[①] 文章选自《朝花夕拾》（《鲁迅全集》第二卷，人民文学出版社2005年版）。鲁迅（1881—1936），原名周树人，字豫才，浙江绍兴人，文学家、思想家、革命家。代表作有小说集《呐喊》《彷徨》《故事新编》，散文集《朝花夕拾》，散文诗集《野草》和杂文集《坟》《热风》《且介亭杂文》等。

答应着，四面看时，却见一个美女的脸露在墙头上，向他一笑，隐去了。他很高兴；但竟给那走来夜谈的老和尚识破了机关。说他脸上有些妖气，一定遇见"美女蛇"了；这是人首蛇身的怪物，能唤人名，倘一答应，夜间便要来吃这人的肉的。他自然吓得要死，而那老和尚却道无妨，给他一个小盒子，说只要放在枕边，便可高枕而卧。他虽然照样办，却总是睡不着，当然睡不着的。到半夜，果然来了，沙沙沙！门外像是风雨声，他正抖作一团时，却听得豁的一声，一道金光从枕边飞出，外面便什么声音也没有了，那金光也就飞回来，敛在盒子里。后来呢？后来，老和尚说，这是飞蜈蚣，它能吸蛇的脑髓，美女蛇就被它治死了。

结末的教训是：所以倘有陌生的声音叫你的名字，你万不可答应他。

这故事很使我觉得做人之险，夏夜乘凉，往往有些担心，不敢去看墙上，而且极想得到一盒老和尚那样的飞蜈蚣。走到百草园的草丛旁边时，也常常这样想。但直到现在，总还是没有得到，但也没有遇见过赤练蛇和美女蛇。叫我名字的陌生声音自然是常有的，然而都不是美女蛇。

冬天的百草园比较的无味；雪一下，可就两样了。拍雪人（将自己的全形印在雪上）和塑雪罗汉需要人们鉴赏，这是荒园，人迹罕至，所以不相宜，只好来捕鸟。薄薄的雪，是不行的；总须积雪盖了地面一两天，鸟雀们久已无处觅食的时候才好。扫开一块雪，露出地面，用一枝短棒支起一面大的竹筛来，下面撒些秕谷，棒上系一条长绳，人远远地牵着，看鸟雀下来啄食，走到竹筛底下的时候，将绳子一拉，便罩住了。但所得的是麻雀居多，也有白颊的"张飞鸟"，性子很躁，养不过夜的。

这是闰土的父亲所传授的方法，我却不大能用。明明见它们进去了，拉了绳，跑去一看，却什么都没有，费了半天力，捉住的不过三四只。闰土的父亲是小半天便能捕获几十只，装在叉袋里叫着撞着的。我曾经问他得失的缘由，他只静静地笑道："你太性急，来不及等它走到中间去。"

我不知道为什么家里的人要将我送进书塾（书塾就是私塾，旧时家庭、宗族或教师自己设立的教学处所）里去了，而且还是全城中称为最严厉的书塾。也许是因为拔何首乌毁了泥墙罢，也许是因为将砖头抛到间壁的梁家去了吧，也许是因为站在石井栏上跳了下来吧……都无从知道。总而言之：我将不能常到百草园了。Ade，我的蟋蟀们！Ade，我的覆盆子们和木莲们！

出门向东，不上半里，走过一道石桥，便是我的先生的家了。从一扇黑油的竹门进去，第三间是书房。中间挂着一块扁道：三味书屋；扁下面是一幅画，画着一只很肥大的梅花鹿伏在古树下。没有孔子牌位，我们便对着那扁和鹿行礼。第一次算是拜孔子，第二次算是拜先生。

第二次行礼时，先生便和蔼地在一旁答礼。他是一个高而瘦的老人，须发都花白了，还戴着大眼镜。我对他很恭敬，因为我早听到，他是本城中极方正，质朴，博学的人。

不知从那里听来的，东方朔也很渊博，他认识一种虫，名曰"怪哉"，冤气所化，用酒一浇，就消释了。我很想详细地知道这故事，但阿长是不知道的，因为她毕竟不渊博。现在得到机会了，可以问先生。

"先生，'怪哉'这虫，是怎么一回事？……"我上了生书，将要退下来的时候，赶忙问。

"不知道！"他似乎很不高兴，脸上还有怒色了。

我才知道做学生是不应该问这些事的，只要读书，因为他是渊博的宿儒，决不至于不知道，所谓不知道者，乃是不愿意说。年纪比我大的人，往往如此，我遇见过好几回了。

我就只读书，正午习字，晚上对课。先生最初这几天对我很严厉，后来却好起来了，不过给我读的书渐渐加多，对课也渐渐地加上字去，从三言到五言，终于到七言。

三味书屋后面也有一个园，虽然小，但在那里也可以爬上花坛去折蜡梅花，在地上或桂花树上寻蝉蜕。最好的工作是捉了苍蝇喂蚂蚁，静悄悄地没有声音。然而同窗们到园里的太多，太久，可就不行了，先生在书房里便大叫起来：

"人都到那里去了！"

人们便一个一个陆续走回去；一同回去，也不行的。他有一条戒尺，但是不常用，也有罚跪的规则，但也不常用，普通总不过瞪几眼，大声道：

"读书！"

于是大家放开喉咙读一阵书，真是人声鼎沸。有念"仁远乎哉我欲仁斯仁至矣"的，有念"笑人齿缺曰狗窦大开"的，有念"上九潜龙勿用"的，有念"厥土下上上错厥贡苞茅橘柚"的……先生自己也念书。后来，我们的声音便低下去，静下去了，只有他还大声朗读着：

"铁如意，指挥倜傥，一坐皆惊呢；金叵罗，颠倒淋漓噫，千杯未醉嗬……"

我疑心这是极好的文章，因为读到这里，他总是微笑起来，而且将头仰起，摇着，向后面拗过去，拗过去。

先生读书入神的时候，于我们是很相宜的。有几个便用纸糊的盔甲套在指甲上做戏。我是画画儿，用一种叫作"荆川纸"的，蒙在小说的绣像上一个个描下来，像习字时候的影写一样。读的书多起来，画的画儿也多起来；书没有读成，画的成绩却不少了，最成片段的是《荡寇志》和《西游记》的绣像，都有一大本。后来，因为要钱用，卖给一个有钱的同窗了。他的父亲是开锡箔店的；听说现在自己已经做了店主，而且快要升到绅士的地位了。这东西早已没有了吧。

麦家老师让学生们一起写下他们心中的"百草园"。

讲堂录

我是麦家，我是个写字的人，还有一个说法，就是讲故事的人。

有一个苏联作家，叫高尔基，他写过《童年》，以后你们到了初高中的时候，还会读他的另外一篇课文——《海燕》。高尔基说过，作家是灵魂工程师，塑造一个人的灵魂。我们锻炼身体，可以让自己的肌肉变得更加发达，身体变得更加健康。人还有一个器官，叫灵魂，或者叫心灵。你看不见、摸不着，但是它又无处不在。所谓灵魂工程师，心也需要锻炼。我们看电影、电视，看书，看小说，读诗、散文，都是为了让自己的心灵变得更加健壮、饱满，更加健康。

关于作家还有各种各样的说法，有的说作家就是个手工艺者，为什么？他用一个一个的字在造一间房子，这个房子就是一篇文章或是一篇日记。其中会有情绪、情感被记录下来，这种情绪、情感和心灵有关。

但是怎么样成为作家？首先要学好课本，要识字。你不能说我连这些字都不认识，就可以写作，那是不可能的。一个人不会走路，他肯定不会跑。

鲁迅也是个作家。大家知道我们这个地方三边都是山，有一座有名的山叫大黄岭，离这儿大概15公里。翻过大黄岭就到了另一个城市：绍兴。

鲁迅就是绍兴人，他出生在那儿。他是1881年出生的，离我们年代相对比较远。

鲁迅是一个伟大的作家，他写了很多伟大的作品，他曾经被比喻为我们这个民族的灵魂。

我刚才说过作家是人类灵魂的工程师，而鲁迅是我们国家的灵魂。他通过什么来构建我们国家的灵魂呢？写作。其中有一篇就是你们现在手上的《从百草园到三味书屋》。

我先给你们讲讲鲁迅的故事。

鲁迅他从小爱读书，后来就到日本去留学。在日本留学期间学的是医学，当医生。那时候他觉得医生可以治病救人。当时的中国是半殖民地半封建的社会，中国人的国际地位非常低下。人家都说我们是东亚病夫，东亚就是指亚洲，病夫就是病人，意思是说中国人不健康、很贫弱。所以鲁迅励志当个医生，让中国人的身体变得更加健康。

但是后来一件事改变了鲁迅。他在大街上看到有一个人被抓起来，审问发现这个人是参加革命的同志，是对我们民族有益的人，但是被人诬陷成小偷，以小偷的罪名被枪决了。很多民众聚在一起围观，就像农村看戏一样的，把杀人当作娱乐。

鲁迅内心非常沉痛，他意识到一个人如果内心不健康，再健康的身体都没有用，因为你好坏不分，爱恨不分，对错不分。所以鲁迅从那件事情之后，决定放弃学医，改学文学，学习写作，他要通过自己的文章来拯救我们这个民族，来洗涤心灵，让我们的灵魂变得更加健壮。他觉得心灵比身体更重要。

生命是基础，但是让生命变得有价值，有内涵，更丰富，更健康，确实需要给予我们的灵魂各种各样的营养。

我今天站在讲台上给同学们上课，而鲁迅是我们国家这个大的课堂上、讲台上的一个人，他写的东西让很多人获得滋润，包括我自己。我就是读他的书，后来小说越写越好，他是我精神上的导师，也是我心里的英雄。鲁迅，一直站在我的讲台上，今天我也把鲁迅请到了你们的讲台上。我们一起看看这篇文章《从百草园到三味书屋》。

第一课 "忧从识字起"

《从百草园到三味书屋》写于1926年9月18日，当时鲁迅的心情应该是比较悲愁的。他原本在北京教书、写作，由于"3·18"惨案，北洋政府镇压学生运动，鲁迅成了政治通缉犯。他离开北京，来到厦门。9月18日还没有开学，他写下了这篇文章，回忆自己的童年，回忆自己的百草园，回忆最开始上学的经历。

百草园其实就是一个花园，很多农村家庭里都有院子，鲁迅他们家里条件好，院子比较大，里面植物、昆虫也比较多。

菜畦就是菜地的意思，我们农村总是有菜地。桑葚就是桑树的果子，不小心把白衬衣染上桑葚的颜色，很难洗。皂荚树，也就是肥皂树，果子像扁豆一样，可以洗衣服。斑蝥，是一种昆虫，像蜈蚣。秕谷，不太饱满的谷子，正常的谷子是非常饱满的。

三味书屋里有一位先生，就是鲁迅的老师寿怀鉴。为什么在私塾要跪拜梅花鹿？鹿就是"禄"，当官发财，事业有成。

《从百草园到三味书屋》收录在鲁迅的一本叫《朝花夕拾》的散文集中。"朝花夕拾"表面的意思是早上的花晚上捡，真正的意思是说年轻时发生的事情，到晚年写出来。几乎每个作家都有晚年回忆年轻时代的一些文章。

三味书屋和百草园最大的区别是，百草园是单纯玩乐的世界，三味书屋是一个需要学习，需要纪律规矩的地方。在三味书屋，鲁迅先生既感到了快乐，因为学到知识、成长了，同时也感到了烦恼，就像古人所说的"忧从识字起"。

我在你们这个年纪时也有很多烦恼，只是时代不同了，我的烦恼你们可能都无法理解。

我小时候家里成分不太好，同学都不喜欢我，歧视我，我生活得非常压抑。我特别期盼突然能有一个超人，像一只大鹰一样把我叼走，让我去外面的世界看一看，让我摆脱现在的烦恼。这是我小时候反复出现的一个梦，希望有一个外来的、强大的超级力量，把我从这个村庄叼走，让我去外面的世界看一看，让我摆脱现在的烦恼。

我已经说了我的烦恼，我也想知道你们有什么烦恼。请把你真实的、小小的不愉快，或者是烦恼、恐惧，写在小纸条上交给我。写名字也可以，不想写名字也没关系，我们建立一个平等的关系。

我希望通过我们三天的相处，能够给你们一点勇气，我想给你们一点自信。知识不是我要给你们的唯一目的，任何老师都可以教给你们知识。我从远方来的，希望可以带来一些远方的气息，把你们的内心稍稍打开一点。

第二课　探访真实的"百草园"

黄公望森林公园，它非常像鲁迅笔下的百草园。百草园里面写到的覆盆子、何首乌、蜘蛛……要什么有什么，藏着大自然的很多秘密，也藏着鲁迅童年的记忆。黄公望是位画家，他有一幅很有名的画作叫《富春山居图》。由于战争，这幅举世名画被分

麦家老师与学生一同再现鲁迅笔下的冬日捕鸟小工具。

成两半，其中一半在我们祖国宝岛台湾，还有一半就在我们浙江省美术馆收藏着。2011年，《富春山居图》终于珠联璧合，把我们浙江的那一半拿到台湾搞过一次联展，我还专门写过一个赋。

我带你们来看到的是一个真实的"百草园"，虽然和鲁迅的百草园不是一模一样，但是大同小异。昨天我们在文字里面看，今天我们在身边看。

我带来了一个捕鸟的小工具。我小时候经常玩，要等到下雪的第三天，大雪把土地都覆盖了，鸟很饿，却再也找不到食物了。我们想象一下，就像鲁迅写的那样，你要把雪挖开，把泥土露出来，放上一些稻子、谷子。那些麻雀闻到这里有粮食的香气，就马上嗅过来。我们要躲得很远，用长长的绳子牵着，等鸟进去的时候，我们一拉，鸟就盖住了。

今天带你们出来，一方面是让你们领略有趣的野外，另一方面也想让你们把这种有趣一直放在心里。有一句话你们可能现在体会不到，但是我很认同：有趣的灵魂太少，有钱的皮囊太多。人们有很多钱，内心却很无趣，很寡淡。希望今天能在你们的内心种下一粒有趣的种子，让有趣陪伴你们向前走。有趣就是快乐，快乐就是人生的真谛。可以忘掉我，但不要忘了有趣。有趣的人才是可爱的。被人爱和爱人是人生最高级的精神状态。一个有趣的人会去爱人，一个有趣的人也会被人爱。

鲁迅说的是百草园，我们今天来的是野草园。不瞒你们说，这个野草园也是我的乐园，我小时候经常在这儿。我曾把成堆成串的脚印留在这座山上。如果你们来过的话，我们已经从脚印上相识了。

麦家老师让学生们用"不必说"造句。

后山也唤醒了我童年不愉快的一幕。我小时候有养四只兔子的任务，养兔子是为了上学，兔毛卖钱，把钱当学费。别的孩子放了学去玩了，或是在家里做作业，我就像个奴隶一样，拎着篮子来割草，下雪天还要来。而且有很多人在割草，有时候你都抢不到。要想割满四只兔子能够吃饱的草，真的不是那么容易。那是一段非常辛酸的记忆。当时觉得太痛苦了，心想什么时候这四只兔子跑掉最好，但问题是跑掉了我又没学上了。现在想起来好像一切都是我的财富。

昨天我跟你们临时布置了一个小小的作业，把你们的烦恼写下来，我看到有的怕考试，有的是怕鬼，有的是不喜欢某一个同学，有的是不喜欢老师的某一堂课，形形色色。虽然只有22个同学，但是我统计了一下，有47个烦恼。这些小烦恼就像小蛀虫一样的，钻在了你们心里，像是给你们本来缤纷的童年，留下了一点点小阴影。

我的童年是那么不愉快，那么辛酸。但正是因为有这些童年的辛酸，帮助我一步一步地往前走了。你尝到了阴影的苦味，尝到了辛酸的辣味，你才会去寻找阳光的明亮，去寻找甜的滋味。这个寻找的过程就是成长的过程，也是你努力的过程。

我执意要求回到我的故乡上课，正是因为这里面有我的情感，有你们。我们的根是连在一起的。所以当我看到了你们给我留下了47个小烦恼的时候，我决定要在这个登高望远的地方跟你们讲一讲怎么样去对付你们的小烦恼。

很简单，我们要去正确地面对它，不要把它当作一个宝贝藏着，舍不得拿出来，舍不得把它处理掉。我觉得应该把这个烦恼当作一个对手、敌人，我们要把它消灭掉，让它离开你。把自己

麦家老师与学生一同去户外寻找"百草园"。

心胸放大一点、看远一点，不要把自己当作十二三岁，耍小孩子脾气。你的同学也好，你的作业也好，你的老师也好，多少年之后你回忆起来，那都是难忘的、珍贵的记忆，也是你在前进路上留下的脚印。

第三课　书可以让世界变小

今天我们来到蒋家祠堂。第一，这里是我的三味书屋。我开学的第一天，就是在这里的厢房认识了第一个字，领到了第一本书。这个地方对于我来说很重要，我今天所有的一切都是从这儿出发。

第二，这是我们村庄一个小小的心脏。祠堂是村民们敬天、敬地、敬祖先的地方，祠堂就像是一个家族的客厅，也是一个家族祭祀祖先的地方。有家必有长，有长必有规，如果没有规矩就不成方圆了。我们村里自古以来都有八条家训。

第一条，孝敬父母。第二条，尊敬长辈，父母是你家里的长辈，父母之外还有长辈。第三条，友爱兄弟，兄弟姐妹之间要相互友爱。第四条是什么？就是你要有教养。我们读书也好，受教育也好，都是为了让自己变得更加优雅、有教养。第五条，要遵守法度，要有法度，要有纪律。第六条、第七条就是奖惩了，奖励贤能、有志的人，对坏人、恶人要惩罚他。第八条就是要免除争斗，争斗容易伤害，容易丢掉性命，就容易破掉规矩，所以不能争斗，我们一定要友好相处，有话好好说。

我们很多规矩就是在这儿立的，以前一个人犯了错，会跪在祠堂里，在村庄族长的引领下，认错、认罚。祠堂是这个村庄的象征，寄托了我从小的感情，也是你们的感情，你走得再远，这永远是你出发的地方。你心里有了祠堂，心里就有了规矩、有了寄托，才不会空虚，也不会乱套。我今天板着面孔来给你们讲一些家规，是希望你们记住这个祠堂，记住我们村庄的灵魂。

昨天的作业题目是"我的××的百草园"或"我的××的三味书屋"。

我刚才在厢房里面，写了《我的阳光色的三味书屋》：

世界很大，但书是最大的，因为书可以让世界变小，让我们长大，所以我觉得世界上最大的是书。

书是我们成长的路，也是我们走向远方的路，路上洒满阳光。如果路上没阳光，你们想象一下，这个世界会很荒凉，你自然就没有精神往前走，路上洒满阳光，那是万物生长少不了的条件，

也是我们心灵成长缺不少的东西，所以我的三味书屋的颜色其实是没有色彩的，只有亮度和温度。阳光就是有亮度和温度，它其实是没色彩的，只有亮度和温度，我姑且称它为阳光色。

我们想象一下，如果世上没有亮度和温度，那么我们身边的所有颜色、所有生命都将消失。其实没有亮度和温度，或者说没有阳光，我们所有颜色都要消失，我们所有生命也随之而不成，所以阳光色其实也是生命的颜色，生长的颜色。

结课八分钟

每个人都有自己的色彩，有的是彩色，有的是蓝色、金色，我写的是阳光色，你能说哪一种颜色好过哪一种颜色吗？青菜萝卜，各有喜欢。什么东西都有它好的一面，我希望你们留给我好的一面，我也希望你们以后永远培养自己好的一面，把自己好的一面种在肥沃的土地里面，让它长得更加茁壮；更加蓬勃，相对不好的一面尽量地少给它输血，少给它输氧，让它慢慢地枯萎掉。那样的话，你这个人就特别阳光、特别健康、特别向上，这样的人就是我们学校倡导要培养的，其实也是我们这个社会特别需要的，我希望你们都能成为这样的人。

如果暂时没有成为这样的人，也没关系，以后可以成为，现在字写得差，没关系，以后还可以写好，因为人生对你们来说，还没有开始。我们还在三味书屋里，这个书屋会有各种各样的老师出现，也会有各种各样的情绪情感出现，都很正常，我们都要去接受它，去跟它交朋友，不要害怕它，要勇敢地拥抱它们，拥抱多了就习以为常了，你本人身上也会有温度。如果你永远不拥抱东西，你身上慢慢会变得冰冷。

有时候人一点点长大，一点点告别自己的童年，这是一个很残酷的过程，一方面是在成熟、成长，另外一方面，它也是一个不断逃跑的过程，不断逃离你的本真，逃离你本来的核心、本来应该有的快乐和无忧无虑。

上课记

唯一一个回到家乡母校的麦家老师

在《同一堂课》所有老师中，回到自己母校上课的，麦家是唯一一个。

麦家本姓蒋，生于杭州富阳大源镇的蒋家村。那里环村皆山，公路穿村而过，大源溪自南而北，从村口直入富春江。村中唯一的小学就建在公路边上，相隔200米的蒋家祠堂便是学校的前身、麦家儿时的学堂。"我从这里出生，在这里读小学、读初中，跟学校也没有中断联系。"

令人意外的是，麦家在校门口就被保安拦了下来，要求提供证件。麦家正为难，旁边冲过来一个路过的老乡，冲着保安急火火地喊："我们村的文化名人你不知道啊？麦家啊！"

代课语文老师麦家总算进了学校，等待他的，是24位五年级小学生。

"你们会讲土话吗？"五年级全班面面相觑。他们没想到，大作家麦家老师走进教室的第一个问题竟是这个。"不太会"，学生们有些不好意思。"希望你们不要忘掉自己的土话"，麦家诚恳地说道。

麦家出生于1964年，普通话中始终带着一丝乡音，耄耋之年的老母亲仍常住村中。第一节课，麦家忍不住与学生们"攀老乡"。姓蒋的学生最多，学生蒋芳婷自我介绍的时候，麦家问她是住在上村、中村还是下村，学生答不上来。学生王铮天说自家的位置，麦家说，那你不就是住在我老母亲边上嘛。学生蒋静雯很害羞地只说了自己的名字，接在后面的蒋逸豪帮忙补充说蒋静雯的家就在自己家后山上，麦家马上回应，后山是他儿时的乐园。何意希一说名字，麦家就说知道她也是蒋家村的人，从名字就能破译。"何也是我们村庄的姓，你家住在溪对面吧？"

"那你为什么叫麦家呢？"学生反问。"我为什么叫麦家？两个原因。第一，小时候我们家是种麦子的，经常要去麦田里面劳动，就是割麦子、施肥啊，麦浪滚滚，真的就是麦子的家乡，我太熟悉了。第二个原因跟一本小说有关，《麦田里的守望者》，那本书激发了我写小说的愿望，所以用作了笔名。"

越放肆就越赤裸坦诚

与学生"拉家常"，麦家是有意为之。"我希望他们放松下来，甚至可以放肆起来，因为越放肆也就越赤裸、越坦诚。"另一面，麦家又很担心自己的语文课没有吸引力，让学生"太放松了"。

讲课时，他发现学生蒋珂尔一直捂着脸，蒋珂尔解释说自己在打哈欠。麦家问"是不是我课上得不好"，学生们非常迅速地齐说："不是！"麦家说："不能打哈欠，大家打哈欠说明我的课没有上好。"学生们笑了起来。写板书时，麦家又问："我的板书没有你们老师写得好是吧？"孩子们特别耿直地回答："是的。"学生陈思豪还马上安慰说:"没事没事。"

下课铃响了,麦家说:"这是什么意思"?学生们告诉他下课了,麦家惊讶地说:"这就下课了!我还什么都没讲呢!"孩子们马上喊起来:"没事没事!继续讲。"

课堂收尾时,学生全部起身、鞠躬,说"老师再见"。麦家又问是不是每节下课都要这样鞠躬?学生们说,是因为老师课上得好,要感谢。

午饭时间,学生们主动邀请麦家一起吃饭,竟"抢"起了老师,"老师你坐我旁边,我旁边有位置"。最后学生吴林辉指挥说:"一个人身边坐一分钟。"麦家端着饭盒坐到了孩子们中间,随口说了句"我没有打鸡腿",刘昊淋马上举手说要把自己的鸡腿让给老师。

麦家老师带学生在黄公望国家公园里,找到了"百草园"里的覆盆子、何首乌。

每个人都可以成为"鲁迅"

富阳黄公望国家公园，距离鲁迅的老家绍兴仅有百里之隔，其地貌、植被都与绍兴相似。

在这个大自然的百草园中，麦家提议像鲁迅第二段写的"不必说碧绿的菜畦，不必说……"一样，用"不必说"来造句。

学生：不必说美丽的玫瑰，不必说清新的茉莉，不必说翠绿的草原。

学生：不必说坚强的梅花，不必说翠绿的小草，也不必说那秀丽的百合。

学生：不必说古老的房屋，不必说古老的水井，不必说古老的大树。

学生：不必说可爱的大熊猫，不必说凶猛的老虎，不必说有趣的猴子。

学生：不必说欢乐的同学，不必说优秀的老师，也不必说欢乐的课堂。

学生：不必说芬芳的百合，不必说硕大的芭蕉叶，不必说高大的伯乐树。

麦家对学生们的造句很是满意。他希望大家永远记住：第一要学会观察，第二要学会精准的记忆，第三就要学会造句。你看到的一个东西，要通过自己掌握的那些语法和词句来表达。表达的过程其实就是造句的过程，把你看到的变成文字。

童年是每个人剪不断的尾巴

在众多烦恼小纸条里，有一张"我很不想和刘昊淋一个班"

的未署名纸条，吸引了麦家的注意力，究竟是谁如此讨厌刘昊淋？

麦家对这个问题的重视源于他自己的童年经历。童年时的麦家也有着和刘昊淋相似的经历，看到刘昊淋就仿佛看到了自己。作家的观察力让麦家迅速猜到写纸条的是蒋文枚。麦家把两个孩子拉到一起，对他们说"对朋友的尊重和爱护，是对自己最好的礼物"。两个孩子似懂非懂，却也看着彼此的眼睛，握了握手。

在众多作文中，最打动麦家的也是蒋文枚和刘昊淋，他们袒露了心声，这就是最大的成长。

通过几天的交流和相处，麦家说这唤醒了他很多的记忆，他突然发觉，其实我们每个人从地理上有一个故乡，在精神上还有一个故乡，那就是童年。

我们的很多情绪、情感，都是从童年的时候开始出发的："童年就是一个人的尾巴，剪不断的。成长的过程也是记忆的过程，你能记得多远就能走得多远，但童年终归是我们记忆的原点、情感的原点，一个能够不断回到原点的人，是不太容易迷失的。一个人能够不断地回到童年，我相信在他的人生路上，翻船的可能性是比较小的，因为他不停地看到自己的过去，不停地校正自己前行的方向，而童年就是校正自己方向的这个锚。"

我的母亲　胡适

代课老师　冯仑
上课地点　台湾新北市鼻头小学

我的母亲 [①]

胡 适

每天，天刚亮时，我母亲便把我喊醒，叫我披衣坐起。我从不知道她醒来坐了多久了。她看我清醒了，便对我说昨天我做错了什么事，说错了什么话，要我认错，要我用功读书。有时候她对我说父亲的种种好处，她说："你总要踏上你老子的脚步，我一生只晓得这一个完全的人，你要学他，不要跌他的股。"她说到伤心处，往往掉下泪来。到天大明时，她才把我的衣服穿好，催我去上早学。学堂门上的锁匙放在先生家里；我先到学堂门口一望，便跑到先生家里去敲门。先生家里有人把锁匙从门缝里递出来，我拿了跑回去，开了门，坐下念生书。十天之中，总有八九天是我第一个去开学堂门的。等到先生来了，我背了生书，才回家吃早饭。

我母亲管束我最严，她是慈母兼任严父。但她从来不在别人面前骂我一句，打我一下。我做错了事，她只对我一望，我看见了她的严厉眼光，就吓住了。犯的事小，她等到第二天早晨我睡醒时才教训我。犯的事大，她等到晚上人静时，关了房门，先责备我，然后行罚，或罚跪，或拧我的肉。无论怎样重罚，总不许我哭出声音来。她教训儿子，不是借此出气叫别人听的。

有一个初秋的傍晚，我吃了晚饭，在门口玩，身上只穿着一件单背心。这时候，我母亲的妹子玉英姨母在我家住，她怕我冷

---

① 文章选自《胡适自传》（黄山书社1986年版）。胡适（1891—1962），字适之，安徽绩溪人，学者。

了，拿了一件小衫出来叫我穿上。我不肯穿，她说："穿上吧！凉了。"我随口回答："娘（凉）什么！老子都不老子呀。"我刚说了这句话，一抬头，看见母亲从家里走出，我赶快把小衫穿上。但她已听见这句轻薄的话了。晚上人静后，她罚我跪下，重重地责罚了一顿。她说："你没有老子，是多么得意的事！好用来说嘴！"她气得坐着发抖，也不许我上床去睡。我跪着哭，用手擦眼泪，不知擦进了什么微菌，后来足足害了一年多的眼翳病，医来医去，总医不好。我母亲心里又悔又急，听说眼翳可以用舌头舔去，有一夜她把我叫醒，真用舌头舔我的病眼。这是我的严师，我的慈母。

我在我母亲的教训之下度过了少年时代，受了极大极深的影响。我十四岁（其实只有十二岁零两三个月）就离开她了。在这广漠的人海里独自混了二十多年，没有一个人管束过我。如果我学得了一丝一毫的好脾气，如果我学得了一点点待人接物的和气，如果我能宽恕人，体谅人——我都得感谢我的慈母。

讲堂录

我叫冯仑。我从北京来，今天由我来给大家讲国文。国文，在北京叫语文。有时候事情总会有一点点不同，但它又是一样的。

人和动物在"母爱"这件事上，跟这个很类似，有点一样，又不一样。人是哺乳类动物中的一种，跟很多动物一样，都恋母。人类母亲和动物母亲，都一样有保护幼崽的本能。

我看过一个特别令我感动的视频。小老虎从出生开始，它的母亲就训练它捕猎、抓羚羊，到一岁左右，就非常狠心地把它送归山林。老虎母亲带着两只小老虎，把它们放到那儿，亲热了一下，就走了。也不知道大概走了多远，两只小老虎就开始叫，可能遇到了危险。老虎母亲又疯狂地跑过来，往四周张望，把危险排除，然后又和小老虎亲热了一下。这回就走了，再也没回来，从此，这两只小老虎就开始在山林里自己生存了。

这种感情和人类是一样的。我曾在美国看过一个华人妈妈送孩子独自过马路，也是特别依依不舍，千叮万嘱，好不容易把孩子送过去，又不忍心，冲上前给抱回来了。人类的这种感情，和母虎放归幼虎是一样的，很难比较哪一种母爱更伟大。

但是其他动物生下来就能跑，人类的孩子不行。人类的幼儿哺乳时间长，育儿时间也比较长，感情就更深、更夸张。

人对于母亲有两种情感，一个是养育的自然情感，但还有一个就是伦理，是孝。人和动物的不同之处，就在于这一层伦理关系。动物的母子之间，没有伦理这一套关系，只有舐犊情深。

今天我们要学习的这篇课文，就是胡适之先生回忆自己母亲的文章，它叫《我的母亲》。

第一课　胡适写母亲为什么"情浓"

今天我们要学习的这篇课文，是大概七八十年前的一篇文章。写这篇文章的人，前半段人生生活在大陆，后半段人生生活在台湾地区，是台湾"中研院院长"，他叫胡适，字适之，是个文学家。

他是第一位提倡白话文、新诗的学者，致力于推翻两千多年的文言文文化统治，也是五四运动的核心人物，深远地影响了中国近代史。

胡适做过一件特别有意思的事，他写了最早的白话诗《蝴蝶》，就写两只蝴蝶双双天上飞，写得非常简单，但在当时算很了不起的一个进步。

胡适的生活其实非常坎坷，他出生在安徽绩溪。他的妈妈在17岁的时候跟他爸爸结婚，那时候他爸爸47岁，相差30岁。

他爸爸跟他们一起生活的时间很短，也就三两年，接着，他爸爸去了很远的地方工作，还在台东做过三年官。那时候也不像现在这样可以通电话、视频联络，只能靠写家书、写信，但是这些信件往来要很久才能收到，所以他很长一段时间，都不了解爸爸的生活。后来他爸爸去世了，就只剩妈妈陪着胡适。

胡适和他妈妈居住在一个大家族里。大家族的关系很复杂，有很多冲突和矛盾。胡适爸爸去世以后，仅仅24岁的妈妈就成了寡妇。在旧时代，寡妇经常会被人欺负、议论、看不起。

所以大家可以看到，这篇文章中的情感很浓，这一定和当时的氛围有着很大的关系。什么叫浓呢？你们杯子里的饮料，同样的料，体积越小，浓度就越大。人的情感也是，如果放在很密集的时间，又很小的空间中，比如说，我们两个挤在一个山洞里，那这一段时间里，感情就会很浓。如果一下子丢到大海里去，看不见了，大家的感情就会慢慢地淡了。

第二课　胡适如何回忆母亲

胡适是怎样来回忆他妈妈的呢？我第一次读这篇文章，就记得第一句：

"每天，天刚亮时，我母亲便把我喊醒，叫我披衣坐起。我从不知道她醒来坐了多久了。她看我清醒了，便对我说昨天我做错了什么事，说错了什么话，要我认错，要我用功读书。"

一年有365天，胡适跟妈妈相处到了14岁。也就是说，5000多天，胡适妈妈都比他早起，坐在床边，跟他交流，检讨一下前一天做的事情，哪些做得对，哪些做得不对，应该怎么改正，讲完再让他起来洗漱去上学。

如果胡适做错了，妈妈也会教育他，甚至打他，拧他的肉，最重要的是不让人听到。如果打孩子，左邻右舍都听到了，就会有人来干涉，另外，这个孩子也会觉得很丢人，因为那么多人看着。所以，他妈妈讲，教育的目的，不是为了让别人知道，而是为了让他自己记得。

这是一位特别了不起的妈妈。人对母亲的记忆细节特别多，原因就是你年轻时跟她相处的过程很细腻，她会陪伴你很多，没有人干扰。

另外，胡适小的时候很听妈妈的话，十天有八九天都会比别人早去学堂。这一点为什么也重要呢？因为一个好的习惯，需要一天一天去坚持。如果妈妈每天讲，他总是不听，后面也不会变成一个很有成就的人。

同学们也一样，我们做一件事情的时候，如果大家都一样聪明，我们比什么呢？比勤奋，比谁花的时间长。早来一个小时，晚走一个小时，我就会做得好一点。但如果大家都又聪明又勤奋怎么比呢？就比方法，看谁的方法好。如果大家都又聪明，时间和方法也一样，那怎么办呢？那就互相帮助，这样可能会创造出更大、更好的结果。

胡适又讲，有一次他跟姨母起冲突，姨母让他穿衣服，他不穿。当时胡适顶撞她，说了一句比较粗俗的话："你不要提我

"台湾鼻头这样最边缘的小学，和台北那些最好的小学相比，似乎差距也并没有太大。"这是冯仑老师对鼻头小学的第一印象。

娘。我爸不在了，我爸要是在，你让我爸管我也没用。"结果这话被他妈妈听到了，回到家里，妈妈就打他，边打边骂："你没有爸不是很光荣的事情，你怎么还在外面这样大声讲。"

这件事情很重要，一方面是对长辈应该礼貌，一方面是对已经去世的父亲应该尊敬。这体现了妈妈像一个"严父"。

一个好的母亲，她既要有慈爱、包容、温暖的一面，也要有严厉的一面，知道孩子做错以后，要给他提出来，让他改正。

那么能不能打呢？能不能罚他下跪，或者拧他的肉？

按照我们今天的看法来说，这是家暴。但是胡适在回忆的时候，却充满感激。你看最后他说："独自混了二十多年，没有一个人管束过我。如果我学得了一丝一毫好脾气，如果我学得了一点点待人接物的和气，如果我能宽恕人，体谅人——我都得感谢我的慈母。"

这其实是一个很有意思的话题。我们向来讲教育，都不提倡去打骂孩子，都要温声和气地劝导。

但也有一种教育理论认为，一个人如果没有身体的记忆，对错误也是不会有记忆的。过去讲棍棒底下出孝子，就是这样的，打了以后就有记忆。

有一次我去参观美国西点军校，看见有几个当兵的学生，穿着军装在跑圈，都快跑死了，但是因为边上有人盯着，不许停，得使劲跑，最后气都喘不上来了。有人告诉我，这是军人的训练方式。在军校里，凡是做错事情，教育他们的唯一方法就是体罚，让他的身体有记忆，下次就不会再犯错误。训练、培养、教育一个人的时候，如果他做错事情，想要让他记住，就应该让他身体不舒服一下，体痛一下，否则他对这个错误没有印象。

所以，对待优秀的人才，实际上两种教育方式都需要，一方面要和颜悦色，好好地讲；另一方面，让他身上有痛。一个好的妈妈或是一个好的老师也是如此。胡适的母亲就扮演了两面角色，既当严父，又当慈母，这是她特别的地方。

通过这篇课文，我们应该掌握它展示给我们的道理：怎样对长辈，怎样尊敬父亲。另外，也要知道自己做错了，要有痛，以后就不会再犯同样的错误。

第三课　不会写作就相当于不会说话

你们长大后，就知道会写文章有多重要。你有事情要请人家办，不写文章怎么办？光用嘴讲？长大后你要看有很多文字的东西，如果你不看，你看不懂，或者是你不会写，你在社会上会好麻烦，走到哪里都会遇到问题。

所以写文章特别重要，和算术一样重要。不会写字，就相当于不会讲话。

写文章首先要写得明白，这是最基本的要求。

再高一点的要求，还要词汇的丰富和修饰，比如说时间"今天早上"，这是最简单的表述，但你也可以叫"清晨""黎明"或者"天蒙蒙亮"。还可以给词语作修饰，比如一张桌子，你可以叫"方桌"，可以叫"硬桌"，"桌子"前面可以加修饰词，文章就能写得美。

另外还有练习，天天写。文字也是手艺活。不断地遣词造句就是练习，穷尽你的思维，不断研究这些词汇细微的差别，比如说从粉红到赭红、朱红、深红、紫红……中间有多少种红？在文化特别浅的人那里就是"红"，连第二种红都说不清楚，但读书多的人能说出一串，描写的时候可以写到作品里，写得很准确。词汇量越大，越能当小说家、作家。

结课八分钟

这两天我们不断地讲解胡适跟他母亲的情感，讲母亲对于孩子积极正面的引导和影响。在生命过程中，母亲是孩子的第一老师，也是孩子终生难忘的老师。

我们今天用自己挣的钱，买了礼物送给妈妈，但更重要的是，大家每个人都写了一封信，有的写给妈妈，有的写给40年以后的自己，还有给明天的自己和未来的妈妈的。写得都很不一样，但是都很好，都给妈妈说了自己的小秘密和心里话。

我父母都还健在，年轻的时候我们交流也很多。

我母亲人很温和，她在嘉兴一中读过书，和大作家茅盾是同一个学校。她虽然没有读到大学，但在旧时代，她所受的教育还算完整。

1949年之后，我母亲跟着我父亲到了西安。我父亲也是读书人，他家里是办私塾的。

小时候，我们家住在一个机关大院里，后边是住宅，前面是办公楼，所以我父母上班间隙还可以经常回家。我读的又是子弟学校，所以我们都在一个院里。

我记得当时，我母亲每天都要上班，但我下课回了家，母亲就会从办公室偷跑回来看我。夏天的时候，她上班，我就在机关里睡午觉，每次醒来时，我的枕边都会有两颗糖果或者一个苹果。晚上回家，母亲会辅导我念书，父亲会教我画画、写文章。

这些都是很温暖的回忆。

如今，社会很开放，人口快速流动，信息碎片化，情感都被稀释了。爱一个人也不需要等待，爱变得很简单。

过去，一个老太太在村口，眼睛望瞎了，都望不到孩子回来。现在，发个短信或微信："儿子，在哪了？""快了，到家了！"就完事了。这情感一下就没有了。在以前，情感堆积了好长时间，见面以后，不知该哭还是该笑。现在不会有这种事了，因为你每挪动100米我都知道。这是好事还是坏事呢？

胡适和他妈妈的故事，虽然已经过了80多年了，我们现在看，体会已经有了很大的不同。但是学了这一段课文之后，有一点是不变的，要特别记得，那就是，我们应该花更多的时间陪伴

学生们把写给未来的自己的信放进时光邮筒。

父母，同他们说话，更多地了解他们所做的事情，听听他们的故事，一起分享快乐。

上课记

这里的一切让人感动

冯仑来到台湾新北市鼻头小学，最先认识的小伙伴是一条狗。它的名字叫Lily。

冯仑见到Lily的时候，Lily眼睛受伤，脖子上戴着脖套。

校长向冯仑讲述了Lily的故事——Lily曾经是条流浪狗，同学们和老师们收留了它，待它很好。Lily似乎也受到感召，决心保卫这座校园。从此有Lily站岗，学校生人勿近。学校后山上有眼镜蛇出没，Lily就每天在山坡上巡逻，试图抵挡眼镜蛇的进攻。结果，眼镜蛇打跑了，自己却挂了彩。孩子们都很喜欢Lily，甚至会每周投票评选Lily的最美笑容、最美姿态。

温暖，是冯仑对鼻头小学的第一印象。

鼻头小学位于台湾岛的最北角，学校迎着太平洋的海风，依着一座小山而建。学校的对面、大海的那边，就是墨西哥。

整所学校六个年级加幼儿园，一共只有21个学生，冯仑授课的时候，学校只好将四、五、六年级拼成一个班，才勉强有了11个同学。21位学生配备了14位老师，其中体育老师曾经是台湾柔道队的。可校长却一直感到很抱歉，对冯仑说："师资力量很紧张。"这让冯仑很惊讶："台湾鼻头这样最边缘的小学，和台北那些最好的小学相比，似乎差别也并没有太大。"

他看到鼻头小学的墙上，用小小的文字写着公民、志工、环保。这让冯仑想起，他在台湾遇到的那些无处不在的志工——"总统府"里导览的志工、阳明书屋中导览的志工，他似乎在这里找到了台湾"志工文化"的某种源头。

鼻头小学的学生们吃饭前，要先念一遍："感谢厨工，感谢爸爸妈妈，感谢老师，感谢同学，让我们有这么好的饭吃"——他们最先感谢的是厨工，这让冯仑感受到"每个人都得到了尊重"。

孩子们吃完东西会主动打扫，不让垃圾落地。

"这一切的一切，在这么一间小小的小学，真的会让你感动，让你看到今天台湾教育的一个缩影。"冯仑说。

这种感动是真挚的。在鼻头小学给四、五、六年级的孩子们上了三天课后，冯仑有些不舍，他对孩子们说："等你们毕业了，我邀请你们来北京玩。你们一共有三个年级，那就分三次来。"

第二年夏天，六年级的第一批孩子如约而至。

于是，这一堂关于母亲的课，原本只计划上三天，最后却被延长成三年。

从台湾到北京

冯仑与台湾的缘分，要追溯到他读硕士的时候。

20世纪80年代初，冯仑在中央党校读硕士，在社科院读博士。中央党校当时有许多内参，可以看到当时海峡对岸真实的信息。博士论文，冯仑写了关于台湾的专项研究。后来，进了中宣部，去了国家体改委，冯仑做的研究，也都和台湾有关。

1997年，冯仑第一次来到台湾。自那之后，只要有机会，他就会断断续续去台湾。

在台湾，冯仑贪婪地满足自己的好奇心，他去澎湖、去金

在海边捡完垃圾，冯仑老师和学生们坐在一起休息。
他惊讶于鼻头小学学生的环保知识："孩子们懂得的，比我讲给他们的多得多。"

门、去火烧岛，去了许多普通人不会踏足的地方，见了许多他想见的人。骑自行车环岛游过一次，玉山爬过两次。

冯仑创办万通公司的时候，两岸的商务往来还不那么密切，但他邀请台湾设计师为公司设计了LOGO。

这些年来，冯仑看到台湾地区与大陆的差异越来越小。两岸的孩子都在互联网上看同样的剧，追同样的星。只是有一点，冯仑觉得："大陆的年轻人，在礼数方面越来越像美国人。不像台湾人，对父母、对老板都比较恭敬，台湾人似乎更像日本人一点。"

有一件事，让冯仑记忆犹新。

有一回，他与一位台湾朋友开车去办事。路过一幢住宅的时候，朋友突然说："稍微停一停行不行？我到楼上跟老太太请个安。"朋友上去以后，对着老太太非常恭敬地行了礼，问了安，关心老太太："有没有问题？有没有事情？"老太太说一切都好，朋友才离开。

冯仑很感慨："所以台湾的朋友老说我，你能不能每个礼拜看一下父母？每一天给父母打个电话？我确实很惭愧，我做不到。我父母就在北京，但我有时候一两个月才见他们一次。"

冯仑给孩子们讲的课文，是胡适先生的《我的母亲》，恰与伦理教化有关。冯仑第一次看到这篇文章，是在安徽绩溪的胡适故居里。胡适故居里记录着胡适的一生。

冯仑开课第一句话，就告诉孩子们："胡适前半生生活在大陆，后半生生活在台湾"，课文、历史、两岸的同脉相承，就这样被勾连了起来。

你知道妈妈每天在做什么吗

在正式开课前，冯仑极其紧张。

冯仑习惯演讲——在成人世界的各种场合——学校、企业、大型论坛，冯仑游刃有余。但面对孩子，冯仑心里有点没底。他反复地思考，想给这些孩子讲点"又一样，又不一样的东西"。

"很多事跟大陆的人讲，跟成人讲，其实很有意思的。但跟小孩讲，怎么讲，我得消化一下。"他反复打听其他老师是如何上课的，好奇又不安。

事实上，在与鼻头小学的同学们共处这三天前，冯仑接触过的小孩只有一种——他的几个干儿子。"都是男人式的交往。"他这样形容道，"也就是和他们讨论问题，非常简单。"

听了其他老师的课程内容，冯仑比对起来："我不大像他们那么温暖。生意人嘛，不大会变成一个正常的暖男的。我在家，也不是一个温暖的父亲，但我是一个思想上不错的父亲，我比较喜欢和孩子们讨论，他们问我，我也问他们。"

冯仑最想问台湾孩子们的问题，也很大人——这里孩子们的家庭关系，会和大陆孩子的家庭关系有怎样细节上的不同？台湾是世界上庙宇分布最密集的地区，那么孩子们有没有信仰？现在家里还保存着怎样的传统习俗？他们关不关心妈祖巡游、土道教的神？

不过在课堂上，冯仑最先问出的，还是和课文有关的问题——你是否知道自己的妈妈每天在做什么？

他用了一张表格：横轴是妈妈做的事，竖轴是对应的时间点。冯仑让孩子们填写横轴的内容，不知道的地方，就写上一个大大的"不知道"。

不出所料，只有极少数同学对母亲每天做的事了解得比较清楚。大部分同学只知道母亲早上做早餐，晚上做晚饭、玩手机，其他时间一概不知。也有同学甚至一个空也填不出来。

冯仑后来才知道，鼻头小学和大陆农村地区的很多小学一样，有些孩子的父母长年在外打工，养育他们的，是爷爷奶奶。

也有母亲就在镇子上工作的。

听说四年级男孩蓝平颖的母亲在镇子上卖石花冻，冯仑临时起意，要带孩子们去吃蓝家的石花冻。实际上，也是想借机做一次家访。

石花冻是用当地一种叫作"石花菜"的海菜做成的，是闽南十分流行的一种清凉败火的小吃。

在蓝平颖家的铺子前，学生们围坐在冯仑周围吃石花冻。冯仑借机详细地询问了蓝妈妈每天的时间安排——早上天不亮就要起床准备石花冻，白天在摊位上招呼客人，午饭时间也是店里最忙的时候，只能吃旁边店里的小食和盒饭。晚上收工后，还要回家照顾家庭，直到孩子睡觉。

冯仑一边问，一边提示孩子们回家要多和爸爸妈妈说说话，了解他们的生活。

这餐石花冻，冯仑还有额外的收获——他在学校问过孩子们关于台湾庙宇的事，孩子们显然并不关心，只知道过年过节时要去"拜拜"；从蓝妈妈的口中，冯仑还了解到几处庙宇的分布。但是显然，蓝妈妈这辈年轻父母，也已对神道之事十分淡然了。

冲得越远、越积极，困难越不是困难

到蓝平颖家的家访，让冯仑心中生起另一个主意。他请学校

老师帮忙，准备了制作石花冻的材料，邀请老师教孩子们一起来做石花冻，再分装成杯。

在距离学校半小时车程外的热门旅游景点——九份老街，冯仑带着孩子们沿街叫卖石花冻。

台湾九份是出了名的文艺青年打卡胜地。侯孝贤的《悲情城市》曾在这里取景。宫崎骏的《千与千寻》也以这里的建筑和街道为原型。

而冯仑的目的是，让孩子们在这处热闹的旅游胜地卖出自己辛苦做成的石花冻，体会母亲赚钱的不易，再用售卖所得，送给母亲一份礼物。

起初，孩子们都站在原地，不知如何是好。很快蓝平颖冲了出去，拦人叫卖。其他同学也慢慢跟上，拦人询问，也变成了大声叫卖。

"来买石花冻啦！来买石花冻啦！"声音响彻九份街头，孩子们在人群中穿梭着。路人们逐渐聚集起来，掏出钱包的人也越来越多。有大陆的游人认出了冯仑，冯仑呵呵得意一笑。两个小时过，他面前的二百多杯石花冻已经所剩无几。

作为一个商人，冯仑曾试图教给孩子们一点经济学上的道理。他让孩子们想一想，怎么能把石花冻卖得贵一些。但他发现，孩子们根本听不懂。"他们大概不明白，为什么老师要让我把东西往贵了卖。"

"你是唯利是图的卖法，还是发自内心喜爱家乡的产品，想跟其他人分享，这两种卖法是完全不同的。一种是为了收钱，顺便给那一个石花冻；一种是热爱、分享，顺便收钱。在生意上这就是一个分野。你究竟是只看到钱，还是带有价值观和情感，这是不一样的。"冯仑从孩子们身上看到的，是后一种。怎么分辨？冯仑说："你观察，他卖给别人东西，什么时候最开心？是收到钱更开心，还是看到别人吃到石花冻灿烂地微笑开心？"

冯仑观察到的另外一件事是：石花冻卖得好的孩子，正是那冲得很远、很积极的孩子；比较被动的孩子，卖得就相对不好。而他发现，那些被动的孩子，多数是隔代抚养的。

态度的问题，让冯仑很感慨："我们过去讲，态度决定一切。你看，石花冻本来这么多，但随着孩子们的态度一变，很快就卖出去了。态度越积极，这越不是困难，如果坐在那里等着，就全是困难。"

卖完石花冻，冯仑带着他们的劳动所得去给母亲买东西时，发生了一件很令人感慨的事。

每人80台币的收益其实比较少，买不了什么东西，这让孩子们有点沮丧。这时，店里的老板，一个三十来岁的女孩子，听到孩子们说是给妈妈买礼物，就问："那你们有预算吗？"孩子们老实回答：80块。结果，女老板听了，在结算的时候，不论孩子们挑中的东西值多少钱，一律只收80块。

有一个孩子甚至用80块钱买到了300块钱的东西，一直向其他孩子炫耀，认为这是自己砍价的结果。这让冯仑很警惕。

冯仑当场告诉那位同学："这不是你砍价的结果，而是因为你买给妈妈，你感动了别人，别人才会低价卖给你。千万不要有占便宜的这个想法，尤其是不能用你的情感去占这个便宜。"

16岁少年的日记：改造中国

在和鼻头小学的同学们交流时，冯仑时常会从这些小学生身上反思到经商的道理上。这和他的母亲、对他影响最大的一位老师都有关系。

冯仑上中学时，做班长。他的班主任苏老师是大家闺秀。她的父亲从黄埔军校毕业。母亲是父亲的如夫人。苏老师长得精神，人也礼貌，通情达理，但是因为父亲的政治背景，在"反右"运动与后来的十年动乱期间，苏老师受尽人间疾苦，以至于疯疯癫癫。

在苏老师精神崩溃的那段时间，冯仑和同学们时常去看她。雨淅淅沥沥下着，女同学们给苏老师做点简单的饭，冯仑就陪苏

摆了一天摊，冯仑老师和学生们总共收入5716元新台币。

老师聊天。

苏老师劝冯仑好好读书。在那样的绝境中，她还是对冯仑说，"文革"这么乱，就是因为许多人不读书，是非观念都乱套了，所以你要读书，将来改变这种情况。

冯仑说，从那时起，他就一直惦记着"改造社会"，即使后来做了生意，也只是"追求理想，顺便赚钱"——"所以，害得我总也当不了首富。"

冯仑从小就记日记。很长时间里，那些日记，冯仑早已忘记，却被母亲一本本收好。

有一回，团队撰写关于冯仑的文章，找到冯仑的母亲，翻出了这批日记。日记被公开在新媒体上。冯仑出去演讲，有学员特地站起来，请他念一念自己当年的日记。

拿起那个16岁少年的日记，冯仑重新读到了他当年的理想：改造中国。

冯仑说："你如果有孩子，千万别忘了，在他十三四岁到17岁成长的关键时候，给他脑子里灌的是正能量还是负能量对他的一生很重要。"

冯仑没有太多的时间和母亲聊天。前半生里尤其没有。现在，他时不时会陪母亲说说话。有时候甚至觉得这是一种享受——他和母亲聊起了母亲小时候的事。"有些话她以前不敢说，过去那个时代让她没有安全感。现在80岁了，和她聊过去的事，时常能让你有所思考。"

在鼻头小学的最后一课，冯仑要给孩子们布置作文题。他思来想去，建议孩子们写信给40年后的自己，也可以写给40年后的母亲。

有的孩子悄悄地把自己写的信给冯仑看了，有的孩子坚决保密，冯仑也不强求。让同学们写一篇好作文，并不是他的追求。他只希望，40年后的这些孩子再看到他们从前写的东西，能够如他今天这样心生感慨——当年那些少年志气多可贵。

来自鼻头王国的客人

在首都机场，接待鼻头小学六年级学生的，是冯仑的妻子王淑琪。

王淑琪称呼他们是"来自鼻头王国的客人"。她向同学们自我介绍："如果在台湾，你们可能会叫我冯太太，但是在大陆我们一般不这么叫。我有我自己的名字。不过，如果你们觉得我很酷，也可以叫我老大。"

事实上，在鼻头王国的客人们到来前，就有许多孩子叫王淑琪"老大"。在过去18年里，王淑琪一直在和台湾地区的儿童剧团合作。她把动动鞋子、大象屋等剧团的作品引介到大陆来进行改编，而这些服务孩子的剧目，都是非营利性质的。

鼻头王国的客人们后来知道，为什么来接他们的，不是他们一直惦记着的冯仑老师——

那天，冯仑的私人卫星"风马牛一号"（这也是中国第一颗私人卫星）正在酒泉卫星发射中心，搭载着长征二号丁火箭上天。而冯仑正在现场见证这一切。孩子们看着"老大"展示给他们的发射视频，将信将疑，久久惊叹。

孩子们对北京的一切感到新鲜。大巴车窗冰凉，有几个孩子好奇地把热乎乎的小手按在冰冷的车窗上，印出一只只朦胧的手印。

他们穿过夜晚仍喧闹的三里屯，参观水立方，走进北京故宫博物院，手拉手小心翼翼地走上冰面，在滑雪场摔跤，气喘吁吁爬长城，在长城上朗诵"但使龙城飞将在，不教胡马度阴山"。

他们被邀请到冯仑的私宅。"老大"王淑琪站在一幅藏画前，告诉孩子们，这是最令自己感触的一幅画："这个老奶奶的画上，只写了一句话：我这一生求佛，把我变成男人。"她希望来自鼻头王国的女孩子们不被"男尊女卑"的观念束缚，希望鼻头王国的男孩子们日后能够尊重他们的太太。

在离开北京前，孩子们终于和匆匆赶回的冯仑见上了一面。孩子们拿出带给冯仑的礼物，深情感谢冯仑老师带给他们的这一课。

而冯仑自己也深信："年少的时候，如果遇到一件事情，给自己一个触发，就会改变这一生。这很难讲的。"也许，就像当初他在苏老师家听到的教诲一样。

背 影 朱自清

代课老师 徐帆
上课地点 贵州遵义市苟坝纸房小学

背影

朱自清[1]

我与父亲不相见已二年余了，我最不能忘记的是他的背影。

那年冬天，祖母死了，父亲的差使也交卸了，正是祸不单行的日子。我从北京到徐州，打算跟着父亲奔丧回家。到徐州见着父亲，看见满院狼藉的东西，又想起祖母，不禁簌簌地流下眼泪。父亲说："事已如此，不必难过，好在天无绝人之路！"

回家变卖典质，父亲还了亏空；又借钱办了丧事。这些日子，家中光景很是惨淡，一半为了丧事，一半为了父亲赋闲。丧事完毕，父亲要到南京谋事，我也要回北京念书，我们便同行。

到南京时，有朋友约去游逛，勾留了一日；第二日上午便须渡江到浦口，下午上车北去。父亲因为事忙，本已说定不送我，叫旅馆里一个熟识的茶房陪我同去。他再三嘱咐茶房，甚是仔细。但他终于不放心，怕茶房不妥帖；颇踌躇了一会。其实我那年已二十岁，北京已来往过两三次，是没有什么要紧的了。他踌躇了一会，终于决定还是自己送我去。我再三劝他不必去；他只说："不要紧，他们去不好！"

我们过了江，进了车站。我买票，他忙着照看行李。行李太多了，得向脚夫行些小费才可过去。他便又忙着和他们讲价钱。我那时真是聪明过分，总觉他说话不大漂亮，非自己插嘴不可，

① 文章选自《朱自清全集》第一卷。朱自清（1898—1948），字佩弦，江苏扬州人，散文家、诗人、学者。著有散文集《背影》《欧游杂记》《你我》等。

但他终于讲定了价钱；就送我上车。他给我拣定了靠车门的一张椅子；我将他给我做的紫毛大衣铺好座位。他嘱我路上小心，夜里要警醒些，不要受凉。又嘱托茶房好好照应我。我心里暗笑他的迂；他们只认得钱，托他们只是白托！而且我这样大年纪的人，难道还不能料理自己么？唉，我现在想想，那时真是太聪明了！

我说道："爸爸，你走吧。"他往车外看了看说："我买几个橘子去。你就在此地，不要走动。"我看那边月台的栅栏外有几个卖东西的等着顾客。走到那边月台，须穿过铁道，须跳下去又爬上去。父亲是一个胖子，走过去自然要费事些。我本来要去的，他不肯，只好让他去。我看见他戴着黑布小帽，穿着黑布大马褂，深青布棉袍，蹒跚地走到铁道边，慢慢探身下去，尚不大难。可是他穿过铁道，要爬上那边月台，就不容易了。他用两手攀着上面，两脚再向上缩；他肥胖的身子向左微倾，显出努力的样子，这时我看见他的背影，我的泪很快地流下来了。我赶紧拭干了泪。怕他看见，也怕别人看见。我再向外看时，他已抱了朱红的橘子往回走了。过铁道时，他先将橘子散放在地上，自己慢慢爬下，再抱起橘子走。到这边时，我赶紧去搀他。他和我走到车上，将橘子一股脑儿放在我的皮大衣上。于是扑扑衣上的泥土，心里很轻松似的。过一会说："我走了，到那边来信！"我望着他走出去。他走了几步，回过头看见我，说："进去吧，里边没人。"等他的背影混入来来往往的人里，再找不着了，我便进来坐下，我的眼泪又来了。

近几年来，父亲和我都是东奔西走，家中光景是一日不如一日。他少年出外谋生，独力支持，做了许多大事。哪知老境却如此颓唐！他触目伤怀，自然情不能自已。情郁于中，自然要发之于外；家庭琐屑便往往触他之怒。他待我渐渐不同往日。但最近两年的不见，他终于忘却我的不好，只是惦记着我，惦记着我的儿子。我北来后，他写了一信给我，信中说道："我身体平安，唯膀子疼痛厉害，举箸提笔，诸多不便，大约大去之期不远矣。"我读到此处，在晶莹的泪光中，又看见那肥胖的、青布棉袍黑布马褂的背影。唉！我不知何时再能与他相见！

讲堂录

　　大家好，我是徐帆。朱自清先生《背影》这篇课文，总是让我想起以前上学的情景。

　　我去上大学的时候，是插班生，冬天入学。我记得那天晚上七八点了，父亲帮我把东西送到火车站。当时家里人都不愿意我去外地上学，所以我当时的心情是"赶紧走"。但当车开动的时候，看着车窗外的父亲，那一瞬间还是特别不舍。朱自清先生笔下的父亲买橘子、爬台阶，那种细腻的东西，我感受太强烈了。我总觉得，这篇课文，就好像在说我的心理感受一样。

　　《背影》传递着父母和子女的一种关系，是尴尬，我特别想把这种尴尬化解。我想学完这个课文，你们能对父母有一些了解，跟他们能够更贴近一点。

　　其实我原来也不明白怎么教育孩子。等我当了妈以后，特别唠叨，就好像以前我不明白的事，通过跟女儿这么唠叨，也把自己给唠叨明白了。

　　大家都说你们孩子是一张白纸，父母、老师怎么画，他就是什么样的。但我不理解凭什么是张白纸。我老觉得孩子是个个体，可以自由地想做什么就做什么。但其实不然，你们虽然是个体，可也需要引导，如果父母、老师引导得不好，孩子也会不好。

　　我是一名演员，给你们讲语文课，肯定不如正规老师讲得专业。但是生活总是需要艺术相伴的，我给你们讲的这堂课，可以

《背影》的故事发生在1917年，后来父子关系恶化，直到11年后父亲读到这篇文章才冰释前嫌。

说是一种艺术的体验。

第一课　千万别学朱自清

朱自清先生《背影》这个课文，分为三部分。

第一部分，一开始说："我与父亲不相见已二年余了。"写跟父亲回家奔丧的情节，这部分交代了人物、时间、地点，为后面写父亲的背影做铺垫。

第二部分，主要是写父亲给作者送行的情境，重点描写了父亲的背影。我们注意其中有很多细节描写，父亲忙着跟脚夫讲价钱，送朱自清上车，给他找了一张靠着门的座位，路上还要嘱咐他小心，然后给他买橘子。这些细节都说明，父亲其实也很关心他，舍不得他。

课文的名字是《背影》，那么，这个题眼"背影"，作者是在什么情况下注意到的？"我看见他戴着黑布小帽，穿着黑布大马褂，深青布棉袍，蹒跚地走到铁道边""用两手攀着上面，两脚再向上缩""肥胖的身子向左微倾，显出努力的样子"，这些都是他看到父亲背影时的细节描述。

现在，我想让同学们来体会一下这个"向左微倾""努力往上爬"的样子。

你们这么小，爬这个讲台都有些吃力，上了年纪的大人会更费劲，是吧？所以大家就知道，为了买橘子，父亲挺不容易的。

第三部分写了对父亲的想念。作者后来渐渐理解父亲为什么

徐帆老师让学生们爬上高高的讲台，体验文中所描述的父亲爬站台的感觉。

会发脾气，是因为他有很多事情不顺遂，才会有些没耐心。现实生活中，我们有些家长，也会有急脾气，比如当你考得不好的时候，他们就会着急。不光着急你们的学习成绩，还要着急挣钱养家的事。文章的作者朱自清，也是到了成熟的年纪之后，才对父亲有所理解。

从父亲在火车站送他去北京上学，到朱自清写这篇文章，其间隔了八年。当时他家里光景很惨淡，父亲工作没有了，生活一天不如一天，父亲很烦躁，时常冲着朱自清发脾气。少年时期的朱自清，也觉得不开心，因此就和父亲之间产生了矛盾。但这八年来，他也没有跟父亲聊过这些，直到写下这篇文章。三年后，他父亲才看到这篇文章，整整十一年，父子之间的矛盾才慢慢缓解。可没过多久，父亲就去世了。

所以，我希望你们平时如果有什么想跟父母说的话，委屈也好，思念也罢，都能够及时地告诉他们。充分沟通才能解决问题，不要给自己留下遗憾。

第二课　你知道父亲最爱吃什么吗

我想谈谈我的父亲。我父亲是个演员，工作稳定，家里说不上富裕，但也很殷实。

从小，我就觉得爸爸无所不能。他不仅擅长演戏，还会做家具。以前小时候别人家还没有沙发，我爸爸就自己做沙发。别人家还没有高低柜，我爸爸就能自己做高低柜。别人家的厨房还没有瓷砖，我爸爸已经在墙上贴瓷砖了。那时候特别流行像现在教室里涂的半截油漆墙，我爸爸也自己给家里刷上油漆墙。

后来，我考上大学，准备去的那一天，要坐晚上的火车，父亲帮我打包行李，把我送到火车站。原本我一直觉得父亲是个很坚强的人，但到了火车要开动那一刻，我一下子觉得我的父亲老了，突然很舍不得。

以前，我爸是不愿意我当演员的，因为他自己做这一行，知道这份职业是看起来光鲜亮丽，其实挺苦的。可能家长都是这样，做哪一行就知道哪一行的苦，都不希望孩子继续做这个。

现在我每天都要跟我爸妈通电话。每次打电话的时候，我总是要先跟我妈妈说话，然后跟我爸爸说两句。我爸爸总是很啰唆，经常说很多话。

我们和父母分开后，都会有想念他们的时候，但是光是想，不说。希望大家能把这份想念告诉他们，不要老憋着。爸爸妈妈不了解你们，你们难受，他们也会难受。

我准备了一份关于父亲的问答题目，我想看看，大家对爸爸了解多少——

爸爸的生日是哪一天？

爸爸是做什么工作的？

爸爸每天几点回家？

爸爸长什么样子？

爸爸最喜欢吃什么？

爸爸最不喜欢吃什么？

爸爸最好的朋友是谁？

爸爸喜欢穿什么样颜色的衣服？

爸爸送过什么礼物给你？

爸爸最想收到你的礼物是什么？

爸爸什么时候最高兴？

爸爸什么时候最生气？

爸爸经常对你说的一句话是什么？

爸爸最喜欢做什么事？

爸爸最擅长做什么事？

爸爸最爱谁？

爸爸最大的愿望是什么？

爸爸去过最远的地方是哪里？

爸爸上学的时候成绩怎么样？

你觉得爸爸什么最棒？

为什么要问这些问题呢？因为我希望学了这篇课文之后，你们能增进对爸爸的了解。

今天给大家布置一个作业，对自己父亲进行采访，并录制小视频。

第三课　爸爸，我想对你说

现在，你们想象一下爸爸就在你们的面前，把你们想说的话，都大声说出来。（学生念作文的时候，爸爸们在监控室观看，念完作文，徐帆邀请在隔壁监控室的爸爸来到教室。）

胡佳怡：爸爸，我想对你说，你不要再把我当成小孩子了，我已经长大了，读五年级了，已经不是以前那个调皮的我了。放学后你不用叫我按时写作业，我会自动地写。我出去你也不用按时叫我，我会自己回家的。晚上你也不用叫我睡觉，我也会按时睡觉起床。爸爸，我知道您关心我，但是我长大了，不要再像以前一样严厉地管着我了。你以前就像猎人一样，我就像小鸟一样，那么我就没有自由了，你总把我关在笼子里，我对您唯一的要求，您就答应我吧。爸爸，是你一直这么照顾着我，你虽然不是很凶，但是你有时候很不好，每次我的作业写完了，该背的课文也背完了，然后你又给我布置了许多作业，我也把你给我布置的作业写完了。后来我给你说我要出去玩的时候，你又找了许多借口：我叫你多背点书，怎么不背？我说我背了。你然后又说，作业写完了吗？我也说写完了。但是你又找了许多的借口，最后还是没有让我出去玩。爸爸，我希望你以后不要再这样了，你应该多理解一下我的感受。

　　牟星星：爸爸，我除了今天给您说话以外，我已经好多天没跟您说过话了。我想对您说，我很想您，您在什么地方，您知道吗？我是没有很多话想对您说的，可是我还是有一点点想和您说，我们已经很多时间没有在一起说过话了。现在很想您，现在写这个作文是在学校里，现在我们学校都放学了，我有三个问题想问您，第一，您身体好吗？第二，您想我吗？我现在不知道您想不想我，可是我知道我很想念您，因为我们都好长的时间没有在一起玩了。第三，我们已经多久没有在一起旅行了，我有不敢说的话，就在这篇作文上给您说了吧。爸爸，我对您有些不满意，我知道您也对我有不满意的地方，可是我对您的不满意是我们已经好久没有在一起玩了。爸爸，我希望您可以和我玩，我希望您可以多陪我。

高卿：爸爸，我想对你说，我爱你，爸爸，我知道你赚钱很辛苦，我希望您能快点回来。爸爸，你好吗？你吃饭了吗？不知道你什么时候回来？爸爸你什么时候才回家呀？我想你好辛苦呀，你什么时候才能和我一起玩？我一年才见到两次，两年才见到你四次，不知多少年来能见到你一百次，我只想让你回来。我知道你要打工，帮家里赚钱，你是我们家最辛苦的一个人。爸爸，你什么时候才回来呀？你什么时候才能和我一起？等爸爸退休了就可以和我一起玩了，玩一些很好的东西。

学生们的父亲都从外地赶回参加最后一课。

结课八分钟

给你们布置视频作业，就是想提供给你们一个能跟爸爸交流的机会。可能大家会说，我心里想爸爸呀，但是我默默地想。中国人太多"默默"了，其实对方并不知道你的付出。直接交流的方式，能够增进相互理解，尽量缩短彼此的距离。

我们都知道，父母很辛苦，为了你们上学，为了家里生活过得更好，不得不出去工作，所以很少回来。我也是孩子的家长，这点我非常能体会。可能目前孩子们还小，不能完全理解我，但是如果跟孩子见面少的话，我们父母可以多打一些视频电话，这样孩子们就能常常见到自己，他们心里也高兴。我相信每个家长的愿望，都是让孩子好好学习，取得好成绩。但我觉得，在孩子的成长过程中，除了学习成绩，做喜欢的、能让自己高兴的事情，也很重要，这样他们心里才会充满阳光。心情愉快了，对学习的感受力也会更强。

其实这些作文里，孩子们说得最多的一句话就是：爸爸你什么时候回来？我觉得这就是小孩子对大人表达想念的方式。我的女儿也这样，她永远不会说"我想你"，她问我最多的话也是"你什么时候回来"，当我告诉她我什么时候回来的时候，她第二句马上问几点。我以前不理解，后来我知道，当孩子需要知道特别具体的时间时，他们其实是在催你回来、盼着你回来。所以，孩子的那句"你什么时候回来"，代表着"我很想你"。

其实我跟女儿也有没有及时沟通的时候。有一次，我带她去看电影《疯狂原始人》，讲的是一家人的故事。看完之后我们俩都挺感动的，虽没说什么，但我们一直是拉着手的。尽管有时我们不太理解对方，但在拉手的那一瞬间，心里也暖暖的。

我跟你们只相处了短短几天，你们和父母要相处的时间很长很长，今后无论大家之间有什么隔阂，有什么矛盾，都希望你们能够及时地沟通，及时化解矛盾。

上课记

"老师，你会孤独吗？"

徐帆蹲在牟星星旁边，和她一起制作纸画——把树叶、花瓣浸在纸浆里，造出的纸张就会镶嵌着花草铺就的图案。

早年村民以造纸维生，这是贵州遵义枫香镇纸房小学名字的来历。

2017年，牟星星是纸房小学四年级的学生。

她一边用花草摆出家的模样，一边问蹲在一旁的徐帆："老师，你会孤独吗？"

徐帆愣了一下。她没想到一个10岁的小孩会问出这样的问题。"我一个人会孤单。"牟星星，"我感到不自由。"徐帆再次震惊。

徐帆当天就跟着牟星星，到她的家中家访。纸房小学原本就是一座山间小学，前往牟星星家的山路，离学校还要步行40分钟。徐帆走在这条路上，觉得像是走进了一座原始森林。

到了牟星星家里，所有人都被震撼了——

就在家访前一天，风吹落了小屋的一根棍子，砸伤了牟星星的眼睛。这样的棚户小屋，有些昏暗，有些脆弱，牟星星却拉着徐帆的手，告诉她，这是她的"童话乐园"。"徐老师，这是我的动物园，这是鸡，这是羊，这是狗……"牟星星说。

徐帆老师与牟星星击掌。做草画时，
牟星星问徐帆老师："你孤独吗？"

徐帆后来知道，牟星星的母亲走了，父亲在城里工作，再婚了。而牟星星一直跟着爷爷奶奶长大。徐帆一直记得，第一次见面的时候，牟星星就拉着她的手，特别粘她，"因为她从来没有妈妈抱她，老人家能够把她照顾大就不错了。她总喜欢摸我，像摸孩子的手一样摸我的手，我很受触动"。

徐帆觉得特别难过，直到代课结束很多天以后，在《同一堂课》的新闻发布会上，徐帆提起此事还是会一直哭："这孩子，她可能每分每秒都在给自己打气。"

这是一座典型的中国村庄，村里只剩下老人和孩子，学校里大部分同学都像牟星星一样，和爷爷奶奶生活在一起。

"爸爸每天几点回家，我不知道"

徐帆接受《同一堂课》邀请的时候，丝毫没有犹豫。

徐帆的父母都是戏曲演员，但是家长却并不希望女儿走上和他们一样的道路。做演员这行，看起来光鲜亮丽，个中的辛苦只有自己知道。

但偏偏徐帆从小耳濡目染，长大后自己拿主意，也想做演员演戏。这成了父女之间的一个心结。直到父亲送她坐上北上的列车，那一刻，徐帆突然感受到父亲的不舍。

如今，徐帆很能体会父母当年的心思："一边怕孩子受苦，一边又希望他们能够经历些挫折，是件很矛盾的事。"

选择朱自清的名篇《背影》，也正是因为中国式父子父女之间这样"沉默的爱"。

徐帆说自己到现在也不好意思跟妈妈说"我爱你"。

女儿朵朵也不会直接对她说："我爱你。"

正是因为和父母孩子之间有太多这样"沉默的爱"，徐帆给自己设立"教学目标"，让孩子们跟自己的父母更贴近一点，不打"哑谜"："我也不知道就这么一点点能不能做得到。"

作为演员，徐帆在课堂上特别用到了"体验""换位思考"的教学方法，让孩子们亲身感受父亲深沉的爱。

徐帆也让孩子们表演家长们平时在家的样子。高个子女孩胡佳怡站起来，表演了同班同学的父亲如何打孩子，全班哄堂大笑。徐帆却在下课时，对那女孩表达了特别的关心。她很担心孩子家里真的存在家庭暴力。

胡佳怡因为这次表演，也成了徐帆第一个记住的学生名字。胡佳怡是班上的"大姐"。有同学没带水杯，会跟她说"佳怡姐，给我喝点水吧"，她说"喝吧"，还会叮嘱一句："别沾着嘴。"徐帆在旁边瞧着，觉得这孩子好有领导风范："她是敢打男生的。男生虽然有体力，但很怵她，因为她很讲道理，是同学中间的'领头羊'。"

徐帆在课堂上做了一个小调查，她问孩子们"爸爸每天几点回家"，答案大多是"不知道"。徐帆知道，在这个留守儿童占大多数的小村庄，了解父母对于孩子们来说，实在是太难了。

就这样，第一天上课结束，徐帆萌生了要制造机会，满足孩子们和父亲拥抱的愿望。

不要擦眼泪，让你父亲帮你擦

第二天的户外课，徐帆就因地制宜，让孩子们利用造纸技术，做一幅以"爸爸，我想对你说"为主题的草画。最后，徐帆看到，在孩子们的草画作品中，有房子，房子里有父亲母亲和自己，有团团圆圆的一家人。

纸房小学背后有一个山洞，徐帆无意中走到这里，十分惊喜。山洞原本幽暗，但是洞中有一块平地，徐帆的第一反应是：这里可以放影片啊！

　　很快，她借来了投影仪，找出自己配音过的动画片《宝莲灯》在石洞里放映——刚刚好，这也是一部讲述亲情的电影。

　　徐帆觉得电影是拉近孩子与家长关系的一个很好的道具。她曾和女儿朵朵一起去看梦工厂的动画片《疯狂原始人》，全程她和女儿没有一丝交流，但最后，电影结束，母女俩一起走出电影院的时候，手自然而然地牵在了一起。所以在纸房小学，徐帆也给山区的孩子们播放了《疯狂原始人》的片段。

　　在孩子们纷纷回家做作业、写徐帆老师布置的作文《爸爸，我想对你说》时，徐帆紧急和学校的校长、老师们操持着另一件事：把孩子们在全国各地打工的父亲召唤回来。

　　好在，大部分父亲人在遵义。有趣的是，最早回到家里的父亲，反而是在广东、浙江这些较远地方打工的家长。

　　徐帆在纸房小学代课的最后一天，孩子们站在讲台上读自己的作文——他们想对父亲说的话。

　　他们没想到的是，自己想对父亲说的话，真的被父亲听到了。全班孩子的家长，此刻全部坐在学校的一间监控室里，听着孩子们对自己吐露心声。

　　徐帆尤其没想到，平时要强的胡佳怡，看见父亲的那一刻一下子就哭了。徐帆看到这一幕，深受感动："她也是一个会撒娇的女孩。"当时，徐帆对胡佳怡说："不要擦眼泪，让父亲帮你擦。"

　　最后一个走进教室的是牟星星的父亲。牟星星的父亲一把抱住自己的女儿，两个人，哭成了泪人。

再别康桥 徐志摩

代课老师 蔡国庆
上课地点 江苏扬州市汶河小学北柳巷校区

再别康桥[①]

徐志摩

轻轻的我走了，
正如我轻轻的来；
我轻轻的招手，
作别西天的云彩。

那河畔的金柳，
是夕阳中的新娘；
波光里的艳影，
在我的心头荡漾。

软泥上的青荇(xìng)，
油油的在水底招摇；
在康河的柔波里，
我甘心做一条水草！

那榆荫下的一潭，
不是清泉，是天上虹；
揉碎在浮藻间，
沉淀(diàn)着彩虹似的梦。

---

① 文章选自《徐志摩诗全编》。徐志摩（1897—1931），浙江海宁人，现代
诗人、散文家。康桥，现在译作"剑桥"，是英国著名的剑桥大学所在
地，徐志摩曾在这里留学。

寻梦？撑一支长篙(gāo)，
向青草更青处漫溯(sù)；
满载一船星辉，
在星辉斑斓里放歌。

但我不能放歌，
悄悄是别离的笙箫(shēng xiāo)；
夏虫也为我沉默，
沉默是今晚的康桥！

悄悄的我走了，
正如我悄悄的来；
我挥一挥衣袖，
不带走一片云彩。

讲堂录

大家好，我是蔡国庆。今天，我要给你们上三堂语文课。语文课要做什么？不仅要认字、读书、读故事，我们要做的是认识一个人、学会一首诗、懂得一个字。

我们要认识的这个人是一个帅哥，是一个不想赚钱、只想写诗的富二代，还是我们扬州的邻居——他就是出生于浙江海宁的徐志摩。

北大的第一任校长蔡元培是这样评价徐志摩的："谈话是诗，举动是诗，毕生行径都是诗。"

徐志摩开始写诗的时候，中国刚刚从古文时代进入白话文时代，从那以后，语文课本上少不了他的诗。大多数中国人会背的第一首白话诗就是《再别康桥》。

徐志摩年轻的时候，在剑桥大学国王学院旁听过两年的政治经济学课程。作为一个富二代，他的家人希望他成为一个银行家。但离开剑桥的那天，他却成了一名诗人。

他每天骑着自行车穿梭在剑桥校园，目之所及是康河的波光、绿荫和碧草，还有遍地的天才——罗素、托马斯·哈代、曼斯菲尔德……个个是世界鼎鼎有名的大作家。徐志摩的英文好，举止儒雅，又了解神秘的东方，很快就加入了他们的朋友圈，与他们一起探讨诗歌、音乐和艺术。潜伏他体内多年的艺术能量就这样被唤醒了，徐志摩从此决定，他要成为一个诗人。

回国以后，他写了一首告别康桥的诗《康桥再会罢》，投给了报纸。结果编辑把它当成散文给刊登了，没有分行。徐志摩非常生气，他找到编辑："你快点给我改回来。"这首诗被再次刊出，却又刊错了。错在哪里呢？徐志摩坚持自己的新诗应该是十个字为一行，而这份报纸的栏目，一行只能放七八个字，又要改。一来二去，这首诗被读者一次又一次地看到，就火了。诗这种不同于散文的新格式，也开始为人们所熟知。

没过多久，徐志摩就在北京创办了诗歌团体——新月社。新月社的活跃，使中国的诗歌意象成功地嫁接在西方诗歌形式上，汉字也终于能够以自由的形式呈现出它惊人的美。

胡适先生说，"徐志摩这一生就是三个字眼：爱、自由和美"。我自己也是爱、自由和美的信奉者。所以我们这次要认真地谈谈"美"这个字。

徐志摩是一个帅哥，用我们同学的话可以说"哇，这个人长得真美、真好看"。

他的诗也写得特别好，那是白话文时代以后，中国人最美的收获之一。

他爱的对象是"美"：软泥上的青荇，河畔的金柳……美丽的剑桥大学，充满了激情和爱恋。

还有一点，徐志摩特别爱臭美。他在剑桥大学穿着中国人的长衫马褂，衣袂飘飘。他还穿西方人的西服三件套，风流倜傥，回头率那是相当高了。

我30年前就开始唱歌。在那个年代，人们的观念普遍认为男歌手应该穿黑、灰的深色西装，而当时的我穿着赤橙黄绿青蓝紫各种颜色的衣服。我是最早把彩色西装带到舞台上的男歌手。那个时候，我得不到别人的理解。而现在，舞台上、荧幕上，大家都穿得色彩斑斓，这就是时代的一种进步。这个时代本来就是五光十色的，人生本来就是要多姿多彩的。

穿各种颜色的衣服，我的勇敢来自哪里？来自我认为艺术应该是美的。观众在舞台上看到你、欣赏你、给你鼓掌，你就应该把最美的一面呈现出来。不仅歌声要美，你的形象也要美。

什么是美？颜值、服装、色彩、风景、旋律、诗意、思想……

归根到底，美是一种感受力，它是我们全人类最纯真的追求，它可以超越一切陈旧的偏见。

我的儿子和你们差不多年纪。我一直希望他能成为一个具有美感的人。不管有没有艺术天赋，我都希望他成为一个热爱艺术的人。俗话说"三百六十行，行行出状元"。在我看来，任何一行，倘若没有文化和艺术气质做根基，都不会完美。

第一课　建筑美与绘画美

请同学们用不同颜色的画笔，把《再别康桥》中相同字数的诗句标示出来。大家看看这首诗的图像，远看像什么？

学生：像宝塔，扬州的灵栖塔。

对，像一座美丽的宝塔，这就是建筑美。古体诗讲究的是格律，唐诗一般一行有五个字或者七个字，但新体诗就不一样了，新诗更自由，不受限制，在同一首诗里，也可能有六个字，也可能有八个字。《再别康桥》就是一首新体诗，可以不受限制地写出长长短短的句子，但每一个小节都很匀称，句子也是整齐的。新诗的第一个特点，就是具有建筑的美。

那康桥是不是一座桥呢？

学生：是一个城市。

康桥的确不是一座桥，它是一个地名。在康桥，有一条河环绕整个城市，这条河曾经叫康河，现在叫剑河。河上修了很多的桥，所以过去中文都讲"康桥"，现在我们译为"剑桥"。国际上最著名的学府之一剑桥大学就在那里。

这首诗为什么叫"再别"康桥？

徐志摩写过三篇"康桥"：第一篇是他1922年留学归国写的告别诗《康桥再会罢》；第二篇叫《我所知道的康桥》；第三篇就是《再别康桥》，这是他在1928年回国途中写下的。所以这是他第三次告别康桥，所以用了"再"，又一次告别康桥。

为什么"我"的走和招手都是"轻轻的"呢？

1928年徐志摩回到康桥，但他去之前，谁也没通知，朋友们都不在。所以他来的时候可以说是没有任何声响，悄悄地来。

徐志摩的另一篇《我所知道的康桥》中写道："要发现一个地方有灵性，就要有单独玩的机会。"

学生：灵性是什么？

我划着小船，听到小小波浪的声音，好像河水在和你说话一样，这就叫有灵性了。当你沉浸在那种情境当中，仿佛它会说话一样。

自己一个人待着的时候，才能发现灵性、发现美。认识朋友、认识自己都需要有单独的机会。康河的水是静静的、缓缓的、沉默的，当我们在那样的环境中，我们本能地就不想大声喧哗，破坏康河那份水的温柔。

"轻轻的"是非常重要的，它表达了当时一个人的那份情感、意境。

老师将这首诗中的意象都做成了贴画。我想和同学们一起，边讲边演，把诗中的场景表演出来，再把画片拼成一幅完整的画。

我们先来看看柳树。柳树明明是绿色的，为什么作者会说它是金柳呢？

学生A：就是夕阳的光照在柳条上，然后就成了金柳。

学生B：我觉得照在这上面还要有远看的距离，近看还是绿色的，但远看就是金色的。

很好，看的角度不一样，远与近不一样，颜色就是不一样。生活就需要这种细致入微的观察。

对于这个问题，有人说是夕阳光线的反射，他用了比喻的手法。还有人说这首诗是写于11月，已经是冬天，绿色的叶子掉光

拼贴画上所有元素都齐了，只差一抹夕阳。
蔡国庆老师把画往窗边挪了挪，夕阳正好打在画上。

了，枝条变成黄的了。

中国有没有金柳呢？白居易的诗歌中有一句：一树春风千万枝，嫩于金色软于丝。

我们可不可以把诗中的柳树换成松树呢？

学生：不可以，大雪压青松，松树是刚强的。

对，松树给人的感觉是阳刚之美，而柳才有新娘的柔美。中华民族是对诗词有着最高领悟的民族。中国文学当中，很多诗人都会用植物的意象来寄托情感。"柳"是中国诗词里出现最多的意象植物。我们把一个字背后丰富的美感和意义都呈现了出来。

再来说说青荇。青荇是一种植物，像草一样，但又不是草，它有叶子，呈圆形浮在水面上，它的根深在水底。青荇在《诗经》中也出现过。

诗经·周南·关雎

关关雎鸠，在河之洲。

窈窕淑女，君子好逑。

参差荇菜，左右流之。

窈窕淑女，寤寐求之。

为什么徐志摩说"我甘心做一条水草"？因为水草在河里，是自由自在的。他向往自由，喜欢无拘无束，这里他比喻的是自己的人生——我要像这棵水草，在康河的柔波里自由地流动。这种意象同样可以用到我们自己对生命的认知里。

再来说笙箫。徐志摩在这段诗词中选了笙箫，而不是小提琴或钢琴来表达他的心情。因为中国人无论在哪里，当思念故乡的时候，会想起家乡的声音，所以徐志摩想起了中国的笙箫。

笙箫的声音如泣如诉，令人忧伤，当时诗人就用了这种中国意象来表达他内心深处的情感。

我们大家一起表演了诗中的各种景物，一起贴合了黑板上的这幅画。每一节诗，都能呈现一幅意境和画面，不仅有色彩，还有动作，动态的美。所以好的诗歌都有一种绘画之美。

第二课　瘦西湖畔音乐之美

一首好的诗，是有音乐性的。音乐有旋律，还有节奏。扬州市歌《茉莉花》的韵脚 "花、丫、夸、下、家、花"，韵母都是 "a"。韵母相同即押韵。你们看，好的歌词都是押韵的，这个韵非常重要，让整首歌唱起来很好听。我们学习的《再别康桥》也有这种美。

那么这首诗的节奏感在哪里呢？像第一节和最后一节，是不是上下呼应？它就像一首歌曲中的主旋律，有叠句。叠句就是语义对应、句式相同的句子，重复地运用，产生了反复的节奏感。

徐志摩认为诗必须有音乐美，只有感情和思想，也许是好文，但未必是好诗，不过只有音乐美，也未必是诗。

我一直认为，音乐是对诗词、诗歌最好的烘托，它们的结合是最完美的。诗虽然是诗，有了音乐，也就成了歌，我一直很欣赏这种结合。所以在瘦西湖那儿，我请高子墨同学用古筝弹奏《渔舟唱晚》，很悠扬地、很婉转地，配着这首诗，那样一幕挺有穿越感的。当时的情感和风景，很好地融为一体，给我们的内心留下触动，真正领会到诗的美。

结课八分钟

我们中国人在告别的时候，喜欢写诗文来相送，《再别康桥》就是这样一首写离别的诗。今天，我也要写这样一篇离别的作文送给你们。我的作文题目是《再别扬州》，因为我来过很多次扬州，现在要再一次告别，所以是再别。这一次扬州之行，让我最难忘的是我们这一次共同上了语文课，共同学习了一首诗，懂得了一个字——美。

什么是诗？就像什么是"美"，什么是"爱"，什么是"善"一样，我们很难给它一个具体的定义。但我们能通过自己的体验，知道诗就是那些让我们兴奋、感动的情感，是自己对世界独特的发现。诗是音乐，是绘画，是艺术。

我们一起和着音乐读了诗，唱了歌。如果没有诗、没有歌我们会怎么样？我们也会活着，但是会很枯燥，很无趣，很不开心，所以这个世界需要诗歌。

我们一起认识了徐志摩，也重新认识了这座扬州城，最最重要的是，我认识了在扬州城里的你们。

跟你们告别，我非常不舍。古人告别最喜欢两个地方，一个是渡口，也就是开船的地方，一个是长亭。今天在这荷花池心的亭中，我们要挥手告别。

在扬州，我有了新的朋友，我认识了你们这32位小同学，所以我不能悄悄地走，我要为你们唱一首歌，作为离别的礼物。

天上的云地上的人哟

匆匆地合匆匆地分

天上的云地上的人哟

走过季节走过风尘

天上的云地上的人哟

匆匆地合匆匆地分

天上的云地上的人哟

老师在这里要与你们挥手告别。

蔡国庆老师说："归根到底，美是一种感受力，它是我们全人类最纯真的追求，它可以超越一切陈旧的偏见。"

大春老师说

我们从一个"美"字开启《同一堂课》。

从蔡国庆老师介绍的《再别康桥》，我们认识了白话文运动中，一位非常重要的栋梁人物——徐志摩。他和朱自清、刘半农、胡适之，是中国白话文运动的领军者。民国时期，徐志摩的家庭相当富有，让徐志摩有机会前往欧洲去学习。他接触了西方许多新事物和价值观，最重要的影响，大概就是胡适之先生所形容的那三个字眼里面其中一个——自由。

这份自由不只是个人的自由，还包括了他从事的文字书写的自由。白话文创作，那就是"我手写我口"，从古典文章的格律之中解放出来。《再别康桥》这篇诗歌里有非常独特的修辞方法。比如这句"但我不能放歌，悄悄是别离的笙箫"，把形容词或者是副词"悄悄"当作名词，来和名词"笙箫"对接，这和传统的用法是不同的。作者偷偷改换了词性，让这两个词连接在一起，把明明"不是"变成"是"，这就是白话文运动初期时，一种常见的写作技巧。

徐志摩的散文《我所知道的康桥》里面有一小段，也可以拿来验证白话文运动初期用特殊方法来制造出让读者觉得感动，甚至觉得不知所措的这种效果。志摩是这样写的：

"有一次我赶到一个地方，手把着一家村庄的篱笆，隔着一大田的麦浪，看西天的变幻。有一次是正冲着一条宽广的大道，过来一大群羊，放草归来的，偌大的太阳在它们后背放射着万缕的金辉，天上却是乌青青的，只剩这不可逼视的威光中的一条大路，一群生物，我心头顿时感着神异性的压迫，我真的跪下了，对着这冉冉渐翳的金光。再有一次是更不可忘的奇景，那是临着一大片望不到头的草原，满开着艳红的罂粟，在青草里亭亭像是万盏的金灯，阳光从褐色云斜着过来，幻成一种异样紫色，透明似的不可逼视，刹那间在我迷眩了的视觉中，这草田变成了……不说也罢，说来你们也是不信的！"

那个省略号是整篇文章最重要的意象，徐志摩让它落空了，他是故意的。那一片麦草田究竟变成了什么呢？没有人知道，而这个"不知道"正是他的技法，这是白话文运动在一开始展现的一种独特的自由。

说起白话文运动的解放，常常说是对于格律的反动，突破格律的束缚。而格律的象征最明确的就是"韵"。《再别康桥》不押韵吗？我们看押的是很特别的一种韵。起韵是用仄声，它的押韵字就是用平声。这说明白话文运动在展开时期，诗人对于旧诗歌吸收的养分仍然不愿意放弃。我们也可以说，它的美感，仍然承继着旧诗歌所拥有的那些元素。

对于格律限制所产生的那种熟悉的诗歌感，我们认为那就是美的表现，甚至美的极致了。我们常常误会西方的诗歌跟我们的现代诗歌一样，是大概不押韵的或者说大概是没有字数限制的，可是如果我们熟悉西方的语言，我们会发觉，有很多诗歌它每一句的音节加起来是整齐的。我们也会发觉他们也会押韵，比方说押 AA、BB，或者是 AB、BA 这样反复的韵脚。

换言之，在诗歌之中会有一种非常顽固的音乐性，无论是我们称之为节奏或者旋律，或者我们称之为韵脚，或者我们称之为结构，这些里面都涉及了，我们对于一种美感呈现的主体是有某一种秩序性的。

在汉字里面，"美"字是一个"羊"，下面放一个"大"字。羊大为美，为什么是大羊呢？因为羊是一种祭祀的牲口。在祭祀的时候，牺牲的东西越大，神就越高兴。所以中国的美，在源头上是具备着某一种实用的价值。我们期待神给我们更多的祝福，而我们要献祭给神更好的礼品，这是美的原始来历。

换言之，中国的美在某种程度上是具备现实性的。到底美应该脱离于现实、有它独立的目的和批评法则，还是应该永远跟现实绑在一起、成为现实的附庸呢？这是一个值得我们思索的问题，我没有标准答案。

上课记

蔡国庆忘了准备一件道具：太阳。

他讲徐志摩《再别康桥》，用贴画的方式，在黑板上复原出了一幅康桥美景：河畔的金柳、软泥上的青荇、康河的柔波、天上的彩虹——可是，缺了什么？

蔡国庆翻了翻眼前的教具：糟糕，忘记了夕阳！

抬头向窗外望去，午后的太阳斜射着，它快要落山了。蔡国庆把那幅贴画往窗边推了推，让阳光打在黑板上的柳枝上："那河畔的金柳，是夕阳中的新娘。"

一生爱美是天然

蔡国庆说，如果有机会做一个老师，他一定会选择做一个语文老师。

在语文课本上读过的许多篇章，都曾让他心头一震。他说他想给孩子们去读那些优美的文字、深情的文章、打动人心的故事。他尤其痴迷于汉字和成语背后的那份中国智慧。

8月，夏天的早上，如愿以偿的语文代课老师蔡国庆，一脚踏进了扬州市汶河小学北柳巷校区。他有点恍惚，门廊古色古香，孩子们坐在一座竖着孔子像的学堂中，琅琅地读书。

这其实不是一间教室，而是位于学校一角的董子祠。

这座董子祠有些年头。据说在明代时，这里曾有一座"正谊书院"。清代，康熙还为书院赐了"正谊明道"的匾额。后来，书院改成了董子祠，纪念董仲舒。

董仲舒是河北人，可是他在扬州做了十年的江都相，也算得上是半个扬州人。

现在的汶河小学，历史也不短。它创办于1912年，是辛亥革命以后，扬州建立的首批新式学堂之一。

很巧合，汶河小学连接了传统文化和五四文化，《再别康桥》也是如此。

蔡国庆很喜欢诗人徐志摩。甚至可以说，他对民国的感知，就是从徐志摩和梁思成开始的。"我会觉得他们有一种风流，那种才子的美妙。"蔡国庆说，"我们往往不夸男人美，但是我觉得他们特别美。他们不是现在人们所认可的那种男性——故意耍酷、耍帅。他的谦和、儒雅，都让你觉得高贵。人的一生应该有才华相伴，这种才华，不是用来炫耀的，而是告诉自己，我原来能对这个世界、对万情万物领悟那么多。那样的人生才是具有美感的，是不同于常人的。"

蔡国庆一生中意一个"美"字。

他曾和朋友开玩笑：我这个人，生不逢时。

看着新生代的"小鲜肉"，他多少有些羡慕："如果我现在十八九岁，参加选秀，扎六个耳钉，穿裙子，你们也会觉得这个小男生太帅太美了，不会骂他任何难听的话。"

可在当年，不是这样。1986年百名歌星演唱会上，不到20岁的蔡国庆穿着从加拿大带来的红西装登台。这是当时中国舞台上第一抹彩色男西装。很快，他被批评声淹没："男人怎么穿红色西装？不伦不类。"1991年，蔡国庆第一次登上央视春晚，身穿红色泡泡袖衬衫，甜美歌声，观众们印象深刻，媒体却毫不客气：甜歌星，齁死人。

为了息事宁人，他拒绝一切具有性别反差的角色，比如电影《霸王别姬》中，张国荣的角色程蝶衣。"那时候你得到的不是赞美，是不理解。甚至是恶意中伤，他们认为那样的色彩不是男人该有的。"如今蔡国庆可以平静地面对这一切，当时却深受其扰。

也正是因此，他更希望通过《再别康桥》，给孩子们带来一堂美学教育课：

我一直在想，在漫漫的历史长河中，多少风云人物、多少帝王将相、多少风流才子，他们最终留给世界的，到底是什么？

我觉得是美。不管是非凡的建筑物、书法、画作，还是《论语》《诗经》，这一切的呈现都是美。

所以，在给孩子的教育中，我一直强调美的非凡作用。我觉得物质再丰富的人生，都没法跟美的人生相比。哪怕他住在世界上顶级的城堡里，如果他不懂得美，那样的人生仍然是乏味的，他会愧对他所拥有的财富。我觉得真正拥有财富的人生，就是对美有认知的人生。

何为诗？句子是外形 音节是血脉

蔡国庆讲《再别康桥》，是从"塔"讲起的。

蔡国庆让孩子们把相同字数的诗句，用相同颜色的笔勾画起来，再描上边，连缀起来。他问孩子们：这像什么？"灵栖塔。"孩子们喊道。

闻一多总结新月派的新诗之美，用了九个字：音乐美、绘画美、建筑美。

蔡老师巧妙地运用灵栖塔的造型，向大家解释诗歌的"建筑美"。

讲到"绘画美"的时候，蔡国庆把诗中出现的所有元素——云彩、金柳、波光、青荇、榆荫、长篙、船、桥、青草……统统做成贴纸。每学一句诗，他就请同学们依次上来把它们贴在相应的位置上，最后组成一幅"康桥画"。在这样的互动中，加深了同学们对于诗歌"绘画美"的理解。

那么问题来了，这幅画，是西洋画还是中国画？

乍一看，毫不犹豫是西洋画，但它里面，还真有些中国画的内核在。

譬如，"柳"，原本就是中国古代常用来表达"离别"的意象："昔我往矣，杨柳依依。"又譬如，青荇，也在《诗经》中被用来比喻女子。

徐志摩在国文方面师从梁启超，后来前往美英求学多年，并在英国认识、拜访了一些当时的文艺名流。他所接受的中文教育是顶级的，所接触的西方艺术也是最时髦的。正是这样的特点，构成了《再别康桥》杂糅了西方美景与东方意象的"绘画美"。

音乐，是蔡国庆老师的本行。蔡老师讲"音乐美"，是在扬州瘦西湖的五亭桥上讲的。

句尾押韵，是最基础的音乐性。《再别康桥》更有趣："那榆荫下的一潭，不是清泉，是天上虹；揉碎在浮藻间，沉淀着彩虹似的梦。"潭、泉、间、淀，这是句中押韵，让句子更加丰富有弹性。除此之外，《再别康桥》每一节都有句式反复，诗歌头尾有呼应，形成了音乐中"主旋律"的感觉。

关于诗歌的音乐性，徐志摩自己有一番解读，他认为，没有音乐性不能称之为诗：无论思想怎样高尚，情绪怎样热烈，你得拿来彻底地"音节化"（那就是诗化）才可以取得诗的认识，要

汶河小学北柳巷校区内的董子祠，据说源头可追溯至明代"正谊书院"。
蔡国庆老师走进去，沉浸在学生们琅琅的读书声中。

不然思想自思想，情绪自情绪，却不能说是诗。

反之，只有音乐性也不能称之为诗：音节的本身还得起源于真纯的"诗感"。再拿身体作比，一首诗的字句是身体的外形，音节是血脉，"诗感"或原动的诗意是心脏的跳动，有它才有血脉的流转。

徐志摩自己就说，如果押韵就是诗，那"他戴了一顶草帽到街上去走(zou)，碰见了一只猫，又碰见了一只狗(gou)"也算得上是诗了。

早在第一天上课的时候，蔡国庆老师就已经摸清了班上同学的爱好。其中有一位叫高子墨的男同学，特别擅长古筝。在五亭桥上，蔡老师邀请高子墨同学弹奏古筝，其他的同学则在这婉转低沉的古琴伴奏声中，跟随着蔡国庆老师，共同朗读了《再别康桥》。

这棵树折了一枝花 他都可能掉眼泪

蔡国庆小时候，曾去拜访著名的钢琴家鲍蕙荞。鲍蕙荞说，艺术界有许多朋友想让他们的小孩子和她学钢琴，可是小孩子们技术都差不多，选学生就成了难题。

怎么办呢？鲍蕙荞家里有一只小猫，她若是看到哪一个小孩子和猫玩得好，她就收他为徒。"因为，伟大的艺术家一定是善良的，一定爱世间万物。这棵树折了一枝花，他都可能掉眼泪。"蔡国庆转述道。

这件事对蔡国庆影响很深。后来他有了孩子，他从来不会把他的儿子庆庆关在家里写作业，而是尽可能地带他去看北京所有好的音乐会、美术展。他希望庆庆能够对艺术和美，有着最为真切的感知。

平时的教育尚且如此，面对"白话文第一诗"《再别康桥》和"美"这个主题，蔡国庆不可能只满足于课堂教学。

在瘦西湖中心的钓鱼台上，蔡国庆给孩子们讲解了何为"框景"。从钓鱼台这面框望出去，是笼罩在郁郁葱葱树木中的白塔。从那面框望出去，则是人群熙攘的五亭桥。这种中国特色的园林营造法式，让即使是在扬州本地长大的孩子们都惊讶不已。

望着不远处的五亭桥，蔡老师和孩子们坐在石头上，聊起了"桥"。

扬州有很多桥，也有很多关于桥的诗，最著名的是"二十四桥明月夜，玉人何处教吹箫"。框景中能看到的五亭桥，更是中国桥梁建筑中的杰作。五亭桥建于乾隆年间，桥面呈"工"字形。在五亭桥的桥墩上，有15个孔洞，每当月圆之夜，五亭桥下就能倒映出15个月亮。

课堂上学到《再别康桥》，康桥虽然不是桥，可也是因为康河上的桥得名。蔡老师给扬州的小朋友们介绍了康河上的几座桥——最古老的克莱尔桥、最著名的叹息桥、唯一的木质桥数学桥。

蔡国庆老师以前唱过一首歌，就叫《北京的桥》。歌里唱到北京的卢沟桥，有11个石拱，每个石栏杆上都有一个活灵活现的石狮子。这可比只有3个孔、14个石球的克莱尔桥精致多了。

蔡老师带着学生们走在瘦西湖的杨柳道上，乘坐游船游于瘦西湖之上，启发同学们说一说扬州之美。扬州狮子头、扬州剪纸、扬州的桂花头油、扬州的谢馥春胭脂粉，乃至扬州修脚，在同学们看来都是极美之事。

什么是美？就像什么是诗、什么是爱、什么是善一样，很难定义。或许就是苏轼说的"耳得之而为声，目遇之而成色"，或许就是徐志摩说的"满载一船星辉，在星辉斑斓里放歌"，或许就是蔡国庆老师在这个夏日和扬州孩子们的一场相遇。

猫 老舍

代课老师 马未都
上课地点 北京市中关村三小

猫

老舍①

　　猫的性格实在有些古怪。说它老实吧，它的确有时候很乖。它会找个暖和的地方，成天睡大觉，无忧无虑，什么事也不过问。可是，它决定要出去玩玩，就会出走一天一夜，任凭谁怎么呼唤，它也不肯回来。说它贪玩吧，的确是呀，要不怎么会一天一夜不回家呢？可是，它听到老鼠的一点儿响动，又是多么尽职。它屏息凝视，一连就是几个钟头，非把老鼠等出来不可！

　　它要是高兴，能比谁都温柔可亲：用身子蹭你的腿，把脖子伸出来让你给它抓痒，或是在你写作的时候，跳上桌来，在稿纸上踩印几朵小梅花。它还会丰富多腔地叫唤，长短不同，粗细各异，变化多端。在不叫的时候，它还会咕噜咕噜地给自己解闷。这可都凭它的高兴。它若是不高兴啊，无论谁说多少好话，它也一声不出。

　　它什么都怕，总想藏起来。可是它又那么勇猛，不要说见着小虫和老鼠，就是遇上蛇也敢斗一斗。

　　小猫满月的时候更可爱，腿脚还不稳，可是已经学会淘气。

---

① 老舍原名舒庆春，北京满族正红旗人。1899年生，诨名"小狗尾巴"。老舍在自传中自我评价道："书无所不读，全无收获，并不着急。教书做事，均甚认真，往往吃亏，也不后悔。如此而已，再活四十年也许能有点出息！不过，已不可能。"1949年12月，老舍从美国回国。1950年完成剧本《龙须沟》，排演后大获成功。老舍被北京市授予"人民艺术家"的称号。他也是第一个获得该称号的作家。话剧《茶馆》是老舍的代表作。从1958年首演以来，成为人艺历史上演出次数最多的剧目。

一根鸡毛，一个线团，都是它的好玩具，耍个没完没了。一玩起来，它不知要摔多少跟头，但是跌倒了马上起来，再跑再跌。它的头撞在门上，桌腿上，撞疼了也不哭。它的胆子越来越大，逐渐开辟新的游戏场所。它到院子里来了。院中的花草可遭了殃。它在花盆里摔跤，抱着花枝打秋千，所到之处，枝折花落。你见了，绝不会责打它，它是那样生气勃勃，天真可爱！

讲堂录

我们今天这堂课，跟一个非常伟大的作家老舍有关。

老舍先生是北京人，一口北京话，他的大量的文学作品都是用北京话写的。

老舍先生写过很多戏剧，《骆驼祥子》《四世同堂》《茶馆》《龙须沟》，我们为什么要讲他的《猫》？

老舍先生喜欢猫，我也喜欢猫。我的观复博物馆前后有过37只猫，数量刚好和我们班同学一样。我的博物馆里，也有一些和猫、和动物有关的文物。

我们为什么要了解猫、了解动物？

譬如，猫科动物体现了它极强的生活耐心，这对人是个启示。

我们可以看到，大部分中国人排队是缺乏耐心的。但西方社会经常排长队，看个展览排队两个小时。这是社会慢慢养成的习惯。这个习惯，对于社会秩序的把握是非常有好处的。猫给了我们这样一个耐心的提示。

另外，猫有它自己的尊严。它跟你永远保持着这种不远不近的距离。

猫给我们生活中添了很多乐趣，我这个屋里没有猫，我进了门挺孤单的。有个猫，就有一个说话的机会。这种无目的、无意义的沟通，其实在人类生活中是非常重要的。我们不是每件事都必须有目的、有意义的。

第一课 糊涂人老舍养糊涂猫

老舍先生是一个很幽默的作家。

在生活中，你们会慢慢地学会幽默。幽默第一层：幽别人一默，拿别人开玩笑。等到你成熟了，你会拿自己开玩笑，这叫自嘲。你敢自嘲，拿自个儿开玩笑，是因为你内心强大。

这是一个很好的融入社会的技巧。一个幽默的人，在社会上是非常受欢迎的，你们要想提高自己这方面的能力，最重要的一点，就是多读文学作品。

老舍怎么个幽默法呢？

学会幽默是马老师教给学生们的第一件事。

我们看他写的一篇《寻猫启示》，就很有意思。"舍猫小球，昨与情郎同逃，糊涂人有糊涂猫。"说他们家那猫叫小球，跟男朋友一块跑了，老舍自嘲了一句：糊涂人养了一个糊涂猫。

第二课　老舍怎么写猫

对文章的评判标准，其中有一条叫流畅。读老舍先生这篇《猫》时，就可以感受到文章的流畅。

第一段中，老舍非常准确地直接写猫的性格。

老舍那个时代养猫，跟我们今天完全不一样。今天养猫，都不允许猫出门，出门怕丢。在过去，北京都是平房，人们就在门上挖一个猫洞，猫洞夏天是打开的，冬天有一个棉帘子，猫会来回钻，进屋出屋。有的猫贪玩，它一出去就一天一夜不回来。

今天养猫，猫很舒服，有猫砂，有猫食。但过去的猫就跟人一样，你吃什么它吃什么，你一眼没看住，它把你那碗饭给吃了，尤其是吃鱼的时候，你得紧紧看住鱼，要不然鱼就被猫吃了。过去的猫，一旦看见老鼠，一定要抓它。我们现在的宠物猫不行，见到老鼠不认得，有的还跟老鼠玩得很好。

第二段延续第一段的细节描写，猫喜欢用身子蹭人的腿，它把脖子伸出来让你抓痒。如果猫在你的跟前彻底翻身，肚皮冲天，那就意味着它对你充分信任。

老舍先生还描写了猫丰富多腔的叫唤，长短不同，粗细各异，变化多端。猫会通过猫叫，来表达它的情感。

第三段，写猫的个性，别看猫好像胆很小，其实它是谨慎。猫看到小虫子、老鼠，甚至蛇，都敢跟它们斗。

老舍先生在最后一段，又从另一个角度观察了猫，说小猫满月的时候特别可爱，还没站稳，就学会了淘气，一根鸡毛，一个线团子能玩半天。

我们打小从有记忆起，撞疼了肯定会哭，哭是一个情感表达。人生这么长，不可能不遭遇痛苦，身体的疼痛是最基本的一种。疼是人一生中非常重要的感受，疼一下不是坏事。

人将来有顺利的时候，有逆境的时候，不管是生理上的疼痛，还是心理上的疼痛，对人一生都是一个重要的提示。记住这句话。

老舍先生写小猫跌倒了会爬起来，再跑再跌，头撞在门上、桌腿上也不哭，胆子越来越大，这就是成熟的一个标志。

我们学习老舍先生的《猫》，学习语文，就是为了正确地应用所掌握的汉字，写出优美的文章。能不能把文章写得优美，跟文字和词汇的掌握程度有直接关系，跟阅读水平有直接关系，跟不断地练习也有直接关系。

表达自己有两个最简单的方式，一个是用语言说出来，另一个就是写出来。

我今天告诉同学们一个写文章的简单有效的方法—— 一定要对着自己内心说话。一定不要想，老师希望我写哪句话，我爹妈希望我写哪句话，我写哪句话才能过关，如果你这么去写，你的文章一定会写得很生涩。

一定不要想尽办法地在你的文章里堆砌知识。知识这个东西不是说抄下来就是你的，如果不能灵活地加以应用，临时性的知识是没有多大价值的。

第三课　这些作家都爱猫

老舍先生喜欢猫，有很多作家，比如冰心先生、丰子恺先生、夏丏尊先生、季羡林先生，他们都养猫，养猫有助于写作。

历史上最喜欢猫的，首先就是陆游。

陆游是中国历史上写诗最多的诗人，他写了大量的猫诗。不光陆游，宋代的大文人都写过猫，证明宋代养猫非常普遍。但是，因为十二生肖在战国形成雏形，到汉代已经定型了，而那时候猫还没进入中国，所以十二生肖里没有猫。

我们现在老说"猫奴"，宋代也说，他们叫"狸奴"。不过"猫奴"是人做猫的奴隶；而"狸奴"，是狸猫做人的奴隶。陆游说"裹盐迎得小狸奴，尽护山房万卷书"，用盐换一只猫回来，来保护他的书。

文人和猫，有着无尽的故事。北京作家梁实秋先生写过一篇关于猫的文章，非常感人。

梁实秋晚上睡觉的时候，听到书房里啪啦一声，窗户纸破了，进来一只猫，走到他的书桌上。他有点生气。你要知道窗户纸一破，屋里冷。

他家里有个用人，这个用人各种歪门左道的本事特大，用人说交给我吧，我一定把这猫给你抓住。猫是有记性的，它要从这个窗户格进来，它下回还从这个格进，你再糊上纸，它也从这个格进。用人把纸糊上以后，他做了一个铁丝的圈套，套是软的，猫从这里一进来，一下子就被套子给抓住了。

抓住以后，用人就说把它正法了吧。梁实秋是作家，有恻隐之心，说那不行，你不能伤害它，它毕竟是一个生命，你得把它放了。用人说放了不成，放了它还回来。

用人说，我有一个办法，他给这铁丝后面拴了一个空罐头盒，猫一动，罐头盒一响，猫就害怕，一下就吓得跑没影了，这辈子都不会回来了。

当天晚上，梁实秋先生正准备睡觉，就听见后院里当啷一声，罐头盒上树了；当啷一声，罐头盒上房了。猫走的时候，罐头盒顺着瓦当啷当啷，很可怕。这时候，猫从房上再跳下来，罐头盒断掉了，刺啦，窗户纸又破了，这猫又从那里进来了。

梁实秋先生就起来了，说这猫怎么这么跟我过不去，非得在我书房折腾我。一进书房，就看到猫噌地到高架子上去了，他忽然听到柜子上有咕噜的声音，搬来凳子踩上去一看，发现一窝小猫。这是一只母猫，很瘦，趴在窝里正在给这四只小猫喂奶呢。这就是母亲，谁也不能阻挡它。它之所以回来，是因为它孩子在这里。

天下对你最真心的一定是你的母亲。所以你们不管生活中有什么事情，一定要先跟妈妈说，不要怕她批评你，母爱是一种天然的力量。

第四课　猫的小史

我们今天所有的家猫，都是从非洲野猫进化而来的。我们现在能找到的、与人类相关的猫的考古遗骸，大概在九千多年前，在亚非欧交界处的塞浦路斯。

人类养狗的历史比养猫要早很多。人类最初就靠打猎和采集生存，打猎需要狗做帮手。

到了农业时代，人开始种植和养殖，粮食多了，老鼠就来了。又得找一个帮手，这时候猫来了。

老舍爱猫，马未都老师也爱猫。怀里这只猫叫"情圣"，名字取自西方经典《大鼻子情圣》。

埃及到处是猫神，因为猫保护了粮食，保护了粮食就是保护我们人类自己，我们跟猫有这样一层很深的关系。

猫进入中国的时候比较晚，至少到现在为止，没有在战国到汉代的文物中发现过猫造型。猫一直到宋代，才在众人的生活中普及。

《狸猫蜻蜓图》现藏于日本大阪市立美术馆

宋代，大量的诗歌里出现了猫，比如我们提过的陆游的诗。

宋画里也大量出现了猫。比如这幅《狸猫蜻蜓图》。

这只玉猫是清代的，距今 100 年以上，300 年以内。清代皇帝也养猫，宫猫。它用的材料是黑白玉。我们一般人会认为，玉就是白色的，但玉其实有很多种颜色，从白一直到黑都有。

玉器是我们中国人认为最好的材料，用玉来做这样的工艺品，也表明我们对猫的一种高度的认可。

这么多小小的文物反映了我们文化的多个层面。

正是一件件文物，客观地记录了人类文明的标高。

比如说，我们中国人在整个星球上最先发明了陶瓷；用景德镇的高岭土，制造出洁白如玉的陶瓷，那已经是一千多年以前的事情了。当中国人能够捧着洁白如雪的碗吃饭的时候，整个欧洲还在中世纪的黑暗当中。我们的文明就是这样一点一滴地累积。当你知道了这些，再到博物馆中看到精美的陶瓷的时候，你内心的感触是会不一样的。

中国是世界上唯一不间断的古文明。我们五千年的文明，在每一时期，都有非常准确的、客观的文物表达。通过博物馆里的文物我们可以了解到这一切。

博物馆是非常好的美学教育基地。如果让参观博物馆变成一个习惯，同学们的审美能力一定会大幅度提高的。我希望同学们有机会一定要走遍世界各地的博物馆，不管看得懂看不懂，只要你看了，一定有收获。

结课八分钟

我一直在说，猫之间的关系，就是我们人之间的关系，猫的江湖，就是人的江湖。

通过对我们近身的动物的养育和观察，我们知道，它们是弱

观复博物馆收藏的这只猫是清朝的，这个颜色很罕见，是孔雀蓝。清朝当年做了大量的瓷器猫，输往欧洲，这和鼠疫之后欧洲人对待猫的态度有关。

小的。我们强大的人类一定要对弱小的动物予以保护。今天全世界任何一个动物，在人类面前都是弱小的。虽然老虎很厉害，狗熊也很厉害，但在动物园里它们都是很弱小的。

我们人类和动物之间有很多复杂的关系，我们生活中接触的最多的动物是豢养的。还有野生动物，它跟我们同处在这个星球上，我们要善待它们。对这个星球所存在的一切动物、植物的生命，我们都要有一个尊重的态度。

我们学了一篇课文《猫》，但不能仅仅停留在猫这个层面上，我们要更多地去思索人与猫的关系、人与动物的关系。

这种关系，就是我刚才讲的热爱生活、讴歌生命，珍惜自己，尊重他人。

动物无所不在，它们跟人类的关系，自古至今都是非常亲密的，人如果不保护动物，它们就会迅速灭绝。我们人类实际上是在最后的关头，发现了人与动物之间的关系不能破坏，所以今天，全世界都在认真地、广泛地讨论人与动物之间的关系。

大春老师说

马未都老师为我们介绍了老舍先生和梁实秋先生写的猫。很多伟大的作家身边都有一只猫，让他们写出了跟猫有关题材的小说、散文。

最有名的一篇小说就是左拉的《猫的天堂》。在家里面被豢养的猫，反而羡慕在街上能够四处游荡、流浪的猫，想加入流浪的行业。反过来说，在街上流浪的猫，又时时刻刻想要有一个归宿，想成为一只肥肥胖胖、不愁吃喝的家猫。这互相之间的羡慕，就变成了这个作家的灵感。

作家们从猫身上所获得的灵感，或者是题材可以说取之不尽、用之不竭。这是因为猫有一种非常独特的性格。你会感觉到，它好像非常独立，而且它好像是有了想法之后，才拒绝你的召唤，常常是你叫猫的名字，它却爱答不理，或者顶多耳朵稍微动一下，尾巴摇一下，你感觉到它似乎听见了。但它不会像狗一样，你一叫它就来。

猫和狗的驯养，是非常不同的。

狗的驯养是非常完整的。狗的祖先，大约是某一种灰狼的亚种，它能够听得懂人说"不"，"不可以"。而猫是听不懂的。所以猫从来没有真正被驯化。

猫的这种"不来"，正是吸引作者去揣摩、去推敲、去想象的地方——当我们对另外一个人不了解的时候，只能寄之于想象。而这个想象，好像也是跟作者的创作息息相关的。所以说，猫是引发想象，召唤想象的非常重要的一个物种。

老舍受猫启发写成的作品不仅这一篇小文。他在1933年写了一本书，这本书在1935年出版，叫《猫城记》。

故事简单地说，就是一个"我"，坐着飞机来到了火星，发生意外，在火星上被迫降落在猫城。"我"遇到了一种半人半猫的人。事实上，这个猫城也好，猫国也好，这些半人半猫的动物也好，都是象征。

老舍借由这个"我"对于猫国的观察，表达了对自己国家的强烈批判。举一个例子，猫国的人喜欢吃迷叶，那象征着鸦片。跟外国人去买迷叶，那我们就知道，这暗喻东印度公司贩卖鸦片。可是不只如此，买迷叶的钱，就是白银，白银还有一个名称叫国魂——国家的灵魂。用国魂换迷叶。

在猫城里，还有一个区域叫西洋城，那就是租界。猫城最大的敌人，就叫作敌国。日后我们发现，原来敌国就是日本。

这本书出版两年之后，对日抗战就开始了，可见作家已经预知到，或者预感到国家当时的处境，以及整个国家面对强权、面对鸦片侵蚀，以及白银大量流失所造成的通货紧缩的一连串反应。

老舍先生是一个接地气的作者，对于世道人心，国家或是政局，也会有非常充分的关切。

在《猫城记》中，他就是将自己对国家的关心，寄托在一个莫须有的猫城之中。

上课记

"现在的小学生，吓我一跳"

"马老师，您博物馆里的文物都是自己从地下挖出来的吗？"

马未都到北京中关村三小讲课，提起自己的观复博物馆，有学生这么问他。

马未都哭笑不得："那不是挖，那是收集的。我挖，就犯法了。"

在此之前，马未都很少有机会接触四年级的小不点儿。他对小学生的印象，还停留在那个大家都排排坐，把手背背后的年代。

中关村三小的小学生，显然让马未都吃了一惊。

孩子们自我介绍，有的擅长芭蕾，有的擅长冰球，有的擅长橄榄球，还有的擅长街舞。不光擅长的项目都很特别，而且人人都得过大大小小的奖。

还有个孩子站起来说："我叫王梓童，我的优点是善于发现自己的错误，缺点就是知错不改。"

马未都欣赏这些孩子——欣赏他们从小就自信、幽默。

其实，从一大早进校开始，马未都就觉得这所学校有点儿不一样。

校长带他穿过操场，进入教学楼——可是哪有什么操场？孩子们做操的操场，其实是学校体育馆的楼顶。

中关村三小的教学楼，也不像一般的教学楼。一般学校的教学楼，有整整齐齐的教室，一屋子一屋子的孩子。可是这里，大部分是开阔空间。空间中，摆放着书架、电脑、孩子们的绘画作品……校长介绍说，这里每一个开阔空间，都是一个活动教室。孩子们的电脑编程课、戏剧课、阅读课，都在这里完成。课后的兴趣活动，也在这里进行。

老师们也没有传统的办公室。教室门口几张办公桌拼在一起，就是一个开放式办公区。

走进授课教室，窗明几净。老师给马未都介绍，这里教室之间的隔断可以移动，推开了，就能和另外两间教室组成一个大开间，进行大课教学。每三个班级，组成一个班组群，共同使用一片学习空间和生活设施。这让学校有了一种家庭学习的氛围。

处于北京海淀寸土寸金地段的中关村三小，占地面积不大。开阔式的设计理念，使得学校空间得到了最妥善的利用。随之而来的，是教学理念的变革。中关村三小有个价值观，叫"真实的学习"。中关村三小的老师们认为，以前，孩子们总是在假学习，老师也在假教育：学生们听课、做作业；老师们备课、批改作业。他们希望，孩子们能够打通各门功课之间的知识壁垒，从语文到科学到艺术，融会贯通，完成"真实的学习"。

很巧，这和马未都老师要讲的这课《猫》，理念相通。

"我这是评书式上课"

老舍是老北京，马未都也是老北京。老舍爱猫，马未都也爱猫。所以马未都给北京孩子带来的这堂课，就是老舍的《猫》。

老舍爱猫，所以在老舍先生理想的家庭中，一定得有猫——"屋中至少有一只花猫，院中至少也有一两盆金鱼；小树上悬着小笼，二三绿蝈蝈随意地鸣着"。

老舍爱猫，所以他在自己丹柿小院的书房墙脚，专门挖了一个猫洞，方便小猫自由出入。虽然这样做会牺牲掉房间的保暖，但老舍不在乎。

马未都讲老舍的《猫》，有一个特别的好处：他最清楚那个年代北京的猫和这个年代北京的猫到底有什么区别。

马老师喜欢讲道理，对小孩子也不例外。

他认为"道理为大"。这也是马未都自己的生活体验："一个人在社会上活得好一些，一定是他道理懂得比较多，而且能把道理付诸实施。"

马未都说，自己这是"评书式"上课，"评书这种形式，在宋代就逐渐形成，最早它叫评话。不管它叫评书，还是评话，它最重要的部分都在于评，而不在于故事本身。四大名著故事脉络大家都是清楚的，那他为什么还要听这个说书呢？而且听了一遍又一遍呢？它实际上在听评论。我们所讲的课文，就好像说书先生讲的故事"。

跟着马霸霸撸观复猫

马未都1996年建了观复博物馆，2003年开始在馆里养猫。到现在，"观复猫"前前后后总共有37只，只只有名有姓。面对这些猫的时候，马未都不是马未都，是"马霸霸"。

观复博物馆迎来的第一只猫，是只大花猫。2003年，有个朋友打电话给马未都，说有只猫被人扔了，已经在自己家门口徘徊好几天了，特可怜。

马未都：什么色号的猫？

朋友：大黑猫，一根杂毛没有。

马未都赶紧派人去把这只黑猫接了回来，结果一看，是只杂毛大花猫——被朋友给诓了。

没关系，马霸霸还是把猫抱进了博物馆。一拎起来，十几斤重。

大花猫一开始还有点紧张。很快，它就趴在桌子上，安安静静地看着马霸霸。窗外电闪雷鸣，窗内人猫和谐，花猫就一直这么趴着，直到马霸霸写完文章。

马未都给这只猫起名：花肥肥。

花肥肥在观复博物馆生活了13年。2016年，花肥肥去世，马未都专门请人为它做了尊雕像，追授它为"功勋猫"。

这堂"猫"课的户外课，顺理成章地就定在观复博物馆。

三十多只观复猫，马未都只只熟悉。他带着孩子们，挨个儿介绍：

——这只是大鼻子情圣，因为鼻子特别大。

——这只是花飞飞，脾气特别好。

——这只是布能豹，是一只豹斑猫，它特别瘦特别好看，可以随便摸，就是不能抱。

和博物馆的"猫馆长"们打完招呼，马未都和学生们在一张大圆桌旁围坐起来，阳光从圆形的落地窗外洒进来，铺满了桌台，三只观复猫，漫不经心地趴在阳光里打盹儿。

就这样，孩子们摸着猫，晒着太阳，听马老师讲猫国小史。

中国人从宋朝开始亲近猫。唐诗中关于猫的作品极少，可到了宋代，陆游这个猫奴，一个人就写了几十首"猫诗"。宋画中出现的猫也不少，足见猫已成为人们日常生活的陪伴者。

在圆桌前，马老师向孩子们展示了几幅宋代的猫画，还展示了几件观复博物馆藏的猫文物。

但这堂课，并不停留在"猫"。

不止于猫：神奇动物在哪里

猫课的拓展实践，落在了博物馆里、图书馆里、戏剧舞台上，题目是"神奇动物在哪里"。

神奇动物在博物馆里。一组学生参观了马未都老师的观复博物馆。他们在馆中欣赏瓶身上画了100只鹿的瓷器"百鹿瓶"，观察木质窗棂上浮雕着的蝙蝠图案，在新型冠状病毒出现之前，那意味着"福从天降"；他们兴致勃勃，寻找自周秦汉唐以来，中国文物上都有哪些动物。

神奇动物在古建筑里。另一组学生，通过讯息技术，寻找北京故宫博物院中的动物——那些在故宫中打滚嬉戏睡懒觉的活生生的猫，那些故宫房梁上的五脊六兽、太和门前的铜狮子、断虹桥上的石狮子，还有那些曾经在古代宫廷中真实生活过的动物：豹房中的豹子、午门门前的大象。

神奇动物在艺术里。这一组同学，用表演来表达他们观察到的动物。有女孩子拉小提琴，演绎《森林组曲》；有几位同学，合作排练了一小段话剧《狮子王》；还有几个男孩子，模仿了名画中的狮子和建筑前的石狮子。

孩子们的表演让马未都老师忍俊不禁。他向全场的老师、孩子和家长们总结了这堂"猫课"："中国文化浩如烟海，非常厚重。一个人想在短暂的学校时期充分掌握中国传统文化，是不大可能的。像我这样以毕生精力研究这件事的人，所掌握的也不过沧海一粟，知道的还是微乎其微。所以，当我们选中这样一个主题，用猫和动物来切入中华文化的时候，孩子们的兴趣是非常大的。其实，你们的内心是充满了一个字，叫爱。"

马未都还有一重普通人不太知晓的身份——他是野生救援的公益大使。趁着这个讲猫的机会，马老师也向孩子们讲述了保护动物的重要性："我们人类增长速度非常快，在100年之内，人类的人口由10亿增加到70亿，我们挤占了这个地球的空间，所以我们必须给动物们留出一个空间，来保护它们。"

在这堂大课的最后，孩子们举手问了马未都三个问题：

1. 你什么时候有了这个想法，去收藏猫的文物，并且来做关爱动物大使？

2. 你当初为什么想要收藏文物？

3. 你创建观复博物馆的时候，经历了哪些苦难？

孩子问的前两个问题，都是实在问题。马未都也老实作答：

不是做每一件事都需要目的，有时候只是一个爱好，有时候只是要养成一种习惯。我喜欢这些文物的时候，主要一个原因，是我弄不懂它，我想弄懂它，我就把它给弄回来，那个时候便宜，也没花什么钱，或者到博物馆去看，去思索它。

文物有很多问题，比如说：雨衣跟雨伞，哪个先进入人的生活呢？

很有趣，是雨衣先进入的。雨伞要比雨衣晚了至少1000年。我们在唐诗中基本上找不到伞的描写，但是我们知道"孤舟蓑笠翁，独钓寒江雪"，知道"青箬笠，绿蓑衣。斜风细雨不须归"。唐代是看不到伞的，但是宋代，雨伞就进入了人的生活。

你了解这些文物背后的故事，就会丰富你的人生。

到了第三个问题，马未都反问："你觉得你这个问题我能很好地回答吗？不能。问题还是大，对吗？"马未都不喜欢大问题。他曾经被人问："您是怎么走上收藏之路的？"便只能机智作答："我和你一样，是用脚走路的。"

学生们的作业"神奇动物在哪里"让大家头回意识到人类生活与动物的关系如此密切。

这一次，马未都认真回答：

所有的困难，当它过去的时候，都不为困难。如果这个困难横在你面前，它就是一个困难。你的人生，无非就是克服一个接一个的困难，就像你们考试，是一场接一场。

你人生的障碍，是让你提高的唯一途径。你人生没有障碍，你就无法进步。我们每一次人为的障碍——什么叫人为的障碍？考试就是人为的障碍，是让你快速地提高。所以跨越这种障碍，就是你的一个能力，我们每个人生活在这个社会中，无非就是展现自己的能力，让自己跟别人有所不同，保留自己的个性存在。

没有过不去的坎，时间能医治一切。

祖父的园子　萧 红

代课老师　蒋雯丽
上课地点　山西平遥县古陶四小学

祖父的园子[①]

萧 红

呼兰河这小城里住着我的祖父。我出生的时候，祖父已经六十多岁了。

我家有一个大花园，这花园里蜜蜂、蝴蝶、蜻蜓、蚂蚱，样样都有。蝴蝶有白蝴蝶、黄蝴蝶。这种蝴蝶小，不太好看。好看的是大红蝴蝶，满身带着金粉。蜻蜓是金的，蚂蚱是绿的。蜜蜂则嗡嗡地飞着，满身绒毛，落到一朵花上，胖乎乎、圆滚滚，就像一个小毛球似的不动了。

花园里边明晃晃的，红的红，绿的绿，新鲜漂亮。

据说这花园，从前是一个果园。祖母喜欢养羊，羊把果树给啃了，果树渐渐地都死了。到我有记忆的时候，园子里就只有一棵樱桃树、一棵李子树，因为樱桃和李子都不大结果子，所以觉得它们并不存在。小的时候，只觉得园子里边就有一棵大榆树。这榆树在园子的西北角上，来了风，榆树先呼叫，来了雨，榆树先冒烟。太阳一出来，榆树的叶子就发光了，它们闪烁得和沙滩上的蚌壳一样了。

祖父整天都在园子里，我也跟着他在里面转。祖父戴一顶大草帽，我戴一顶小草帽；祖父栽花，我就栽花；祖父拔草，我就拔草。祖父种小白菜的时候，我就跟在后边，用脚把那下了种的土窝一个一个地溜平。哪里会溜得准，不过是东一脚西一脚地瞎

---

① 文章选自《呼兰河传》，1940年，萧红完稿于香港。萧红（1911—1942），本名张廼莹，黑龙江呼兰（今哈尔滨市呼兰区）人。

闹。有时不但没有把菜种盖上，反而把它踢飞了。

祖父铲地，我也铲地。因为我太小，拿不动锄头，祖父就把锄头杆拔下来，让我单拿着那个锄头的"头"来铲。其实哪里是铲，不过是伏在地上，用锄头乱钩一阵。我认不得哪个是苗，哪个是草，往往把韭菜当作野草割掉，把狗尾草当作谷穗留着。

祖父发现我铲的那块地还留着一片狗尾草，就问我："这是什么？"

我说："谷子。"

祖父大笑起来，笑够了，把草拔下来，问我："你每天吃的就是这个吗？"

我说："是的。"

我看祖父还在笑，就说："你不信，我到屋里拿来给你看。"

我跑到屋里拿了一个谷穗，远远地抛给祖父，说："这不是一样的吗？"

祖父把我叫过去，慢慢讲给我听，说谷子是有芒针的，狗尾草却没有，只是毛嘟嘟的，很像狗尾巴。

我并不细看，不过马马虎虎承认下来就是了。一抬头，看见一个黄瓜长大了，我跑过去摘下来，吃黄瓜去了。黄瓜还没有吃完，我又看见一只大蜻蜓从旁边飞过，于是丢下黄瓜又去追蜻蜓了。蜻蜓飞得那么快，哪里会追得上？好在一开始我也没有存心一定要追上，跟着蜻蜓跑了几步就又去做别的了。采一朵倭瓜花，捉一个绿蚂蚱，把蚂蚱腿用线绑上，绑了一会儿，线头上只拴着一条腿，而不见蚂蚱了。

玩腻了，我又跑到祖父那里乱闹一阵。祖父浇菜，我也过来浇，但不是往菜上浇，而是拿着水瓢，拼尽了力气，把水往天空里一扬，大喊着："下雨啰！下雨啰！"

太阳在园子里是特别大的，天空是特别高的。太阳光芒四射，亮得使人睁不开眼睛，亮得蚯蚓不敢钻出地面来，蝙蝠不敢从黑暗的地方飞出来。凡是在太阳下的，都是健康的、漂亮的。拍一拍手，仿佛大树都会发出声响；叫一两声，好像对面的土墙都会回答似的。

花开了，就像睡醒了似的。鸟飞了，就像在天上逛似的。虫子叫了，就像在说话似的。一切都活了，要做什么，就做什么。要怎么样，就怎么样，都是自由的。倭瓜愿意爬上架就爬上架，愿意爬上房就爬上房。黄瓜愿意开一朵花，就开一朵花，愿意结一个瓜，就结一个瓜。若都不同意，就是一个瓜也不结，一朵花也不开，也没有人问它。玉米愿意长多高就长多高，它若愿意长上天去，也没有人管。蝴蝶随意地飞，一会儿从墙头上飞来一对黄蝴蝶，一会儿又从墙头上飞走了一只白蝴蝶。它们是从谁家来的，又飞到谁家去？太阳也不知道。

天空蓝悠悠的，又高又远。

白云来了，一大团一大团的，从祖父的头上飘过，好像要压到了祖父的草帽上。

我玩累了，就在房子底下找个阴凉的地方睡着了。不用枕头，不用席子，把草帽遮在脸上就睡了。

讲堂录

我拍过一个电影《我们天上见》，写过一本书《姥爷》。我这次带来的课文是《祖父的园子》，实际上我也有一个祖父的园子，我是在我姥爷的园子里长大的。

我印象中，姥爷去世的时候，我站在墓地，在那个时刻心里突然有一个声音跟我说，童年结束了，开始走到了人生的另外一个时期：少女阶段。萧红在她生命最后两年贫病交加之中写了《呼兰河传》，在这篇散文《祖父的园子》中她想到人生最美好的、最感动她的、给她最多的爱的，就是她的祖父。

30年后，我在拍电影和写书的时候才意识到，童年时我从姥爷那得到了满满的爱，因为这份爱，让我有信心去面对未来的人生，去克服所有的困难。

我觉得这一课很重要的一个主题是跟自己祖辈的连接。现在你们可能都不知道自己的爷爷奶奶叫什么名字，多大岁数，他们从哪个地方来。所以，我选择了有千年历史的世界文化遗产平遥古城作为上课地点，回溯我们每个人的历史。

如果不知道自己的过去，也就很难去更多地了解自己。

第一课　客从何处来

咱们班同学的姓氏都好有意思，有的姓暴，有的姓米。你们的爷爷，你们爷爷的爷爷，他们都从哪里来到了平遥？

比如说像我，我爷爷是从天津到的蚌埠安家，我小时候是在安徽蚌埠长大，所以我的老家是安徽蚌埠。我姥爷出生在徐州，后来也去了蚌埠。他们为什么会去蚌埠呢？100年前，津浦铁路修通了以后，他们都是跟火车去的。

老师准备了一个问题清单，你们可以问爷爷奶奶这些问题，了解他们从何处来：

1. 他们去过最远的地方是哪里？

2. 他们是什么地方的人？

3. 他们的工作是什么？

4. 他们原来的工作是什么？

5. 爷爷奶奶、姥姥姥爷叫什么？

6. 他们现在岁数多大了，他们的小名叫什么？

7. 他们最喜欢吃什么？

暴彦娇："在我出生前，我的爷爷奶奶、姥姥姥爷就都去世了，虽然我没有见过他们，但是我们家有一张老照片，爸爸经常拿出来给我看，如果爷爷奶奶在的话，我想和他们一起做家务。听说爷爷有两个兄弟，三个妹妹，以前是木匠。爷爷是小时候从高平来的，爷爷的爷爷也是高平人。我只在一两岁的时候去过。爸爸是在平遥出生的，爸爸每年只在清明节回去高平，我觉得爸爸和爷爷不是从一个地方来的。爸爸也说他生在这里，长在这里，平遥比高平更像他的故乡。我不知道他们喜欢吃什么，但是应该和我不一样，因为他们是大人，我觉得他们口味重了一点。"

张时海："我爷爷叫张泽仁，小名叫五月，意思是排名老五。爷爷今年67岁。奶奶叫梁新华，小名叫拉拉。奶奶今年66岁。爷爷最喜欢吃蔬菜，不喜欢吃垃圾食品，奶奶最喜欢吃粗粮，最不喜欢吃和爷爷一样的食物。爷爷有六个兄弟，一个姐姐，两个妹妹，奶奶有八个兄弟姐妹。爷爷和姥爷学过医，还去给人们看过病，现在还看医书。去过最远的地方是西安，1985年去那旅游。爷爷的爸爸是平遥第一家医院的医生，西医是从欧洲的国家传来的。姥爷什么都没有留下，只留下几本书而已，清朝古代的医书，民国西医书，还有姥爷留下的笔记本。爷爷的梦想是当医

蒋雯丽老师介绍自己来自安徽蚌埠，学生好奇提问："那您怎么会来平遥呢？"

生，爷爷让我也当个医生。"

李金轩："我的爷爷叫李延忠，76岁，我的奶奶叫雷桂莲，她说她的属相和我一样，都是属鼠的。爷爷的小名叫七五，因为爷爷生下来的时候，他的爷爷75岁。爷爷很喜欢抽烟，我不让他抽，看见爷爷抽烟，我会向奶奶告状，因为医生说他抽烟会犯心脏病。爷爷以前是工程兵，去过北京、大兴安岭，后来还在煤矿下井挖煤。爷爷是平遥人，他说他家是财主，家里有个大柜子，里面都是爷爷的爷爷给他的，有古茶壶，也有以前穿的衣服，还有以前的钱，钱是一串的，我妈妈都没见过。爷爷还说，他的四爷爷以前在县衙当官管钱的。"

第二课　祖父的园子

《祖父的园子》出自小说集《呼兰河传》，作者是萧红。萧红20多岁就因《生死场》而扬名文坛，就连鲁迅先生都盛赞她的才华。鲁迅一般是不夸人的，当他看到萧红的《生死场》和其他作品以后，他评价萧红是"中国当代最有前途的女作家"。

萧红的一生非常坎坷，她的妈妈很早就去世了，后来她的爸爸又再娶。所以她从小是跟着祖父长大的，得到的爱，大多也来自祖父。她生活在祖父的园子里，一直她18岁那年，她的祖父去世了。从那之后，她觉得再也没有人真心关心和爱护她。

祖父没有去世之前，萧红一直生活在黑龙江呼兰河城，祖父死后，她辗转到北京，再到上海，最后死于香港。这篇《祖父的园子》就是萧红在香港写的。两年后，萧红病逝于香港，年仅31岁。

为什么萧红会写这篇文章呢？其实萧红最后在香港的生活是非常艰难的。她得了肺结核，这个病就像我们现在的癌症，无药可医。而且当时她没有钱，身边也没有亲人，贫困交加、重病缠身的时候，她回忆起了童年与祖父生活的时光，那是她一生中最幸福、最快乐、最美好的日子。带着这种思念和回忆，她写出了这篇饱含深情的《祖父的园子》。

这篇文章不但表达了她对于祖父，对于童年的怀念，还表达了她在生命最后阶段，对自由的向往和呼喊，就像文章中的那些植物一样，想长多高就长多高，想爬到哪儿去就爬到哪儿去，想去谁家就去谁家，自由自在。

童年记忆对于很多人来说，都是一生中最为珍贵的。鲁迅曾经写过文章《从百草园到三味书屋》，百草园是他童年美好的记忆。我拍过一部电影叫《我们天上见》，讲的也是我从小和姥爷一起生活的故事。

我今天拿来了一个戒尺，这个戒尺就是小时候姥爷打我的戒尺。姥爷会因为我撒谎了，打我手心，打三下，就是要让我记住，以后不准撒谎。

和电影里面一样，我姥爷家也有一个花园。我小时候，经常脑子里有一句话就是"曲径通幽处，禅房花木深"，每次只要一推开姥爷花园的小门，满园子的翠绿扑面而立，这就是我们追求的最美好生活。萧红祖父的园子、鲁迅的百草园、我姥爷的园子，这些美好的体验都是我们的祖辈带给我们的。

我们来自不同的地方，每一个地方都有不同的记忆，都带着我们祖先的印记。在中国这片广袤的土地上，我们的先辈们不管来自哪里，都带着他们的记忆、他们的血液，还有姓氏。比如萧红，她从小在东北的呼兰河长大。实际上，萧红的祖辈不是东北人，而是山东人。以前有一场人口大迁徙，叫"闯关东"，那个

蒋雯丽老师说："我希望这几天的课能够给学生们带去些美好，在每一个孩子心里种下颗种子。"

年代战乱饥荒，很多的山东人为了谋生，为了吃饱肚子，就往北走过了山海关的关口，到了东北。

萧红的祖父是地主，受过私塾的教育。萧红从小也爱读诗书，她的文学熏陶都来自她的祖父。

而我的姥爷是火车司机，我也从姥爷那里学到了很多做人的道理。我姥爷跟我讲过一句话：人家敬你一尺，你要敬别人一丈。就是别人如果对你有一尺的好，你对别人就要有一丈的好。滴水之恩，涌泉相报，别人给你一滴水，你要给人家一个泉。这都是我们的祖辈，他们对人对事的做法，告诉我们要善待别人，别人对你一点点的好，你们都要记在心里。不管我们将来做什么，我们首先要学会做人，这是最重要的。

萧红历经了坎坷的一生，当她回忆人生时，让她最为怀念的是祖父。祖父教给她的，其实就是做人，就是爱。她从人间没有得到的东西，她从祖父这里得到了。因为有爱，她才写出了这么好的《呼兰河传》。

萧红离开她的故乡时十七八岁，姥爷离开我的时候，我只有12岁，我跟她的心情是一样的，在我的记忆中，人生中最美好的时光，就是小时候祖父的那个园子。

第三课　了解平遥历史

我们平遥已经有2800多年的历史了。由于平遥地势平坦，交通方便，所以，南来北往的人很多，做起生意来也很便利。平遥的先人们，积累了很多经商经验和财富，他们用从事商业活动挣来的财富，修盖起了平遥古城。商业造就了平遥这座城市的辉煌。

平遥以晋商为闻名。晋商的传统是什么？最重要的是讲诚信，做到诚信，才能得到特别多朋友的帮助。诚信是从哪里来的呢？是《论语》里面，孔子教育我们仁、义、礼、智、信，从我们的传统文化里来的。

晋商由于名气大，买卖也大。晋商的货物在转移、运输的时候，就需要有人保护，镖局应运而生。镖原来是一种兵器，飞镖，镖能够隔着老远，不受任何阻挡地，顺利到达目的地。后来，把从事给人们押运的行业就叫镖局。镖局帮晋商运输大宗商品和银两，甚至保护一些重要人物。镖局的出现，对晋商的发展起了很有力的帮助。

"仁、义、勇"，是镖局每个练武的人的宗旨。首先要"仁"，就是爱人，支持好人。"义"，就是要讲义气，讲信用。"勇"，就是要勇敢。

结课八分钟

这三天的课下来，我们围绕的都是一个什么主题？我们的主题就是知道我们自己是谁，自己从哪里来。

我们走访了平遥的老城，看过了文庙、镖局。我们今天来画一画更大的家谱树。

你们是平遥人，平遥的祖先是谁呢？我们的基因，身体的基因和精神的基因，来自哪些祖先呢？

我们上推到"尧"。平遥最初的名字是平陶。这个"陶"也念"姚"。就是尧舜禹的"尧"。尧帝，我们古代的帝王，实际是部落联盟的首领。他老了之后，没有把自己的首领位子交给自己的儿子，而是主动禅让给了舜，舜禅让给了禹。尧帝（准确的说法是帝尧）的时代，为我们确定了春分、夏至、秋分、冬至，确立一年366天。

尧，距离我们今天有4000多年。

我们要说到距离今天有2500多年的孔子。昨天我带大家去了平遥，也是整个中国现存最古老的孔庙，距今有1000多年。孔子是我们中国第一个语文老师、第一个班主任、第一个校长。他教导我们要忠信、礼让、恭敬、孝慈、宽恕，要将心比心。他留给

蒋雯丽老师带着学生们在校园里种出一个小小的花园。

我们的精神财富，一直传承到今天。

再下来，是很多中国人都知道的以平遥为代表的"晋商"。晋商是中国商业文化的特别进步的代表。他们不仅创造了中国式的银行系统票号，把中国的茶叶、中国的商品远销到俄罗斯，而且继承发扬了孔子以来的诚信为本的儒家文化。跟平遥的商人做买卖，最可靠。因为可靠，平遥人才可以把生意做得那么大，做到全中国，做到世界去。

因为有这样的先祖，我们是值得骄傲的人。

就像我们是自己的爷爷、姥爷的一部分，我们是我们的先祖的继承人。

我们要把血脉传承、把精神传承，让每一个小家筑成中国这个大家。

现在，蒋老师想带大家把我们画的树变成真的树……

我们在园子里种下这些树，孩子们跟着它们一起慢慢成长，我希望你们偶尔在这个园子里看到这些树的时候，也能想到蒋老师。

上课记

萧红的《祖父的园子》曾被网友们评选为最喜欢的课文。

和萧红一样，蒋雯丽也是跟祖辈一起生活长大的，她导演的第一部电影《我们天上见》，讲的就是她和她姥爷的故事。蒋雯丽打小生活在姥爷的院子里，姥爷家的花园，永远都打理得很干净，邻居家来接水，也不会弄脏这里，让蒋雯丽明白一个道理：以身作则，就能赢得别人的尊敬。

蒋雯丽授课的地点在山西平遥古城，是我国保存最完整的古城之一，城墙历经了六百余年的风雨，中国现代银行的雏形"日升昌"就诞生于平遥古城。

平遥县古陶小学校是在古城里唯一还留存的小学了。每天那么多游客来这里旅游，感叹古城的历史，大家从电视剧里知道了《乔家大院》、镖局、晋商。这里的孩子祖上，可能就是镖头、晋商……可是孩子们都不知道，孩子的父母也说不清楚。

寻根问祖，就变成了蒋雯丽授课的动力。

我到底是什么人

"我叫蒋雯丽，我的老家是安徽蚌埠"，随后一个提问就抓住了孩子们的注意力："哪位同学知道自己是从哪里来的？"学生机智抢答"从我妈妈肚子里"，惹得蒋老师啼笑皆非，只得认同说法并持续引导提问："爸爸的爸爸、妈妈的妈妈是从哪里来的？"学生回答"也是从他们妈妈的肚子里"，听完教室内哄堂大笑，课堂氛围愈加积极踊跃。

男学生转而提问："老师，生命是从哪里来的？"蒋老师反问他"你认为呢？"其他同学偷笑表示"我以为是女娲造人"，但随后，一名男学生就开启了学霸讲解模式："我知道生命是怎么来的。先是海里的微生物，转变成两栖动物，两栖动物再转变成生命体，也就是鱼，后来进化成恐龙。恐龙灭绝后，猿猴就出现了，猿猴后来进化成了人。"蒋雯丽带着惊讶又欣赏的表情听他说完，称赞他"你真是太厉害了，你都是我的老师了"，男学生听后羞涩一笑。

蒋雯丽为了这堂课做了很多准备，请了一家专业机构做了学生们的基因检测。

学生们之前回答自己从哪里来时都会说："我是山西的。我是平遥的。我是山西晋中的。"但当蒋雯丽展示出大家的祖源画像时，学生们惊奇地发现，每个人身上都有不同的基因来源，有来自华北的，有来自南亚的基因，甚至还有来自澳大利亚土著的基因。学生们看到报告才切切实实认知到虽然自己出生在平遥，但可能自己祖上有可能来自不同的地方，立马对于自己的祖先有了很强烈的兴趣。

米威涛看着自己的报告，实在想不明白自己5.52%的美洲基因是怎么来的："美洲在哪儿？怎么这么远？"蒋雯丽启发米威涛再往上追溯："美洲的祖先是哪里人？美洲的祖先是印第安人，印第安人是从哪来的呢？可能从蒙古过去的，经过海峡，抵达美洲，因为他们长得和亚洲人很像，所以认为他们的祖先跟我们蒙古人有关系，你的美洲血统，有可能就是这个原因。"

米威涛似懂非懂点点头，随着发出了一个灵魂拷问："我的基因这也有那也有，我到底是什么人？"

蒋雯丽毫不犹豫告诉他："你现在就是中国人，你的祖先来自不同的基因，但是你的最多的基因是来自华北地区，山西就是在华北地区。其实我们都是同门同种同根同脉。"

蒋雯丽说，帮着孩子去基因检测，就是希望通过这种方式让他们对自己的祖上感兴趣。之后蒋雯丽带着孩子们去镖局、去票号、去翻县志、去采访知道故事的老人家，孩子们一步步震惊在历史之中：原来我的祖上这么厉害，原来历史这么有趣。

蒋雯丽来到了最后一步：中华民族的大故事，都是一个个小家庭的小故事组成的，画出你的家谱树，记录下你自家的故事，就是为中华民族书写大历史。

与奶奶一起长大

上课时，班上有个学生淑芬总是不断地说话，抢别人的话，还欺负一个男生把他气哭了，让蒋雯丽很头疼。课下蒋雯丽观察，发现大家做游戏都不愿意跟淑芬一组。回到课堂上，同学们一一介绍着自己祖辈迁徙的故事，在淑芬念作文时，却让蒋雯丽出乎意料。她用很平和的语气说："我爸爸妈妈都不要我了，我是跟奶奶在一起生活。我不了解我的祖辈。"蒋雯丽决定去淑芬家家访。

去家里的路上，淑芬一直带着蒋雯丽绕路，这里逛逛那里逛逛，也不说自己家住哪。走了挺久，蒋雯丽也跟着走，也不催也不着急。走着走着淑芬说想吃冰淇淋，蒋雯丽也没多想就陪着她去买了一个。淑芬拿着冰淇淋立马就直奔家门，回到家第一件事就是把冰淇淋给奶奶。

淑芬奶奶每天在古城打扫卫生，早上很早出去，晚上很晚才回来，每天给淑芬做饭，一个月挣1200块钱，但是淑芬特别记得奶奶花了50元给自己买了一个书包。

淑芬的作文里说："每年我过生日的时候，没有朋友和我一起过，只有奶奶陪我一起过，给我买一个大蛋糕。等到今年我5月份的生日，我想许一个全家幸福的愿望。"

蒋雯丽跟奶奶说淑芬在学校的情况，淑芬在学校里面性格很开朗，上课特别积极主动发言。奶奶抱着淑芬特别开心。

蒋雯丽也跟淑芬分享了自己的故事，"淑芬，虽然爸爸妈妈不在身边，但你看的《我们天上见》电影里那个小朋友是不是爸爸妈妈也不在身边呀？蒋老师也是爸妈从小不在身边，跟着爷爷长大。后来爷爷老了，我就照顾爷爷。我们淑芬也懂事，奶奶年纪

蒋雯丽老师带学生们用肢体表演"花开了"、"鸟飞了"。

大了，也要经常帮奶奶做事。"

蒋老师结束课程离开后，淑芬在采访中说道："谢谢蒋老师，让我们懂得了那么多道理，要照顾好奶奶，要和朋友好好相处，要学着去关心别人。"

学会展现自己比学习更重要

不同于非对即错的刻板教学，蒋雯丽积极引导学生发散思考，即使学生用"讨巧"的方式解答也不生气，反而被学生的机智逗笑。蒋老师平易近人的授课方式，鼓励学生多思多想，使学生们愈加踊跃积极地参与到课堂中来。

讲解课文时，蒋雯丽引导孩子们表演花开，表演鸟飞，把课文里的片段用肢体语言描绘出来。

不仅如此，作为演员的蒋雯丽还鼓励孩子们解放天性，模仿动物。为了让孩子们放松下来，蒋雯丽先示范，弓着腰弯起腿，两只手垂在胸前，发出"汪汪"的叫声，把小狗模仿得活灵活现。她还伸着脖子学狼叫，学着母鸡摇摇晃晃地边走边发出"咕咕"的声音。蒋老师的表演看得孩子们乐开了怀，他们也兴致盎然地模仿起了各种小动物，偌大的操场顿时变成了模仿秀的舞台。

如此独特的教学方法，其实跟蒋雯丽在北电的求学经历息息相关，她说："我原来其实是一个非常害羞的人，但是到电影学院的时候，第一学期上来我们就是动物模仿练习，那个对我来说，就是叫天性解放。"蒋雯丽还在节目中强调，学会展现自己，与他人沟通，比学习更重要。

童年时期祖父的院子充满了生机，一切都是原生态的，都是泥土里长出来的，天上下的雨水可以淘米做饭，不打农药的蔬菜有虫子爬过也没关系。蒋雯丽特别希望能让孩子们回归自然，释放自己的天性，而不是被网络限制在室内，失去和大自然的互动：

"我们小时候完全是真实的一个世界，蜻蜓、蝴蝶、它是大自然的这种感觉，今天我觉得有点担心，我们的孩子可能会越来越宅，希望他们都能回到我们的更原生态的生活状态中。现在还有多少孩子关心春天柳树怎么发芽，夏天金蝉怎么脱壳？"

天才梦　张爱玲

代课老师 蒋方舟

上课地点 香港港大同学会小学

天才梦

张爱玲 [1]

我是一个古怪的女孩，从小被目为天才，除了发展我的天才外别无生存的目标。然而，当童年的狂想逐渐褪色的时候，我发现我除了天才的梦之外一无所有——所有的只是天才的乖僻缺点。世人原谅瓦格涅的疏狂，可是他们不会原谅我。

加上一点美国式的宣传，也许我会被誉为神童。我3岁时能背诵唐诗。我还记得摇摇摆摆地立在一个满清遗老的藤椅前朗吟"商女不知亡国恨，隔江犹唱后庭花"，眼看着他的泪珠滚下来。7岁时我写了第一部小说，一个家庭悲剧。遇到笔划复杂的字，我常常跑去问厨子怎样写。第二部小说是关于一个失恋自杀的女郎。我母亲批评说：如果她要自杀，她决不会从上海乘火车到西湖去自溺。可是我因为西湖诗意的背景，终于固执地保存了这一点。

我仅有的课外读物是《西游记》与少量的童话，但我的思想并不为它们所束缚。8岁那年，我尝试过一篇类似乌托邦的小说，题名《快乐村》。快乐村人是一好战的高原民族，因克服苗人有功，蒙中国皇帝特许，免征赋税，并予自治权。所以快乐村是一个与外界隔绝的大家庭，自耕自织，保存着部落时代的活泼文化。

我特地将半打练习簿缝在一起，预期一本洋洋大作，然而不

---

[1] 张爱玲（1920年9月30日—1995年9月8日），原名张煐，后因入学需要，母亲黄逸梵（原名黄素琼）以英文名Eileen译音，易名爱玲。曾就读于香港大学和圣约翰大学。陆续发表《沉香屑·第一炉香》《倾城之恋》《心经》《金锁记》等中、短篇小说，震动文坛。1995年9月8日，因为动脉硬化心血管病去世于美国加州洛杉矶市西木区罗彻斯特大道的公寓，享寿74岁。

久我就对这伟大的题材失去了兴趣。现在我仍旧保存着我所绘的插图多帧，介绍这种理想社会的服务、建筑、室内装修，包括图书馆，"演武厅"，巧克力店、屋顶花园。公共餐室是荷花池里一座凉亭。我不记得那里有没有电影院——虽然缺少了这文明的产物，他们似乎也过得很好。

9岁时，我踌躇着不知道应当选择音乐或美术作我终身的事业。看了一个描写穷困的画家的影片后，我哭了一场，决定做一个钢琴家，在富丽堂皇的音乐厅里演奏。

对于色彩、音符、字眼，我极为敏感。当我弹奏钢琴时，我想象那八个音符有不同的个性，穿戴了鲜艳的衣帽携手舞蹈。我学写文章，爱用色彩浓厚，音韵铿锵的字眼，如"珠灰"，"黄昏"，"婉妙"，"Splendour"，"melancholy"，因此常犯了堆砌的毛病。直到现在，我仍然爱看《聊斋志异》与俗气的巴黎时装报告，便是为了这种有吸引力的字眼。

在学校里我得到自由发展。我的自信心日益坚强，直到我16岁时，我母亲从法国回来，将她睽隔多年的女儿研究了一下。

"我懊悔从前小心看护你的伤寒症，"她告诉我，"我宁愿看你死，不愿看你活着使你自己处处受痛苦。"

我发现我不会削苹果。经过艰苦的努力我才学会补袜子。我怕上理发店，怕见客，怕给裁缝试衣裳。许多人尝试过教我织绒线，可是没有一个成功。在一间房里住了两年，问我电铃在哪儿我还茫然。我天天乘黄包车上医院去打针，接连三个月，仍然不认识那条路。总而言之，在现实的社会里，我等于一个废物。

我母亲给我两年的时间学习适应环境。她教我煮饭；用肥皂粉洗衣；练习行路的姿势；看人的眼色；点灯后记得拉上窗帘；

照镜子研究面部神态；如果没有幽默天才，千万别说笑话。

在待人接物的常识方面，我显露惊人的愚笨。我的两年计划是一个失败的试验。除了使我的思想失去均衡外，我母亲的沉痛警告没有给我任何的影响。

生活的艺术，有一部分我不是不能领略。我懂得怎么看"七月巧云"，听苏格兰兵吹bagpipe，享受微风中的藤椅，吃盐水花生，欣赏雨夜的霓虹灯，从双层公共汽车上伸出手摘树顶的绿叶。在没有人与人交接的场合，我充满了生活的欢悦。可是我一天不能克服这种咬啮性的小烦恼，生命是一袭华美的袍，爬满了蚤子。

讲堂录

我妈从小就告诉我："你是个天才，你是与众不同的。"

我11岁已经出了书，写的都是儿童时的事。

我十二三岁的时候看了《天才梦》，触动特别大。以往我们谈论天才，其实是在谈论个人品质和智力异于别人，好像他们身上有一些特殊构造。但《天才梦》其实讲的并非天生异于常人，而是她的自我觉知，或者说她把身上特长的地方，变成了一种天赋。

张爱玲写《天才梦》，延续到晚期的《小团圆》，特别可贵的是会把她最尴尬的事情写出来。朱天文、朱天心写张爱玲看修路灯的工人，一看一两个小时，别人都觉得好奇怪。她非常诚实地保持着自己天性的一面，以及性格中不合时宜的部分。

我觉得在人口密度少、地广人稀的地方，人的天性能更好地保存下来，但在人口密度大、压力大的地方，人挺容易被抹平。张爱玲在香港竟然还是保持了天真。

很多学校教育，还是教育所有人看世界是一种相同方式，妈妈都是勤劳的，爸爸都是忙碌的，爸爸连老了的方式都一样，爷爷都是慈祥、和蔼的，同学都是友善的。久而久之，你自己也失去了看这个世界的真实角度。

第一课　你是什么样的人

我6岁半，不到7岁的时候，妈妈对我撒了一个谎："中国内地的法律规定，每个小学生在小学毕业之前，都必须出版一本书，要不然就会被警察抓走。"我爸爸是一个警察，他拿着手铐出来，说："你如果不出版一本书，就会被警察抓走。"

所以，我就开始写自己的第一本书《打开天窗》。我妈妈还规定，我每天必须写一页纸的文章交给她。后来我发现，别的小朋友好像都不需要写书，只有我写书。当时我就觉得，为什么我妈妈对我这么不好，老是骗我。

在《打开天窗》这本书里，我写了一篇文章叫作《出售妈

蒋方舟老师的第一课，便是完成一道填空题，"我是一个_____的人"。

妈》，就想把我妈妈卖掉。当时我在学校门口贴了一个告示，上面写：我妈妈会做饭，有点凶，画画很好，但是对我不太好，售价1000块钱，有没有人愿意把我妈妈买走？但是没有人愿意把我妈妈带走。

如果让我评价自己，我觉得自己是一个很自卑的人。小时候，班里同学都叫我蒋大头，因为我的头非常大，长得不好看，运动能力不强，数学也不好。我之所以开始写作，就是因为希望自己与众不同，有一门技能，能建立那么一点点自信。一直到今天，我坚持写作的一个很大动力，本质上是源于我是一个自卑的人。

我想说的是，其实当我们认识一个人的时候，会对他有各种各样的定义，但是这些定义和他对自身的定义，可能是不一样的。

每个人都是独一无二的，在独一无二的人里面他又是一个独特的个体。我相信，每个人，在你面对一群人时，是一个样子，面对另外一群人，是另外的样子，很难说哪一面是真的，哪一面是假的，因为都是你。

第二课　古怪天才张爱玲

这篇文章第一句话说"我是一个古怪的女孩"，为什么古怪？

学生：她不会削苹果。她怕上理发店。她坐黄包车去医院，她每天坐，三个月后还不知道路线。她怕给裁缝试衣裳。怕见客。好久才会补袜子。

就是这样的一个女孩，后来成了中国近代文学史上几乎是最伟大的女作家。张爱玲出生于1920年，1939年的时候，她去了香港大学读书，但是因为战争被迫中止学业。张爱玲的曾外祖父是中国近代史上一个很有名的人，叫作李鸿章。

为什么张爱玲这么一个很笨很笨的女孩，为什么她说她从小被目为天才呢？

学生：她3岁就可以背唐诗。她8岁的时候尝试过一篇类似乌托邦的小说，但是后来就放弃了。她在9岁的时候，不知道应当选音乐或者是美术。

她对于色彩、音符、字眼都非常非常敏感，当她听到一些音乐的时候，她就直接会想到一些很厉害的词，对不同的音符会产生不一样的感受。

你们觉得，她到底是一个古怪的人，还是一个天才？你们觉得她最古怪的地方在哪里？是不是她不会削苹果？

我觉得很有意思，因为我小时候也是一个不会削苹果的人，但是我写作很厉害。我是一个很笨的人，老师都说我是一个很笨的人，但我同时又是一个很聪明的人，这点很古怪。

很多技能张爱玲都不会，但她其实有一个特别独立的世界，让她可以沉浸在自己的世界里。她的古怪之处恰恰也是她天才之处。我们想象的天才好像应该要很聪明，无所不知。但有的时候，看起来很内向、很古怪，或者看起来什么都不会的人，其实会是一个天才。

我想给大家讲一下我的故事。我7岁的时候，写完自己的第一篇文章，我妈就跟我说，你是一个天才，你有写作天赋。直到前两年，我已经20多岁了，有一天我再问我妈妈，我说，妈，你当初为什么说我是一个天才呀？我妈说，我当时就是随口一说的，随便骗你的，就跟骗小学生在小学毕业之前开始要写书是一样的。

我是"被目为天才"，因此我相信自己是一个天才，这个信念一直支撑我写作20年。

所以，张爱玲是不是一个天才，我觉得这件事其实不重要，关键在于，她相信自己所有古怪的地方，笨拙的地方，与众不同的地方，都是因为她是一个天才，才会变成这样。

今天讲这篇课文的目的，一个是告诉大家，其实每个人都会有A面和B面，像月亮一样，有光明的一面，也有黑暗的一面。另外，相信自己是一个什么样的人，和你是一个什么样的人，同样重要。刚刚有同学说自己是一个"自作聪明的人"，但是我觉得要把"自作"两个字去掉，你要相信自己是一个真正聪明的人。"自作"只是外面给的评价，就像张爱玲她妈妈说她是一个古怪的人。

当然，天才也需要努力。张爱玲写这篇文章的时候18岁，刚刚在香港大学读一年级。她用了很多很多年的时间，才证明自己真正的才华。

第三课　张爱玲的18岁在香港大学

张爱玲的18岁是非常孤独，非常痛苦的，这时候她想了一个什么办法去排解孤独呢？就是写作。张爱玲就从这样的一个很普通、很孤独的少女，变成了一个很厉害的作家。

我们讨论两个问题。第一个，海明威说过，一个人要有非常不幸的、不快乐的童年，他才能成为一个作家。为什么有比较不快乐的童年的人，会成为一个作家？我自己其实童年也是很不快乐，不知道你有没有这种感受：我们如果玩得很开心的话，其实回到家之后，我们是不想把它写下来的，只会觉得玩得很开心很累，就想赶紧睡一觉。但是当我们很难过的时候，会很想写东西？痛苦是人很大的一个创作源泉，一个拥有不快乐的童年的人，可能成为一个作家。

第二个问题，给大家两种选择，一种是快乐的童年，但是你会成为一个普通人；另外一种是不快乐的童年，但是你会成为一个作家。你们会怎么选？

这个问题是没有正确答案的，不是说哪种更好，童年只有一次，人生只有一次，当你选择一种过法的时候，就意味着没有后悔的机会，没有第二种选择。无论是快乐的童年，还是不快乐的童年，快乐的人生还是不快乐的人生，你都要把它走完。

接下来大家要完成一个任务，拍三张照片，这三张照片就代表了你理想当中的18岁。

周子新："大家好，我理想的18岁是做一位园艺师，因为我很容易发脾气，梳理树木会让我的心里觉得好一点，不会这么容易发脾气。这幅照片是一些荷花，然后这些荷花漂在水面，很有风度。我希望我是一位独一无二的园艺师，还有我的作品也是独一无二的作品。"

梁泳禧："18岁的时候，我想做一位摄影师，我的第一幅图就是一个摄影师，可以看到他用的相机很专业。第二幅就是我照的一些荷花，虽然你看到它是很小的，可是它的花也很生动。我想我的作品跟荷花一样生动，还可以配一些很漂亮的植物来布置周围的背景，然后照出来就会很漂亮。"

王佳谦："我18岁的时候，我想先开一间卖食物的店，好像星巴克那么有名。然后我也想做一个篮球运动员，在我离开香港到美国打篮球之前，我会找一个信任的人把我做的咖啡店接手。之后我会到美国打篮球，赚了很多钱之后，就会从美国回到香港，然后建一座园林，然后再建一间豪宅，给我的妈妈。就是好像这一幅照片一样，有很多树，还有一座很美丽的园林。"

为什么让你们拍自己的18岁？因为你只有认识自己，才能成为自己。

我们每一个人都需要成为自己，你们还有很长的路要走，在这个过程中，会经历很多很多，你们可能会讨厌自己，会骄傲，会自卑。你会想要改变，也会发现改变不了，会发现对未来很迷惘，也会对未来充满了憧憬，会经历很多很多次自我动摇。但是每一次的经历，你们都会对自己的认识更深一步，更可能成为自

户外课设在香港大学的校园内。1939年，张爱玲到香港大学文学院求学，她的文学之路就此开启。

己，成为理想中的自己。你们拍的照片，我希望你们保留到自己18岁的时候，看一下这个照片是否还是你们想成为的样子。

<h2 style="text-align:center">结课八分钟</h2>

到底是"认识自己比认识别人容易"，还是"认识自己比认识别人难"？其实这是一个永恒的问题，同一件事，可以有不同的看法。

我小时候，作文经常不及格，因为老师要么觉得我写太多了，要么写离题了，但今天我成了一个作家。就算老师他给我判零分，也是没用的，因为我内心知道我没有离题，我知道自己是一个作家。所以人对自己的认知是非常重要，有的时候别人认识我是一个什么样的，但是和我的自我认知是不一样的。到底是认识自己比认识别人容易，还是认识自己比认识别人难，这道问题是没有答案的，是需要大家一辈子来讨论的。也认真想一想今天你们说的话，18岁的你们，28岁的你们，会不会依然同意。

给大家讲一个故事：有一天，有一条小鱼很开心地在水里游啊游啊游，然后对面游来了一条年纪大的鱼，大鱼就对这条小鱼说话。就像我们平时跟人打招呼，会问天气怎么样，这条年纪大的鱼，问这条小鱼说，水怎么样？小鱼没有答话，然后那条大鱼就游走了。小鱼继续游呀游呀游，游了很久之后，它才忍不住想，水是什么？为什么小鱼不知道水是什么？因为它每天生活在水里，感觉不到水的存在，意识不到。就像我们每天的生活一样，我们生活在家庭里、学校里，每天见到父母、同学和老师，这些人对我们来说是很熟悉的，但是我们真的认识他们吗？

鱼认识水就像我们去认识别人一样，我们认识别人，不是对别人说：你好，谢谢，对不起。而是真的去关心别人，去了解他的未知的一面，不以自己为中心把他当作和我一样复杂的个体、多面的个体去了解，就像鱼要认识水。当我们真正地去认识别人、关心别人的时候，才是真正的自由、真正的教育、真正的智慧。认识别人是一件很难很难的事情，但是我们要坚持认识别人，了解别人。

接下来我要讲认识自己。

大家想象一下我们现在正在大海上，这条船不停地在大海里面航行。风浪很大，海浪会不停地腐蚀木头，这个船是用木头做的，然后这个木头今天有个零件坏了，明天另外一个零件坏了。我们为了不让船沉，就要把坏掉的零件换掉，要不断地去换，今天换这个，明天换那个。直到有一天，所有的零件都换过了。请问，这条船还是不是原来的那条船？这是历史上非常有名的一道哲学辩题，这个问题困扰了大家几千年，这条船叫忒修斯之船。

思考另一个问题：我们每天细胞都在新陈代谢，一个科学研究会表明，大概每隔七年，我们人体大部分的细胞，会全部换一遍。那么，我还是原来的我吗？

这些问题都没有答案，有些人会觉得我还是原来的我，有些人会觉得我不是原来的我。我们经常听到一些话：我成了我讨厌的人。这时候，他就已经不是自己了。但有些人觉得，我还是原来的自己。这就像这条忒修斯之船，即使更换再多的零件，依然是朝着同一个方向航行，还是那条船。再比如我，正是因为我每天都在写日记，写文章，记录自己的变化，我知道自己跟原来的哪一点不同了，哪一点还在。

通过每天的记录，我在锻炼一个能力。这个能力是什么？

就是诚实地面对自己的能力。很多人会觉得，这是一个勇气的问题，对不对？比如不小心打碎了一个杯子，要不要诚实地对妈妈承认，这好像是一个勇气的问题。

其实能不能诚实地面对自己，是一个能力的问题。现在的你们，也许可以坦荡地承认自己的缺点，但到了18岁，到了28岁的时候，你可能就不愿意承认，或者接受不了自己不好的一面。随着年纪越来越大，一个人诚实地面对自己的能力，就变得越来越差，而这个能力是需要我们每天都去锻炼的。我希望你们到了18岁、28岁、38岁的时候，你们依然有诚实的面对自己的能力，因为你只有诚实地面对自己，你才能真正成为最好的自己。

最后一课是一场辩论赛。
正方观点是"认识自己比认识别人容易"，反方观点是"认识自己比认识别人难"。

这堂课只是开始，从今天往后你们有很长的路要走。你们要不断地认识自己，同时也要不断地去认识和关心别人，这是一条一生都要走的路。我希望你们这条路走得非常快乐，非常自由。

上课记

年少成名，7岁开始写作，9岁出书，12岁开设媒体专栏，微博上坐拥700万粉丝……在过去20多年里，蒋方舟是大众眼中的"天才"。但在她看来，都是少年写作和成名的苦果：读书时，被同学孤立；成年后，被大众质疑江郎才尽。"天才"的标签，成了束缚。

小孩适合看张爱玲吗

蒋方舟说，张爱玲的文字贯穿了她至今的整个人生成长历程。

从7岁捧起《倾城之恋》开始，蒋方舟无论到哪，枕边、手旁，都会放着张爱玲的书，反复看，偶尔翻翻，才会安心。

20岁出头的蒋方舟，给张爱玲写了一封信："你遇到胡兰成时23岁，我遇到你时7岁，如今也快23岁了。先是看你的文章，然后研究你的人生，时而背离，时而叛逃，时而万有引力一般地靠近你的人生。"蒋方舟把自己定义为"张粉"，她把非常多的自己投射在张爱玲身上，"这两条轨迹有相符合的那个路径在，她的生活跟我的生活有一种共同的起伏。"对她而言，张爱玲的迷人之处不仅仅是其文学作品，还有她的人生经历带给人的唏嘘、同情与遗憾。

她第一次读《天才梦》，像是看到了自己："我当时觉得，这个女孩很像我，觉得自己人生当中一切不合理的事情都变得合理了。"

为了给小学生讲好张爱玲，蒋方舟专程去拜访了张爱玲遗产继承人宋以朗。在宋以朗家中，蒋方舟看见了张爱玲的学生证及成绩单、各种不常见的照片，更重要的是张爱玲的手稿……很多对于张爱玲的疑问，也都得到了解答。

蒋方舟："张爱玲她本人性格是什么样，是很多话呢，还是活泼呢？"宋以朗回忆自己七八岁时见到的张爱玲："她不会逗小孩的。她会观察小孩做什么。"宋以朗把童年时期的张爱玲比喻成"小间谍"："她是一个小孩，她其实有很多东西都是不懂的，她是在猜、在试探，要猜那些大人他们的要求是什么，比如说，大人们问她，你喜欢妈妈，还是姑姑，她要猜大人想要听到什么。"

在这里，蒋方舟确认了一件事情：香港大学对张爱玲来说非常重要，在这里她举目无亲，又不懂得粤语，没有一个朋友，又遇到了战争，这才让张爱玲义无反顾地只有写作。

宋以朗拿出《小团圆》手稿，是张爱玲誊写后的版本，但依然布满了补丁："这是影印版，原版藏在……"

"不要说藏在哪儿，怕别人去找。"蒋方舟打断了宋以朗，像是小心翼翼地守护着偶像的所有物。

在宋以朗的理解里，《小团圆》的开头是讲张爱玲在港大的时候，大考之前的心情非常惨淡。当时还是战争时期，晚上炸弹掉下来了，张爱玲发现她自己身边一个可以倾诉、亲近的人都没有。这让张爱玲反思，我为什么会这样子，所以她在《小团圆》里，从大学回溯到自己童年的时候。

宋以朗的思路给了蒋方舟很大的启发："我一直相信，你现在发生的一切，其实都可以在你童年的某段经历里去找到一个解释。所以我希望用这种情境设置和回溯童年的方式去讲张爱玲。"

张爱玲的香港岁月缘

1939年，张爱玲到香港大学文学院求学，她的文学之路就此开启。张爱玲参加杂志社的征文比赛，凭《天才梦》拿奖。

优异的成绩和良好的住所，却并不能消解张爱玲内心的孤独。她曾在作品中描述过这样的场景：战时，一个炸弹在她住处的街对面爆炸，她死里逃生。她想到"差点炸死了，却没人可告诉，若有所失"。

1941年12月，日军占领香港。1942年，张爱玲不得不中断学业，回到上海。

从香港返沪后的两年是张爱玲创作的高峰，在香港生活带给她的冲击与启发，为她之后的创作积累了重要的素材和资源。《沉香屑·第一炉香》《沉香屑·第二炉香》《茉莉香片》《倾城之恋》……她两年间发表的8篇小说，竟有一半关于香港。而《倾城之恋》更成为她短篇小说的代表作。

1952年，32岁的张爱玲再次来港。彼时彼刻，她已经由一个女学生成为一位享有盛名的女作家。那张身着旗袍、在香港拍下的照片成为张爱玲流传最广的一张照片。

蒋方舟想给香港大学同学会小学的孩子们讲张爱玲的《天才梦》，还真的是件难事。虽然张爱玲在香港留下了很多著作，但这里的孩子并不熟悉。港大同学会小学创校于2002年，是港岛东区的名校，申请入学率不到3%。这次上课的班级是五年级，五年

上课前蒋方舟拜访张爱玲研究专家宋以朗，看到了张爱玲的珍贵手稿、学生证、成绩单和许多罕见照片。

级的学生在中文组组长陈美珠老师的眼中，是最"让人头疼"的一群。这个年纪学生的特点，是对外部世界有了自己的理解，对各种未知充满了好奇，每天要问好多个"为什么"。

认识自己

张爱玲写的《天才梦》，一方面让人看到了她的天才，一方面又让人看到了她的怪异。蒋方舟带着学生们从认识自己的两面性开始，导入到了"认识自己"这个可以简单也可以深奥的哲学命题。

第一课，便是完成一道填空题，"我是一个_____的人"。

而学生们的答案跟蒋方舟的预期完全不同，她以为学生们都会写比较正面的评价，比如很乖的人，很听话的。但香港的孩子们给出了他们不同的回答，"我是一个被人讨好的人""我是一个很爱发脾气的人""我是一个很像李宗伟的人，老是第二""我是一个自作聪明、有妒心、贪吃的人。""我是一个独一无二的人"。香港小孩的活泼开朗，喜欢什么就表达什么的个性让蒋方舟很意外，也很招架不住。"有一个学生给自己的全是负面的评价，他说自己是一个自作聪明的、嫉妒心很强的小孩。我觉得这个还挺让人惊讶的。因为我觉得一个人，包括我自己其实不愿意承认自己嫉妒心强，但是他能意识承认这一点，接纳自己的这一点，我还是挺惊讶的。"

第一堂课就远远超出了蒋方舟的想象。

但给蒋方舟留下最深印象的，却是把自己评价为"我是一个无所谓的人"的王佳谦。

她问王佳谦，你对什么东西都无所谓吗？旁边的同学们都抢着回答：是的，他对成绩也无所谓，对吃什么东西、喝什么东西无所谓，对别人批评他也无所谓。

在第一天天的课堂中，蒋方舟给同学们发礼物，礼物已经被挑得差不多了，蒋方舟给了王佳谦一个被挑剩的小橡皮。王佳谦开开心心地拿了，没有像其他同学一样，拿到自己不满意的礼物然后要换。

王佳谦只对一个事情"有所谓"：如果一周不拿到篮球就会疯。

"有的时候也是你对一件事情太有所谓了，所以其他的事情都显得没有那么重要。"蒋方舟说，文学占据了她生活中大部分的位置，所以她对其他事情也无所谓，除了文学。看见王佳谦跟自己一样，她觉得特别有意思。

王佳谦的特质，每一天都有不同的闪光点吸引着蒋方舟。

第二天的课堂上，学生们讲述自己父母的18岁。"无所谓"的王佳谦，拿出一个小本子，是他采访妈妈的记录，整整齐齐地记下了妈妈读什么学校，学校里有什么样的人，学校长什么样。

一个自称"无所谓"的人，对待作业如此认真，又给了蒋方舟一次意外的收获。

最后的结课上，蒋方舟希望学生们能一直诚实面对自己，因为只有诚实面对自己，才能真正成为最好的自己。

端午的鸭蛋　汪曾祺

代课老师　陈晓卿
上课地点　广西龙胜县小寨希望小学

端午的鸭蛋

汪曾祺 [①]

家乡的端午，很多风俗和外地一样。系百索子。五色的丝线拧成小绳，系在手腕上。丝线是掉色的，洗脸时沾了水，手腕上就印得红一道绿一道的。做香角子。丝线缠成小粽子，里头装了香面，一个一个串起来，挂在帐钩上。贴五毒。红纸剪成五毒，贴在门槛上。贴符。这符是城隍庙送来的。城隍庙的老道士还是我的寄名干爹，他每年端午节前就派小道士送符来，还有两把小纸扇。符送来了，就贴在堂屋的门楣上。一尺来长的黄色、蓝色的纸条，上面用朱笔画些莫名其妙的道道，这就能辟邪吗？喝雄黄酒。用酒和的雄黄在孩子的额头上画一个王字，这是很多地方都有的。有一个风俗不知别处有不：放黄烟子。黄烟子是大小如北方的麻雷子的炮仗，只是里面灌的不是硝药，而是雄黄。点着后不响，只是冒出一股黄烟，能冒好一会。把点着的黄烟子丢在橱柜下面，说是可以熏五毒。小孩子点了黄烟子，常把它的一头抵在板壁上写虎字。写黄烟虎字笔画不能断，所以我们那里的孩子都会写草书的"一笔虎"。还有一个风俗，是端午节的午饭要吃"十二红"，就是十二道红颜色的菜。十二红里我只记得有炒红苋菜、油爆虾、咸鸭蛋，其余的都记不清，数不出了。也许十二红只是一个名目，不一定真凑足十二样。不过午饭的菜都是红的，这一点是我没有记错的，而且，苋菜、虾、鸭蛋，一定是有的。这三样，在我的家乡，都不贵，多数人家是吃得起的。

---

① 文章选自《汪曾祺全集》。汪曾祺（1920—1997），江苏高邮人，作家。

我的家乡是水乡。出鸭。高邮大麻鸭是著名的鸭种。鸭多，鸭蛋也多。高邮人也善于腌鸭蛋。高邮咸鸭蛋于是出了名。我在苏南、浙江，每逢有人问起我的籍贯，回答之后，对方就会肃然起敬："哦！你们那里出咸鸭蛋！"上海的卖腌腊的店铺里也卖咸鸭蛋，必用纸条特别标明："高邮咸蛋"。高邮还出双黄鸭蛋。别处鸭蛋也偶有双黄的，但不如高邮的多，可以成批输出。双黄鸭蛋味道其实无特别处。还不就是个鸭蛋！只是切开之后，里面圆圆的两个黄，使人惊奇不已。我对异乡人称道高邮鸭蛋，是不大高兴的，好像我们那穷地方就出鸭蛋似的！不过高邮的咸鸭蛋，确实是好，我走的地方不少，所食鸭蛋多矣，但和我家乡的完全不能相比！曾经沧海难为水，他乡咸鸭蛋，我实在瞧不上。袁枚的《随园食单·小菜单》有"腌蛋"一条。袁子才这个人我不喜欢，他的《食单》好些菜的做法是听来的，他自己并不会做菜。但是《腌蛋》这一条我看后却觉得很亲切，而且"与有荣焉"。文不长，录如下：

　　腌蛋以高邮为佳，颜色细而油多，高文端公最喜食之。席间，先夹取以敬客，放盘中。总宜切开带壳，黄白兼用；不可存黄去白，使味不全，油亦走散。

　　高邮咸蛋的特点是质细而油多。蛋白柔嫩，不似别处的发干、发粉，入口如嚼石灰。油多尤为别处所不及。鸭蛋的吃法，如袁子才所说，带壳切开，是一种，那是席间待客的办法。平常食用，一般都是敲破"空头"用筷子挖着吃。筷子头一扎下去，吱——红油就冒出来了。高邮咸蛋的黄是通红的。苏北有一道名菜，叫做"朱砂豆腐"，就是用高邮鸭蛋黄炒的豆腐。我在北京吃的咸鸭蛋，蛋黄是浅黄色的，这叫什么咸鸭蛋呢！

端午节，我们那里的孩子兴挂"鸭蛋络子"。头一天，就由姑姑或姐姐用彩色丝线打好了络子。端午一早，鸭蛋煮熟了，由孩子自己去挑一个，鸭蛋有什么可挑的呢？有！一要挑淡青壳的。鸭蛋壳有白的和淡青的两种。二要挑形状好看的。别说鸭蛋都是一样的，细看却不同。有的样子蠢，有的秀气。挑好了，装在络子里，挂在大襟的纽扣上。这有什么好看呢？然而它是孩子心爱的饰物。鸭蛋络子挂了多半天，什么时候孩子一高兴，就把络子里的鸭蛋掏出来，吃了。端午的鸭蛋，新腌不久，只有一点淡淡的咸味，白嘴吃也可以。

孩子吃鸭蛋是很小心的。除了敲去空头，不把蛋壳碰破。蛋黄蛋白吃光了，用清水把鸭蛋壳里面洗净，晚上捉了萤火虫来，装在蛋壳里，空头的地方糊一层薄罗。萤火虫在鸭蛋壳里一闪一闪地亮，好看极了！

小时读囊萤映雪故事，觉得东晋的车胤用练囊盛了几十只萤火虫，照了读书，还不如用鸭蛋壳来装萤火虫。不过用萤火虫照亮来读书，而且一夜读到天亮，这能行吗？车胤读的是手写的卷子，字大，若是读现在的新五号字，大概是不行的。

讲堂录

我叫陈晓卿，一个纪录片导演。

25年前，我在中央电视台工作，有个桂林电视台的朋友叫杨小肃，他希望我在广西和他一起拍一个叫《梯田上的学堂》的纪录片。

我当时非常高兴。第一次来拍摄，我到的是平安寨，离这里大概有十多公里。

那一天，一个特别意外的想法，让我往大山里继续走，走了大概六七个小时，我到了你们的邻村大寨。

当时，小寨小学的几个老师听到消息，就到大寨来找我。我记得非常清楚，一个叫黄翠凤的老师从口袋里拿出了一张纸条，说，亲爱的领导和同志们……然后她就说不下去话了，她就哭了。

那时的小寨和今天的小寨相比，非常不同。当时有很多小朋友读不起书。

我强打着精神，从大寨往小寨走了大概半个小时，越过山包的时候，我看到了小寨——多么美的一个山村，村口的大树插在云朵里面，我想，这真是一个仙境啊！

到小寨后，我住了一晚，见了很多特别想读书的小朋友。

我还看到小寨小学。那是20世纪30年代，一对清华毕业生来这儿修建的学校，它有着非常厚重的历史。我非常喜欢这个学校。

当时，这个学校只有72个学生、5位老师。我们在这儿一工作，就是整整半年。我们在小寨拍摄了一部纪录片叫《龙脊》。这是我和小寨最初的渊源。

大概十年前，我开始拍摄美食纪录片。很多观众因此认识了我，把我说成一个吃货。

当然，我的体型和我当年来小寨拍摄时，已经完全不一样了。那时候我大概只有54公斤，现在是85公斤，整整涨了30公斤。

当然，我也的确因为工作，吃了很多好吃的，了解了很多跟美食相关的艺术家、摄影家、作家。

今天，我重回小寨给同学们上课，特别想给大家介绍一位爱吃的作家。这个作家，是一个非常可爱的老头，他叫汪曾祺。

他写的这篇文章，叫作《端午的鸭蛋》。

第一课　汪曾祺是个有趣的老头

汪曾祺是江苏高邮人。他年轻时，正好遇到日本侵略中国，他一边逃难，一边求学。

从西南联大毕业后，他在昆明和上海都教过书。在北京故宫博物院工作过，到河北张家口的农机站做过农科员。他也是一个编剧。

退休后，他才开始从事写作，写下了大量有关食物的优美文字。

我在从事美食工作的过程当中，不仅拍片，也写文章。汪先生的文风对我的影响非常大。

我特别喜欢他的文字，大概就三点：

第一，我们的家乡离得不算太远，走高速公路，大概只有不到三个小时。

第二，我特别钦佩汪先生的乐观、执着。

第三，汪先生的文字确实特别特别美好。

汪曾祺的故乡在高邮。

高邮，是江苏省扬州市旁边的一个小县城。全国以"邮"字为地名的，只高邮一县。

秦始皇曾经在这里的高处建邮亭，把这里作为送邮件的一处重要驿站。驿站是什么呢？就是古代送信的地方。因为高邮是秦代建成的，所以又名"秦邮"。

高邮有两个特别有名的文人，一个叫秦少游，也叫秦观，是个宋代的诗人，喜欢写男男女女谈恋爱的事；另外一个，就是现代文人汪曾祺，经常写一些吃吃喝喝的文字。

第二课　高邮咸鸭蛋为什么好吃

汪曾祺的文章里说了，高邮盛产双黄蛋，也就是一只蛋里有两个蛋黄。鸭生双黄，那是因为这里的食料好，鸭的体格肥壮，可以连续排卵，形成双黄，甚至三黄。

高邮人浪漫化了这种双黄蛋，他们认为，双黄一个代表太阳，一个代表月亮。

接下来，我们就读着汪曾祺写咸鸭蛋的这一段课文，吃着我专门从高邮买来的咸鸭蛋。这样可以更加感受到，汪曾祺是怎么一步步描写这个咸鸭蛋的——

颜色——红油、通红的蛋黄、淡青的蛋壳。

口感——质细而油多、蛋白柔嫩。

形状——有的样子蠢，有的秀气。

味道——一点淡淡的咸味。

汪曾祺在这里写到了袁枚和他的《随园食单》。袁枚是谁呢？

清代的一个诗人、散文家。袁枚也叫袁子才，子才是他的字。

康熙年间，袁枚辞官隐居，购置了一个园林，叫随园。所以他晚年时，又自称随园老人。

袁枚是个大美食家，他最著名的书就是《随园食单》，包罗了当时中国几乎所有的菜。他四处游玩时，碰到美食就记菜谱。只是爱吃，又不会做怎么办？派厨师到处去参观学习。

咸蛋这么好吃，怎么做的呢？

普通的腌咸蛋，是用一个坛子放上盐水，把蛋泡在里面，十几天之后就可以吃到咸蛋。我们肉眼看到的蛋壳是密封的，实际上它有非常多的孔隙，盐是可以进去的。这是水腌咸蛋法。

为了上好这堂课，陈晓卿老师托人专门从高邮寄来了咸鸭蛋。

但高邮人腌咸蛋不一样。他们用盐水来和泥巴，然后用泥巴把蛋包起来，再滚上稻草，放到坛子里。为什么要滚稻草呢？防止它碰撞碎裂，用来减震。

用泥巴做咸蛋和用盐水做咸蛋，最大的不同在哪里呢？用泥巴腌，时间要更长，盐渗出得要慢一些，所以蛋白不会特别咸。而且这样腌出来的咸蛋，油脂特别丰富。

汪曾祺写故乡的鸭蛋，很骄傲："高邮的咸鸭蛋，确实是好，我走的地方不少，所食鸭蛋多矣，但和我家乡的完全不能相比！"他还拿北京的鸭蛋做对比："我在北京吃的咸鸭蛋，蛋黄是浅黄色的，这叫什么咸鸭蛋呢！"

人到了一定岁数，就会越来越喜欢自己的家乡。我们看看这个"乡"字里面有什么奥妙。

"乡"字的甲骨文，中间这部分像不像在桌子上放了一个盒子？古代的食物都是用食盒——簋，装着的，左右两边各有一个"张大嘴的人，围着食盒在吃东西"。这就是乡，有吃的的地方，就叫乡。

家乡和故乡有什么区别呢？

小寨现在是你们的家乡，将来你们去了纽约、巴黎、东京、北京、上海，小寨就成了你们的故乡了。

家乡除了有好吃的食物，还有什么？动听的语言。

"乡"字的甲骨文、繁体、简体对比图

我们小寨是不是说瑶族话的？喊邻居去自己家吃饭，"波边拿啊（音）"。我以前也会讲的，喝酒是he diu。现在我老了，慢慢地忘了。但是我能记住我们家乡的话。

家乡的方言，是中国语言中非常重要的组成部分，我希望你们不论长多大，不论去哪里，都不会忘记它们。

我也希望大家能够注意、观察到家乡美好的细节。将来，随着你的年龄不断增长，这些记忆会越来越深刻，你会越来越离不开这个地方，它也会在你的心里，变得越来越重。

第三课　人类历史上的四顿饭

今天的户外课，老师要和你们讲一讲，改变人类的四顿饭。

改变人类的第一顿饭，从我们现在烤这条鱼开始。

今天的鱼肯定不是最美味的鱼，大家吃上去可能还会觉得腥。但我想让大家知道，我们的祖先曾经就是这样，先去捉鱼，然后把它烤来吃。

在烤的过程当中最重要的是什么呢？

火。

如果没有火，人类就会跟大猩猩一样，是类人猿。正是因为人掌握了火，能够吃烧好的、烧熟的东西，人才变成了人。大猩猩每天有16个小时都在吃东西，为什么要吃那么多呢？因为它吃的是生的，不能吸收。

人类发明了火之后呢，吃的东西就能吸收了。

慢慢地，我们人类吃了能吸收的东西，我们开始进化，胃变得越来越小。大猩猩的胃是我们的四倍，但是它们的脑子只有我们四分之一大。所以它们还是动物，而人类成了星球的主宰。

火改变了人类的进化，火让我们的食物变得味美。

我们本来吃得不香的东西，放在火上烤一烤，就变得很香，这叫美拉德反应。这是1912年法国的一个科学家发现的。

所以，火是人类文明历程中，最最重要的一个发现。

改变人类的第二顿饭是什么呢？我想问，大家有没有吃过发酵的食物？

对，馒头。

馒头本来是小小的，但是把发酵粉放在里面，它就变得胀胀的。这是一种发酵。

还有的时候，我们会把食物放在水里，让它自然发酵，比如泡菜，这也是一种发酵。

有人说发酵是人类仅次于火的伟大发现。发酵可以刺激我们的肠胃，帮助我们消化，让我们能够吃起来有味道，同时又能帮助我们更好地获取能量。

其实发酵还有一个作用，我们好多东西保存不下来，放着放着就坏了，怎么办呢？就用盐来腌它。它就可以保存的时间更久。

我现在要带大家认识一个字：薤。

薤头，是中国古代用得最早的调料。我们知道辣椒是调料，蒜是调料，还有葱也是调料。薤头呢，是中国特别古老的调料。古代它叫这个字：薤（xiè）。

大概二千多年前的中国文字里，就有记载，比如说怎么来做猪肉，叫"春用韭，秋用蓼"，还有"脂用葱，膏用薤"。

现在，我们要在这片高高的稻田里，讲讲改变人类的第三顿饭：种植。

大家平时都见过爸爸妈妈种水稻。种稻分几个步骤？

水稻生长有几个步骤？

先是稻谷的插秧。

插秧了之后它要生长，叫拔节。

拔节后要抽穗，稻穗就是秧苗上那一粒一粒的。

接下来要扬花，它要生宝宝了。

再接下来，叫灌浆，稻谷在里面慢慢地鼓起来。然后等它彻底成熟了，我们才能收割。

火的使用是人类文明伟大的一顿饭。
陈晓卿老师试图用烤鱼的方式让学生们了解火对人类文明的重要性。但是学生们说，不好吃。

一粒水稻要经历特别漫长的时间，才能到我们的饭碗里。所以我们总会说"一粥一饭当思来之不易"。也就是说，无论一碗粥，还是一碗饭，要知道得到它并不容易，大家要珍惜粮食。

我们龙脊最著名的是梯田。梯田上的水稻，相比其他地方水稻的耕种，更是不易。

我们刚才在山上看到了墓碑，墓碑上写着小寨村的祖先是从哪里来的？是从山东一路迁徙来的。几百年的时间，小寨的祖先们慢慢走到了这个地方，驻扎下来，然后在山上开垦梯田，从底下一直开到最顶上。

这些梯田要大家齐心协力才能修。而且在修梯田的时候，大家必须听一个人的指挥，才能把它修得这么好。

在中国，大部分人吃谷物。吃谷物的民族有一个特点：团结。中国经历了漫长的农业社会，和很多国外的民族相比，中国的各个民族、各个家庭之间的确更团结。大家往往会往同一个方向去用力，会让一件事情做得更快，也会让大家获得的东西更平均。中国之所以有今天这个样子，就是因为大家团结。

中国以前是没有红薯、玉米、西红柿这些食物的。这些食物是谁带来的呢？哥伦布。

哥伦布物种大交换，这是改变人类的第四顿饭。

哥伦布一直跟西班牙的国王说，他要去探险。中世纪的欧洲人要吃东方的很多香料，比如花椒、胡椒……但从东方进口这些香料，路途遥远，运费贵。哥伦布说我们别往东方走，我们往西方走，也可以到印度，也能找到香料。

后来他就去了，他和他的船队发现了新大陆，就是美洲。他们以为那就是印度，其实后来大家知道，那是美洲，是另外一个大洲。那里有很多新鲜的物种，比如土豆、玉米、红薯、西红柿。

西红柿刚被带到欧洲的时候，欧洲人不敢吃，觉得可能有毒，后来欧洲人又觉得它是药，再后来，他们又觉得它很好看，把它当作观赏植物种植。

到了 17 世纪，意大利人和西班牙人才开始吃西红柿。中国开始吃西红柿，可能只有 300 年的时间，是传教士带到中国来的。

哥伦布带来的这些食物，对我们有什么影响呢？不要小看这些东西。

譬如辣椒。中国是最会做辣的国家之一，但是在物种大交换前，中国没有辣椒。

辣椒原产在加勒比海，美国的南边，最早的辣椒来自墨西哥。哥伦布把辣椒带到了欧洲，明朝末年，辣椒从海上丝绸之路被带到中国。一开始，中国人都把辣椒当药，后来才慢慢开始吃。

没有辣椒的时候，中国人怎么吃辣？用姜，用酱菜，用大蒜。还有一种——大家有没有学过《九月九日忆山东兄弟》？

"独在异乡为异客，每逢佳节倍思亲。遥知兄弟登高处，遍插茱萸少一人。"这首诗里提到的茱萸，也是有辣味的。

物种交换以后，全世界的辣椒就有了很多品种，有黄色的、橙色的、上黄下绿的……味道也各有不同，我吃过一种非常好吃的辣椒，就是你们龙脊的线椒，很长很长的。

以前的人为了让大家吃饭吃得更多，是把辣椒当盐的。

辣味其实不是一种味道，是一种触觉、疼痛感——把你舌头灼伤的疼痛感。

关于辣度，还有专属的单位名称，叫史高维尔。什么意思呢？你给一斤辣椒掺很多固定甜度的糖水，比如掺到5000斤，它

"中国以前是没有玉米和红薯的"，陈晓卿老师在餐桌上给学生讲物种大交换。

才变得没有味，那这个辣椒的辣度就是5000史高维尔。前几年有一个统计，世界上最辣的辣椒，叫卡罗莱纳死神椒，也叫地狱烈火。它的辣度是220万史高维尔。

我见过一种很辣的辣椒，叫哈巴内罗，是古巴的辣椒。这种辣椒卖的时候要跟顾客签一个生死协议，你买回去要是用多了辣死了，跟卖家没关系。

辣椒会产生灼痛感，但吃下辣椒，会分泌多巴胺。多巴胺会给大脑提供一个错误信息，说你很快乐。

所以，吃辣椒使人快乐。

物种大交换更重要的作用是什么呢？饱腹。

比如红薯，它最早生长在南美洲的秘鲁。红薯的特点是，一根藤埋下去，它就可以长，就可以发芽，它的适应能力特别强，比水稻好种得多。

我们来计算一下，16世纪的时候，整个中国只有1.4亿人口，因为哥伦布发现了红薯、土豆这些更易种植的食材，传入中国，大家就吃得饱了。200年后，中国的人口涨到了4亿人，家家户户都饿不死了。

所以，这是影响了我们人类历史的第四顿饭。

结课八分钟

这两天，我请同学们品尝了一种食物，一种来自1000多公里之外的食物——高邮咸鸭蛋。

我们通过学习，了解了一位作家，他叫汪曾祺。

汪曾祺爷爷是一个特别可爱的老头，他用特别幽默的语言讲述家乡的食物和自己的童年。更重要的，他讲了对故乡的感情，他特别热爱自己的故乡。

我们认识了一个甲骨文，它是两个人张着大嘴，吃好吃的，这个字叫"乡"。这就是家乡的乡。

我给大家布置了作业：在自己的家乡寻找美味，把它们用相机记录下来。

我们上了四节户外课，我们去采摘了很多食物，这些食物有我们本地的，也有外国传到中国的，比如说辣椒和玉米，还有红薯。

我们生了火，火把食物烤熟了，我们吃了烤鱼，烤红薯。

我们还学了一节课叫"发酵"。我们看了酸蒌头，观察了它腌之前和腌之后的样子。

最后，我们去看了最美丽的小寨梯田的水稻。

水稻很难种，我们要共同修筑很多水利设施，因此我们的民族特别团结。这些，都成就了我们故乡的美好。

其实一个人的胃口，是在小时候就奠定的，小时候爱吃什么，你长大了依然爱吃什么，这是一个特别奇妙的现象。

长大了，你走过很多地方，才会知道，最好的味道，就是妈妈灶台边的味道，就是在你成长过程中，所熟悉的那种味道。在你第一次离乡远去的时候，吃到陌生的食物，你的肠胃会发脾气，你会吃不惯。

不过汪曾祺爷爷专门说过一句话。他说，人的口味要宽一点、杂一点，这样我们才能更加了解外面的世界，我们才能更好地知道其他地方也有美味。

那我刚说的这两段话，是不是互相矛盾呢？

其实不矛盾的。

我们往往能够通过一个食物去了解这个世界的广阔。比如说，我们通过四顿饭，就能看到人类浩瀚的历史。同时，从食物里，我们也知道地理——太平洋的对岸，才是玉米的故乡；南美洲才是红薯的发源地；北方人爱吃面，南方人爱吃米。我们通过食物，能够了解地理，同时也能够了解很多地方不同的习俗。

我一直喜欢说一句话，吃百家饭，行千里路，读万卷书。什么意思呢？

当我们吃了很多很多饭菜的时候，就相当于我们去了很远很远的地方。当我们吃了很多很多不同种类的食物时，就相当于我们读了很多很多的书。我们对这个世界会更加了解，我们会更有学问。但是这些，都不影响我们记忆中最初的那个味道——妈妈的味道、家乡的味道。

所以，大家以后千万别小看自己吃的东西。

我1994年第一次来到小寨，到现在25年了。这之间，我来过大概七八次，每五年来一次。

每一次，我都能看到小寨的变化。它在一点点地变得更好，交通更好了，经济更好了，同学们都有学上了。但是同时，一些东西也在慢慢地消失。

你们可能是特别关键的一代人，你们知道小寨过去的历史，你们可能还要面对小寨的未来。我也希望你们能够快乐地成长，我也希望有一天你们自己坐着飞机、坐着火车，到北京去找我，给我打电话说："陈老师，我到北京了。"我会对你们说："来我家吃饭。"

大春老师说

汪曾祺写的文章都是很简单的，没有什么读不懂的地方，很多人说他写得好，有不一样的味道，好在哪里呢？

跟咸鸭蛋一样。咸鸭蛋看起来就是一个蛋，没什么滋味，越吃到里面，越咸。品味文章也是一样的，从外面到里面有很多层次。汪曾祺自己曾经打过一个比喻，说人家都说他的文章很平淡，可是在他写的时候，其实是琢磨了又琢磨的，就好像把面粉和水两样不相干的东西，不断地揉啊揉，让水进入面粉，也让面粉进入水。这是汪曾祺打腹稿的一个自我要求，反反复复地思考，如何遣词造句，如何让文章的字句、段落在最适当的情况下展开。

我们看《端午的鸭蛋》最后一段，他讲了一个车胤囊萤夜读的故事，完全离开了端午、高邮、咸鸭蛋，离开了讲吃的东西。这就叫"一笔宕开"——把不相关的事放在文章之中，或是文章的结尾，让这篇文章留下一个让人看起来朦朦胧胧、模模糊糊、若即若离、不即不离的尾巴。

看起来这是离题了、岔开了，可是不要忘记，只有离题万里之后留下来的余韵，才可以让我们感觉到，原来咸鸭蛋不只是咸鸭蛋，端午不只是端午，高邮也不只是高邮，所谓"舌尖上的滋味"，也不只是在舌尖上。

把汪先生这最后一段拿掉，你会觉得这个文章好像很完整、都合题，这才是标准的好文章，甚至你会觉得如果加上最后一段，拿去考试的话，考官一定会说你这一段是多余的废话。正因为不必应试，汪先生这些不合乎规范、不合乎尺度，或者略略有点调皮的文字，像灯台上的小老鼠一样，反而会给我们带来无比的惊喜。

上课记

"传承我们文化的，不仅仅是唐诗宋词、京剧昆曲，它还包括我们生活中的所有细节。从这个角度来说，美食不仅仅是文明的传承者，还是我们文明的书写者。"

陈晓卿导演最著名的作品是《舌尖上的中国》，但他最中意的作品不是。

他最中意的作品叫《龙脊》。25年前，陈晓卿去广西龙脊梯田待了半年，跟拍三个小孩子的上学生活。

那时候，孩子们都叫他陈叔叔。有时候也叫他黑叔叔，因为他面盘子黝黑。"黑叔叔"这个名号后来声名远播，至今，在北京的饭局上，朋友们都这么叫他。

半年后，陈晓卿团队从小寨离开，全村人把他们送到村口。村里人哭，陈晓卿也哭。

对龙脊人来讲，陈晓卿不是别人，是亲人。

2019年8月底，为《同一堂课》，陈晓卿再次重返龙脊。此时，当年的孩子已有了孩子，新一茬的孩子都叫他"陈晓卿爷爷"。

当年来龙脊小寨村，陈晓卿步行了六个小时，爬过了一个又一个山包。他至今记得自己第一次看到小寨时的景象：

"村口的大树插在云朵里面，我想，这真是一个仙境啊！"

这一次来小寨，他揣着心事：整整一年前（2018年9月底），在每年最热闹的黄金周到来前，龙脊突遇火灾。

大火烧掉了大半个寨子，包括当年陈晓卿和同事们亲自上手搭好了校舍和篮球场的小寨小学。

当年修小学的时候，陈晓卿听说，这所学校1930年左右就有。是一对清华大学的情侣来这里修建的。他们修好了学校，又支教了两年，从此小寨就有了学校。

陈晓卿这辈子和吃打交道。他回到龙脊，要给孩子们讲讲家乡的食物，讲讲龙脊的梯田。

正式给孩子们上课前，陈晓卿站在仍在修复中的小寨小学前，良久，一言不发。

美食导演的两次翻车

陈晓卿带给小寨孩子们的课文，是汪曾祺《端午的鸭蛋》。

作家里，陈晓卿爱看梁实秋、王世襄、唐鲁孙，但最爱还是汪曾祺。

因为他"干净""不卖关子"，"只记述美食，不讲道理"。

因为"汪先生做人有士大夫的特立独行气质，写文章更能把中国文字调动到极致又不做作"。

更重要的："汪曾祺是故乡离我最近的美食家，在饮食文字上可谓有着'故乡口味的即视感'。"

为了讲好《端午的鸭蛋》，陈晓卿特地托人在高邮买了一筐双黄咸鸭蛋，快递到北京，再从北京一路背到了龙脊。

让孩子们吃到正宗的高邮咸鸭蛋，陈晓卿觉得这件事非常重要：味觉是一个了不起的东西，它是我们人类认知世界的第一种感受。当我们还没有睁眼的时候，我们的口腔就有欲望。

我们想知道这个世界是什么样子的时候，我们都把它抓着往嘴里面放，这就是我们的口欲期。

实际上，味觉是人类认知这个世界最复杂的通道。味觉是不能复制的，每个人对味觉的感受其实也都是不同的。我费那么大劲从北京背着鸭蛋过来，实际上是让大家知道地球的滋味，要亲口尝一尝。

到了龙脊，陈晓卿亲自磨刀，要给孩子们切开这颗双黄咸鸭蛋。可手起刀落，演示却失败了——鸭蛋寄错了，寄来的鸭蛋是单黄的。

汪曾祺写："试问谁的童年没有这样一枚椭圆的鸭蛋，筷子头一扎下去，吱——红油就冒出来了。"

陈老师于是现场演示，给孩子们人手一蛋，让他们用筷子头扎下去，看着红油冒出来，然后巴巴地望着孩子们品尝——可7岁的潘秋豪舔了一下就直吐舌头："我不喜欢吃蛋。"

美食导演陈晓卿的第一堂美食课，就这样以失败告终。

他会在之后的课堂中挽回颜面吗？不会。

第二天的户外课，陈晓卿带着孩子们烤鱼。由于没有事先腌制，学生们几块鱼肉下肚，就纷纷大喊："不好吃！"一个个恨不得要吐出来。

美食演示失败，陈老师的户外课本身，却不简单。

这堂美食户外课分为四部分：第一课，捕鱼、烤鱼；第二课，拍摄小寨的腌菜；第三课，重新认识龙脊梯田；第四课，采摘土豆、红薯、玉米，讲解哥伦布物种大交换。

这不是简单的四节户外课，它们关联着人类食物的发展史。

捕鱼，是人类早期采集与狩猎活动的缩影。

烤鱼，意味着火的使用。有了火，人类从此吃上了熟食。

腌菜，是发酵的发明。发酵让食物更有味道，也让人类吃下的食物得以消化。

龙脊梯田，则代表着人类的耕作。有了耕作，人类不再迁徙，有了衣食丰足的可能。

哥伦布的环球旅行，带来全球物种大交换，从此，土豆、红薯、玉米这些易于耕种的植物才得以遍布世界，人类才得以不再挨饿。

最美的食物在父母的灶台边

陈晓卿讲《端午的鸭蛋》时，给孩子们讲了一个汉字：乡。陈晓卿把这个字解释为："两个人张着大嘴，围着吃好吃的，这就是乡。"

食物总是和家乡相关。"最美的食物在父母的灶台边。"这是陈晓卿最想告诉孩子们的道理。

这也是安徽人陈晓卿这些年来寄居北京的真实体验："我已经在北京居住了28年，但一直找不到味觉上的归属感。"

想家的时候，他总是先想起家乡的食物：蒸的水烙馍，放上

陈晓卿老师邀请了寨子里的"歌唱家"潘钱兰奶奶来课堂上唱瑶族山歌。

鸡蛋和蒜米；用鸡骨架或者羊骨熬的面糊汤，打上鸡蛋，加点胡椒。

重返龙脊，陈晓卿有许多欣喜，也有很多遗憾：村民们温饱无忧了，孩子们上得起学了，车子可以一直开到村口了，不用再步行六小时了。可是，房子越建越大了，当年仙境般的美景却黯淡了，节日气氛不再那么浓郁了，村里会唱瑶族小调的也变少了。

最难过的是，他发现小寨的孩子们，都更喜欢吃工业制造的火腿肠。他知道，他们长大之后，可能会受到更多诱惑，比如网红食物，比如"米其林"。但他特别遗憾：小寨这片土地上，有着本真的味道，有真正挨着土地的食物，而这些，恰好是都市人无缘享受的。

陈晓卿说："如今，我们甚至连旅游景点的特产都是统一从义乌批发的，在这样的大环境下，我就特别希望孩子们能够用方言、用食物，更加确切地记住自己的故乡。"

陈晓卿特别想讲给孩子们的，是关于龙脊梯田的故事。在他看来，种植的方式影响着一个民族的性格。而龙脊梯田，恰恰是一个典范。

我们是一个稻作民族，以种稻子为生。稻田需要灌溉，它和西方国家不需要水利灌溉条件的种植系统区别很大。

在龙脊，我们要修这个梯田，这是一个家族用几代人甚至十几代人才能一点点修筑起来的。那就必须有一个人在发指令，大家都往同一个方向努力，组织、分工都会特别清晰。甚至为了共同的目标，很多人要牺牲自己的个人利益。在西方的种植环境下，不需要这样的集体劳作，人相对来说独立性就会比较强。

有一句话，英国人叫"You are what you eat"，我们叫"一方水土一方人"，实际上就是说，每个地方都有不同的食物，而它们会塑造你。

有一句话，在陈晓卿的纪录片也说过：传承我们文化的，不仅仅是唐诗宋词、京剧昆曲，它还包括我们生活中的所有细节。从这个角度来说，美食不仅仅是文明的传承者，还是我们文明的书写者。

两天的美食课结束时，陈晓卿向孩子们告别。他用瑶族话说："欢迎来我家吃饭。"他说："如果将来你们去了，我希望你们可以找我。而我，会用五个字回答你们：来家里吃饭。"

他希望这些叫他"陈爷爷"的孩子长大成人、为人父母之后，还能够记得这两天课堂上自己讲给他们的话："永远朝着向上的方向，但从来不忘自己的来路。"

一滴水经过丽江　阿来

代课老师　阿来

上课地点　云南丽江市古城大研中心小学

一滴水经过丽江

阿 来

我是一片雪，轻盈地落在了玉龙雪山顶上。

有一天，我醒来，发现自己变成了坚硬的冰。和更多的冰挤在一起，缓缓向下流动。在许多年的沉睡里，我变成了玉龙雪山冰川的一部分。我望见了山下绿色的盆地——丽江坝，望见了森林、田野和村庄。张望的时候，我被阳光融化成了一滴水。我想起来，自己的前生，在从高空的雾气化为一片雪，又凝成一粒冰之前，也是一滴水。

是的，我又化成了一滴水，和瀑布里另外的水大声喧哗着扑向山下。在高山上，我们沉默了那么久，终于可以敞开喉咙大声喧哗。一路上，经过了许多高大挺拔的树，名叫松与杉。还有更多的树开满鲜花，叫作杜鹃，叫作山茶。经过马帮来往的驿道，经过纳西族村庄里的人们，他们都在说：丽江坝，丽江坝。那真是一个山间美丽的大盆地。从玉龙雪山脚下，一直向南，铺展开去。视线尽头，几座小山前，人们正在建筑一座城。村庄里的木匠与石匠，正往那里出发。后来我知道，视野尽头的那些山叫作象山、狮子山，更远一点，叫作笔架山。后来，我知道，那时是明代，纳西族的首领木氏家族率领百姓筑起了名扬世界的四方街。四方街筑成后，一个名叫徐霞客的远游人来了，把玉龙雪山写进了书里，把丽江古城写进了书里，让它们的名字四处流传。

我已经奔流到了丽江坝放牧着牛羊的草甸上，我也要去四方街。

但是，眼前一黑，我就和很多水一起，跌落到地底下去了。

丽江人把高山溪流跌落到地下的地方叫作落水洞。落水洞下面，是很深的黑暗。曲折的水道，安静的深潭。在充满寂静和岩石的味道的地下，我又睡去了。

再次醒来，时间又过去了好几百年。

我是被亮光惊醒的。我和很多水从象山脚下的黑龙潭冒出来，咕咚一声翻上水面，看见很多不同模样的人。黑头发的人，黄头发的人。黑眼睛的人，蓝眼睛的人。我看见了潭边的亭台楼阁，看见了花与树。我还顺着人们远眺的目光看见了玉龙雪山，晶莹夺目矗立在蓝天下面。潭水映照雪山，真让人目眩神迷啊。人们在桥上，在堤上，说着不同的语言。在不同的语言里，都有那个词频频出现：丽江，丽江。这时的丽江已经是一座很大的城了。城里也不是只有最初筑城的纳西人了。如今全中国全世界的人都要来丽江，看纳西古城的四方街，看玉龙雪山。

我记起了跌进落水洞前的心愿：也要流过四方街。

顺着玉河，我来到了四方街前。

进城之前，一道闸口出现在前面。过去，把水拦在闸前，是为了在四方街上的市集散去的黄昏开闸放水，古城的五花石的街道上，水流漫溢，洗净了街道。今天，一架大水车来把我们扬到高处，游览古城的人要把这水车和清凉的水做一个美丽的背景摄影留念。我乘水车转轮缓缓升高，看到了古城，看到了狮子山上苍劲的老柏树，看到了依山而起的重重房屋，看见了顺水而去的蜿蜒老街。古城的建筑就这样依止于自然，美丽了自然。

从水车上哗然一声跌落下来，回到了玉河。在这里，我有些犹豫。因为河流将要一分为三，流过古城。作为一滴水，不可能同时从三条河中穿越同一座古城。因此，所有的水，都在稍作徘徊时，被急匆匆的后来者推着前行。来不及做出选择，我就跌进了三条河中的一条，叫作中河的那一条。

我穿过了一道又一道小桥。

我经过叮叮当当敲打着银器的小店。经过挂着水一样碧绿的翡翠的玉器店。经过一座院子，白须垂胸的老者们，在演奏古代的音乐。经过售卖纳西族的东巴象形文字的字画店。我想停下来看看，东巴文的"水"字是怎样的写法。但我停不下来，没有看见。我确实想停下来，想被掺入砚池中，被蘸到笔尖，被写成东巴象形文的"水"，挂在店中，那样，来自全世界的人都看见我了。在又一座桥边，一个浇花人把手中的大壶没进了渠中。我立即投身进去，让这个浇花的妇人，把我带进了纳西人三坊一照壁的院子。院子里，兰花在盛开。浇花时，我落在了一朵香气隐约的兰花上。我看到了，楼下正屋，主人一家在闲话。楼上回廊，寄居的游客端着相机在眺望远山。楼上的客人和楼下的主人大声交谈。客人问主人当地的掌故。主人问客人远方的情形。太阳出来了，我怕被迅速蒸发，借一阵微风跳下花朵，正好跳回浇花壶中。

黄昏时，主人再去打水浇花时，我又回到了穿城而过的水流之中。这时，古城五彩的灯光把渠水辉映得五彩斑斓。游客聚集的茶楼酒吧中，传来人们的欢笑与歌唱。这些人来自远方，在那些地方，即便是寂静时分，他们的内心也很喧哗；在这里，尽情欢歌处，夜凉如水，他们的心像一滴水一样晶莹。

好像是因为那些鼓点的催动，水流得越来越快。很快，我就和更多的水一起出了古城，来到了城外的果园和田地里。一些露珠从树叶上落下，加入了我们。在宽广的丽江坝中流淌，穿越大地时，头顶上是满天星光。一些薄云掠过月亮时，就像丽江古城中，一个银匠，正在擦拭一只硕大的银盘。

黎明时分，作为一滴水，我来到了喧腾奔流的金沙江边，跃入江流，奔向大海。我知道，作为一滴水，我终于以水的方式走过了丽江。

讲堂录

今天的语文课，我想先做一个关于水的提问。大家了解的水的样子是可以洗手、可以喝的样子，我们把水的这种样子叫作液态，大家知道水还有哪些其他的形态吗？

学生：水蒸气、冰雹、雪、气态、晶体……

对，晶体，水的一种形状。再过一段时间，丽江这里早上会打霜，对不对？霜就是白天的水蒸气结成了冰。我们可能在纪录片或是科普书里，看到晶体在显微镜底下放大的时候是非常漂亮的，像一朵花一样，所以我们把一片雪叫作雪花。

总之，霜也好，雪也好，都是水的晶体的状态。最结实的晶体是冰。我们每天抬头就能看到玉龙雪山。

刚才大家还讲了一种，气态。我们看到的气态就是家里烧的水。水一烧开，水蒸气冒出来，水就蒸发了，自然界当中还有什么形态是气态的水呢？看看窗外。

学生：雾。

对，云和雾。云和雾有什么区别呢？蒸汽刚刚从地面蒸发的时候，因为上面的空气是冷的，它就凝结变成雾。当它再升高，就变成了云。云积聚太多、云黑到一定程度的时候，又会重新变成水，又落到地面上。夏天是雨水，到了冬天就变成了雪。

雪、雨水、云、雾、霜、冰，自然界当中看到的每一种事物都有命名。但是我们人类的思维有一个了不起的地方，就是我们能把它们归类，归类就是刚才大家用到的概念——水，不论有多少种存在，它的形态只有三种：液态，我们平常在喝、用的水；固态，就是结成冰雪了；气态，蒸发了。

我们观察事物、学习文字和词汇的时候，就要注意归类，要了解这个词它到底指的是一个总体的状态，还是指的是一个具体的事物。比如说人，人是类似于气态、固态那样的概念，还是冰、雪这样的概念呢？是指很多东西，还是只指了一个东西呢？

学生：人是老师说的总体的概念。

对，人是关于一个类别的。你想，男人、女人，这是一种分法；老人、年轻人、小孩子，又是一种分法；还可以分成不同肤色的人，黑人、白人、黄种人。

学生：美国人、中国人。

对啊，丽江人、大理人，这就可以分。刚才我们点名了，每个人还有一个名字到具体的人。这里牵扯到我们要观察、表达这个世界的时候，有些词是表达一个类别的，有些词就是表达个体的、个别的。

今天我们的课程就从水与人开始。大家知不知道我们人的主要构成是什么？

学生：血液、骨头、神经、细胞……

那细胞里面装的是什么你们知道吗？细胞里面主要装的是水。一个人身上的水占到多少呢？如果你是100斤重，其中有70斤是水。大家看到过埃及的木乃伊没有？把一个人身上的水抽干了，就变成那么一点点。只要有生命的东西，一棵树、一棵草、一个苹果，里面主要的成分都是水。哪怕我们在山上看见一头熊，它的主要成分可能也跟我们人差不多，70%左右也是水。而且人身上的水跟我们平常喝的水不一样。人身上的水里面有盐，是盐水，跟海里面的水一样，为什么会是这样呢？大家知不知道？

学生：因为有句话，大海是生命的起源之地。

对，你说对了。很多亿年以前，生命是从海水里产生的，不光是动物和人，还有最早的植物苔藓、藻类的生命，都是从大海起源的。所以我们有人生病了要去医院输液，他给你输的水不叫淡水，而是生理盐水。

还有一点，大家知道不知道，我们中国人发射天宫1号到月亮上去，美国人又发另外的宇宙飞船到火星上去，最重要目的是找什么呢？

学生：找水。

对，就是去找水。当然也找别的东西，但是最想在那些地方发现的就是水。我们人类在茫茫宇宙当中，其实很孤独，我们希望有邻居、有伙伴。大家看过火星的照片、月球的照片，好像上面什么都没有，一片荒凉。如果找到水，那代表着那个地方可能有生命；如果没有水，那就是一片荒凉死寂的世界。

所以我这次来，就是要讲一篇课文，跟水有关，跟人有关，跟你们的家乡有关，这篇课文叫《一滴水经过丽江》。

第一课 用水的眼睛看丽江

7年前我来丽江时，一共待了6天。大家知道报纸、杂志、网络上，有很多人都喜欢丽江，也写过丽江。有些人说丽江有好吃的，有些人说丽江有好风景，有些人说我在丽江遇到很有意思的故事……但是写文章，要写出自己看到的那个东西，不是按照别人的方式，说别人看见的。那么我要写什么东西呢？我想丽江城最美丽的东西就是水。丽江的水这么好，还这么干净，我就想沿着水去找它的源头，然后追踪它的过程，把这个过程在《一滴水经过丽江》里写下来。

写它怎么从玉龙雪山上下来，又怎样掉到地底下去，又经过多少年，突然在黑龙潭出现，穿过玉河，穿过四方街，穿过古城，流向了金沙江，又流到大海。在大海上又开始蒸发，变成云、变成雾。季风把这些云雾从海上吹过来，吹到我们这又变成雨、变成雪，又降落在玉龙雪山。

所以，水的世界是一个循环的世界。

循环，我们中国古人的话说得更好，叫周而复始。我们来学一下周而复始这个成语。"周"是什么东西呢？圆周对不对？水就是圆转一圈以后，再重新开始。"复"就是"又""重新"，"始"就是"开始"。水在这个世界上的运动就是周而复始、生生不息。

当水在这样循环的时候，我们的生命，人的、植物的、动物的生命，那些我们看不见的微生物的生命，也同样是周而复始、生生不息的。有些生命消亡了，但在水的滋养下，另外的生命又诞生，在这个世界上延续。

我们这节课讲的是水和丽江，其实是讲人跟自然的关系，这是一个全球热议的课题。

人类思考很多哲理性的东西，只是一个抽象的、逻辑的演绎，很多时候找不到一个具象的引导。所以我们从身边熟悉的事物入手，通过水在丽江的三种形态，讲解大循环，再把一个抽象的概念"周而复始、生生不息"讲给你们，这样更易于理解。

下面我们就来读一读《一滴水经过丽江》这篇文章。

我是一片雪，轻盈地落在了玉龙雪山顶上。

请大家注意，我没有客观地写说"这是一片雪"，我用的是"我是一片雪"。这是一种修辞的方法，大家能不能说出来这个修辞的方法是什么？

学生：拟人。

拟人化，我们读《安徒生童话》，看美国动画片米老鼠、唐老鸭，看到动物说的是人话，像人一样行动，但是我们都知道其实是不可能的，所以我们发明了一种讲故事的方法，让万事万物都可以用我们人理解的那种方式一样呈现出来，我们就把它们当成人。我使用了让雪像人一样明白自己的感受的这个拟人的方法。

如果我们只是说水要流向丽江吧，这说起来不生动，没有文学色彩，而且交代起来很麻烦。当我们采用了拟人化，假想水长着眼睛，它流经各个地方时，就能把丽江的自然、地理以及历史都瞧见了，都能讲出来。

全世界有好多地方要想建水库，就要筑一个大坝把液态的水关起来。但是雪山不用，一座雪山就是一个水库，为什么？因为气温低，凝结了，水变成了固体，我们不需要去做任何事情，就拥有了一个天然的、固体的水库。而且冰川慢慢下到4000米、3000米的时候，开始融化，而且不是一天融化，它是每天融化一点点，保证山下人的用水。所以，世界上的雪山和冰川都是非常宝贵的，不是我们人类去修整出来的。

我们想象水从高山上流淌下来首先很高兴。冰是没有声音的对不对？但是一旦变成水就有稀里哗啦的声音，我就把它想象成沉默了那么久，终于可以敞开喉咙，大声喧哗的感觉。这就是说写作要带有情感，想象水也有情感。

水流下来，在路上，就看见了森林。森林里有什么呢？针叶树——松树、杉树，还有杜鹃花和山茶花，接着流经茶马古道。

我们没有公路和飞机之前，主要的交通工具是马，马驮运的最重要的商品就是茶叶，所以古道就叫作茶马古道。这个时候水看见的是成群结队的马，就是马帮。

顺着驿道又经过了纳西族村庄里的人们，他们也都在说"丽江坝，丽江坝。那真是一个山间美丽的大盆地"。

文章中，水的流动是有一个轨迹的，从高到低。从高山看见植物，再到低山马帮来往的驿道，又顺着驿道经过了纳西族的村庄，去到丽江坝。

文中讲到了徐霞客。徐霞客是古代一个很了不起的地理学家。他的老家在江苏省，古时候没有汽车，没有火车，他完全是走到了丽江。为什么走这么远来丽江呢？他是为了弄清楚一个问题，当时古人认为岷江是长江的上游，但是徐霞客看过岷江，岷江不够长，他认为长江的上游一定还有其他河流。后来他来到丽江看到金沙江，根据金沙江的水流判断其为长江上源。徐霞客到丽江就生病了，腿不好，没法再追溯源头。木氏土司派了几个人，用轿子把徐霞客抬回江苏老家，他回到老家不久就去世了。他留下了一本书叫《徐霞客游记》。他的游记跟今天的游记不一样，他主要是考察中国的山脉、河流。他是第一个发现金沙江是长江正源的人。

眼前一黑，我就和很多水一起，跌落到地底下去了。

丽江水为什么会跌落到地底下去，而不在地表上流呢？这个跟丽江的地质有关系——喀斯特地貌。地壳是由岩石组成的，但是地球上岩石的成分是不一样的，构成喀斯特地貌的岩石就是石灰质，碳酸钙比较多，所以下雨的时候就会到处融化，融化以后水就特别容易渗透到地下去。在地下久了会找一个地方重新冒出来，所以玉龙雪山的水都是先渗透到地下，渗到地下虽然不能灌溉表面的庄稼，但是它会有一个好处——地底的岩石会把那个水的杂质过滤掉很多。

大家都买过矿泉水，矿泉水里面的矿在哪里呢？都在岩石里头。水渗透过这些岩石的时候，又把岩石中那些对人体有益的矿物质也溶解了一些，就变成了带有矿物质的水，就是我们经常还要花钱去买的矿泉水。

水跌落进落水洞下面，又睡去了。这一睡睡了多长时间呢？几百年。明代的时候掉下去的，再一次露出来要等几百年时间。

水经过漫长的时间重新从象山脚下的黑龙潭冒出来，又来到人间。我们用了一个词"惊醒"，因为地下是黑暗的，所以它是被亮光惊醒的。醒来一看，大家要注意，过了几百年了，时代已经变了，水来到了现在的时间。潭边的亭台楼阁是古代就有的，黑龙潭和那些树也是以前留下来的，倒映在湖中的玉龙雪山的影子也是从古到今就有的，那什么东西是今天才有的呢？就是那些不同的人。

在明代，世界各地没有像这样频繁地交往。我听说班上有一位来自台湾地区的同学？大家想，在明代的时候，交通不便利，很难想象会有一个从我们中国台湾省的人来到丽江，还在这上学，父母也在这里工作对吧？你们看，这就是交流。

当然还不止，大家每天到四方街、到黑龙潭边一看，全世界的人都到这来旅游。所以，黑龙潭、玉龙雪山这些自然界的东西不变，但人是要变化的，时代是要变化的。这个时候就出现了我们写的"看见很多不同模样的人"。

为什么要写成黑头发的人、黄头发的人，黑眼睛的人、蓝眼睛的人，而不写成美国人、日本人呢？大家想一想这是什么道理？我们第一次看见一个人，是不是先看见他的外表？外国人的头发、眼睛的颜色一看就跟我们不一样，至于是哪国人，问了才知道。所以水这一出来，它来不及跟这些人交流，它只能忠实于自己的眼睛的观察，看到那个第一印象，就是黑头发、黄头发，黑眼睛、蓝眼睛的人。观察与描写，要符合当时的情景，要准确。

这些外国人他们在桥上、在堤上，说着不同的语言，但是任何语言当中"丽江"这个名词不会变。所以水听不懂外国人说的别的话，但一定听得懂"丽江"这个词。

这时的丽江已经是一座很大的城了。

因为水之前看见的是明代，是木氏土司率领当地人民正在修筑四方街，但是今天的丽江已经变得很大了，住了几十万人，而且每天都有来自全中国、全世界的人来丽江旅游，来看四方街和雪山。所以"我"也记起了之前的心愿——流过四方街。那现在的四方街是什么样子的呢？

大家知道丽江城里的水是从黑龙潭作为泉水冒出来的，然后经过玉河流到丽江古城。现在世界上很少有像丽江古城这样一个城市，里面有几条水渠、溪流在穿行。我在30年前第一次来丽江的时候，古城里不像现在都是游客，当时街上住的全都是当地老百姓，房子也没有今天这么漂亮干净。四方街的街上都是城外

阿来老师带学生们到黑龙潭公园寻找古城水源头。

流入古城的水在进城前被大水车分流到三条小河中。

进来卖菜的、卖肉的农民。他们白天进城，下午离开的时候，市场上就会留下很多垃圾，还有拉车牲口的粪便，也没有清洁工打扫。那靠什么清洁呢？四方街大水池那里有一个闸门，把闸门一拉开，水就冲过整个四方街，把整个街道的垃圾全都冲走了，洗得干干净净，倒映出晚霞下的玉龙雪山。

所以丽江古城之所以成为古城，它真正的灵魂主要还是得益于水。它区别于其他古城最重要的地方，一个是纳西族的文化，一个就是水的运用。

本来玉河过来是一条河对不对？但在大水车那里，它变成了三条河穿过古城，每家每户用水都很方便，它也造成了一种清凉、美好的景观，所以水成为丽江的灵魂。世界上很多地方建了一座城，就把水给污染了，而我们丽江古城存在这么多年，我们还如此珍视水、保护水，水还这么清澈、明亮、洁净。这是我们跟人、跟自然界友好相处的范例。

水在三条河中选择了一条河，我们每个人在人生中都会面临选择，选择哪种东西决定了我们将来是什么样子。就像这个水，它选择不同的河流，看见的景观就会不一样。它选择了中流，所以它首先会看见四方街。在四方街看到了银器店、玉器店，还有售卖东巴文字的字画店。

这写了一个心理活动："我"是一滴水，但是人类是怎么把我写出来的呢？所以经过售卖纳西族东巴象形文字的字画店，我想停下来看看"水"字。

我们先来对比一下汉字的"水"和东巴文的"水"：

我们今天学的中文汉字，过去也像东巴文一样，有过一个象形文字的阶段。在最早的象形文字甲骨文当中，水是这样写的——))) 。

　　大家上山经常看见比较陡的岩石，可以看到高处的水一滴一滴从岩石上滴下来。甲骨文的"水"，就是这样写的，像从峭壁上落下的水滴。

　　东巴文的"水" ✎ ，像三条水道，汇集起来。

　　这个字北为水头，南为水尾，假设初创文字时是在一条大河边，那这条河的流向就是自北向南的。丽江古城里所有的水流也都是从北往南的；在古城里顺水走，就能走到南城，逆水走就能回到古城的中心四方街。

　　大家知道一滴水跟很多水在一起的时候，不可能说停就停下来，因为都被一起推着往前走，我们在这写了水的心理活动，它做不到，但是它很想。

　　水落在兰花上，它担心太阳出来了，万一被蒸发了怎么办呢？它的丽江古城之旅都没有完成呢，它只好又逃跑，继续和其他水流一起穿城而过。

　　出了古城，来到城外的果园和田地里，这里我们又写到了水的一种形态：露珠。露珠是白天气化了的液体，遇到晚上的低温，重新凝结而成。春天、夏天它是露珠，到了秋天冷的时候就变成了霜。露珠也落到这些水中，加入了我们，在丽江坝中流淌。

　　黎明时分，作为一滴水，我来到了喧腾奔流的金沙江边，跃入江流，奔向大海。我知道，作为一滴水，我终于以水的方式走过了丽江。

　　它奔流了一个晚上，黎明时分，天快亮了。作为一滴水它终于流到了金沙江边，然后奔向大海。作为一滴水的"我"，终于以水的方式走完了丽江。

第二课　丽江古城寻水

上一课，我们讲到水到了四方街，第一次有心理活动，想去看东巴文写的那个"水"字是不是？请大家告诉我，东巴文是写在什么样的纸上的？

学生：东巴纸。

没错，东巴文记录了纳西族古代的很多历史，都记载在了东巴纸上。东巴文如果写在沙上，一场雨就冲掉了，用印刷的方式或者书写的方式写在纸上，它就变成有意义的东西了。造纸术、印刷术和火药、指南针称为"中国古代四大发明"。

古代东巴文产生以后，纳西族人对这个纸上记载的东西很崇敬，把它叫作"经"。

经就是最重要的那些文字，是我们必须记住、必须遵守的那些东西。东巴的经书里包含纳西族从古到今的历史，以及纳西人对自然万物的信仰。为什么要爱护树，为什么崇拜玉龙雪山，这些道理都记载在古老的东巴经文里面。念经是为了获得古代的知识，获得古代人对我们道德上、信仰上的规定。课文里，我们经过一些老人在演奏东巴古典音乐的院落，那些音乐演奏和乐器制作的方法，都是用东巴文记载在东巴纸上。

那么东巴纸为什么要用荛树，而不用别的树皮来造纸呢？

这个荛花在植物学里属于瑞香科。相近的植物，有亲戚关系的，它们就叫一个科。瑞香科的共同特点是有点毒，这个毒不厉害，你不吃它，只是操作它、摸它，并不会中毒，而且它有一个

阿来老师和学生们在地图上追溯一滴水的旅途。

好处，就是防虫。

　　中国古代用的竹子或稻草造的纸，在保存的时候经常被虫吃掉。历史上也发生过很多虫把纸吃光的事件。而瑞香科的植物，比如荛花，还有西藏狼毒草，用它们做成的纸就带着一点点毒，虫子也会被毒死，这就非常利于保存我们古代的典籍。所以纳西族选择了荛花来制作纸。

　　通过上一堂课，我们知道了有一种东西无处不在，就是水。水是很多东西发生化学反应当中的催化剂。要想纸浆更成熟，需要水来发酵，因为植物的淀粉和化学物质需要催熟，水就起到了催化的作用。荛花经过重重工序，最后成为大家面前的纸张，所以古代教育读书的人，都会说要敬惜字纸。

　　水跟人的关系，我们能想到的是饮用，或者灌溉、清洗。我们很少知道水在人类的生产过程中的作用，包括今天现代化工业当中也大量需要水。水在这个世界上除了对生命如此重要之外，对这个世界上各种物质的变化也非常重要，这个就体现在东巴造纸工艺当中。

现在我们来到丽江城里另一个跟水有关的地方。

你们看上面有一个池子，水从上面流下来，一共三个池子，我们叫它三眼井。三眼井做什么用呢？第一个是喝，第二个是洗吃的，第三个是洗衣服或者洗别的东西。

我们喝的、吃的东西，都是最干净的水，如果洗衣服就要用到肥皂、洗衣粉，更何况衣服上还有很多污物，甚至可能还有细

三眼井的用水规则：饮水、洗菜、洗衣物各自分开。
阿来老师说，这其实就是人与人之间互相尊重的规则。

菌传染疾病，这都是有害的，所以三眼井水流的顺序是先饮、再洗菜、再洗衣物。虽然三眼井非常古老，那时的人也不懂科学，但是他们也知道这样的顺序。而且，喝水、用水的人都是邻居，人和人之间都知道要互相尊重，比如一个人要洗衣服，那我就待在一处洗，因为另一处有人要挑水回家吃饭，不能弄脏他的水。

丽江的三眼井显示了我们中华民族尊重自然的一个特别好的习惯，尊重自然，同时也尊重别人用水的习惯，这种精神我们要保存下来。在自己使用之后，我们还要考虑别人还能继续使用。你们长大后，可能就会从事自然环境保护的工作，甚至成为管理丽江古城的人，到那个时候，我们希望你们能保持好这个传统，让每个人都有机会饮用到干净的水。

第三课　玉龙雪山观察植物

今天的课，我们就在这片花海中讲。你们将来会上一门课，叫自然课，关于大自然当中的天空、大地，大地上奔流的水、雪山，和各种各样的植物。而如何描述大自然和自然当中的东西，是在语文课上学到的。

比如我手中拿着的这棵完整的草，是一棵要开花的草，我们要如何描述它呢？

首先，面对一个植物，我们要知道它有什么样的构成。就像我们描绘一个人，先会说他的脸，然后脸上的眼睛、鼻子、嘴巴像什么，还有他的腿和手，他的身高、身体，他的家乡是哪里……这样才能把一个人说清楚。

说花草也一样，先说它从什么地方长起来的？先是一颗种子，种子发芽，一种往上发，一种往下发。往下发的是根，根的上部就会长出来草，树也有根，大多数草都有根，有些草是没有的。中间的部分叫茎或者是干，树我们叫树干，草这样小的东西就叫茎。

植物需要营养，营养从哪里来？一个是根，根可以在地下吸收各种各样的矿物元素，就是我们说的肥料，氮、磷、钾这些化学物。还有是叶子，我们知道叶子和阳光会发生一种反应，叫作光合作用，也会产生植物所需要的养分。草吸收这些养分把自己长高长壮，为的是开花。

我们经常说写作需要观察，那要怎么观察呢？我们经常说看花，但是只看花就有点可惜，因为看花只用了眼睛。

看当然是很重要的，茎像什么样子，叶像什么样子，花像什么样子，颜色是什么……这是眼睛看到的。我们把这个花的整体——在植物学上叫植株，就像说一个人的身体，我们要全部描述它，就像画画一样，完整呈现出来。

同时，我们知道很多花是有味道的。上一课我们用荛花做纸的时候，就闻到一种花蕊香，还有植物的臭味。花香，其实也有不同的香。对于这个香，眼睛能不能解决呢？不能。这需要嗅觉，用到了鼻子。

花里有花蜜，我们小小地尝一下，用舌头触一下，会发现它有味道，有一点点甜，或者是有一点点辣，或是别的味道。现在就用到了嘴巴，主要用到舌头。

我们闭上眼睛，大家听一听风声……大自然的风现在正在吹拂这些生命体。风声有两种，一种是很大的、正在吹过我们的这种呼呼的声音，还有一种是细细簌簌的、沙沙的声音，是风在摇动这些花、这些植物时发出的声音。大家睁开眼睛看，是不是风正在吹拂它们，每棵草都在摇晃？我们的耳朵听到的就是这些声音。

我们还有一个感官：触觉。触觉是通过皮肤，尤其是通过手来实现的。我们摸一摸植物的叶子、植物的干、植物的茎，有些茎是很软的，有些茎是很硬的，质感是不一样的。而且同样是一根茎，下面很坚硬，摸最上面是软的嫩的，会有弹性，对不对？同样一株植物，从根到上面的感觉，完全是不一样的。摸一棵草和一根麦子的感觉，又不一样。麦子有针芒，有点微微的刺人，沾在皮肤上还会很痒痒。

我们实地观察，用了这种植物做例子，其实换一棵草，换一株树，是不是可以使用同样的方法呢？将来我们要写一种植物，写一个物体的时候，不能只写它很好看，我们身上有很多器官，耳朵听见了风吹拂它们的声音，舌头可能尝到它的味道，手摸到它的质感，这些感觉，都写进去。人有五官，五官都有感觉这个世界的功能。

所以，我们的写作就是要把这些感觉全部写出来，把感官打开。

观察和描写，还有一个很重要的东西。孔子讲过一句话，"必也正名乎"，还有一句"名不正，则言不顺"（《论语·子路篇》），什么意思？是说我们要认识一个事物，首先要正确地知道它的名字。我们一个班的同学，互相说自己的名字，认识一下，这就是观察的开始。现在我们走到野外，很多植物我们就不认识，所以首先就要正名。飘在天上的白色的叫云，后面的叫天空，蜿蜒起伏的叫山，山上长的是各种各样的植物，植物我们要叫得出它的名字。所以我们要养成一个习惯，学习不光是背书上的东西，还要走到大自然当中去，知道每一种东西的名字。

就比如现在我们身处的一片花海，大家知道这种植物叫什么名字吗？

学生：太阳花，油菜花，波斯菊，格桑花。

大家说了四个名字，但是一种植物肯定只有一个正确的名字。就像数学题只有一个答案一样，植物在科学中，一定只有一个名字是正确的。这里面有哪个名字是正确的吗？

油菜花不对，油菜花是黄色的，人工种的，用来榨油。油菜花是春天开的，古人说应时而开，每一种花开的季节是不同的，显然我们已经到了秋天了。秋天最容易开的花是什么？在人工栽种的花中，菊科的花是秋天开得最多的。所以我们基本可以肯定它的种类首先是菊科，所以正确答案是波斯菊。

波斯菊这个名字又透露了一个信息。每一个植物都有自己的老家，就是它们最早出现的地方。很显然，这种菊花的老家是古代的波斯，对应现在的国家伊朗。人在走遍世界的过程中，会把各种各样的好看的东西，包括植物，也带向全世界。伊朗的菊花就是这样来到我们的生活中。

刚才我们讲了观察用到的五种感官，有时候观察也可以依靠工具。

第一种工具就是尺子，比如说野外测量的时候，我们会说一棵树有多高，高是用尺测量出来的。花草也是，花瓣有大有小，可以测量直径。

当花中间有很小的东西，看不清楚时，我们就可以用放大镜去仔细观察。你们发现没有，自然界里还有人工制造的东西，好看的东西大部分是均衡的，对称的？你看你自己的衣服，你把它从拉链开始分，左右图案、花纹，都是一样的，这就叫对称之

学生们在波斯菊花海中学习用工具测量植物。

美。你看一个人的脸，眼睛、鼻翼，两只手，两条腿，都是对称的。无论是花草还是人，世界上美的东西，很多都有这个共性。

为什么要用放大镜呢？你用放大镜看这个叶子，中间有一条线，左右两边是不是一样的？你随便再采一个叶子，两边是不是对称的？生物界中，看起来美不美的条件之一就是对称。当然，参差错落又会形成另外一种美，但是生命体本身是用对称来体现这种美的。

我们今天的作业就是观察和描述植物。每人手上有一个用东巴纸做的本子，上山之后，请大家自己去发现一种植物，用刚才观察描述波斯菊的方法去观察它、描述它。

结课八分钟

我们来上今天的最后一课。之前我们一直说要到山上来看水的源头，大家一路都在猜，说我们要看雪、看冰川，因为《一滴水经过丽江》里面说雪变成冰，冰融化变成水，再经过丽江。那我们为什么没有去到水的源头，而是来到了云杉坪这里呢？在这里，大家直接看到水没有？没有。在这里，我们只看到苔藓、树、草。这些东西有一个共同的特征，都是绿色。我们来到一个植物的世界，草地是浅绿的，旁边云杉构成的森林是墨绿色的，而水，其实无处不在。

身边拔一个草叶子，在手上搓一搓，搓出来的是水。如果我们有一把刀，把树干割一个口子，慢慢地渗出来的，还是水。

水从山上下来，进到土地里面，输送给植物的根。还有通过蒸发，变成了雾，变成了云，云降下来就是下雨了，雨水落在树上，被树吸收，落到树下的苔藓上，被苔藓吸收。

植被就是一个绿色的水库。我们经常看到水库是什么？是一个湖，比如你们熟悉的蓝月谷。但在大自然当中，最多的水不是以溪流、河水、湖泊的形态存在，而是储存在植物世界里。所以我们看到，越是植物世界完整的地方，有树、有草、有苔藓，它的气候就越湿润，森林就越旺盛。所以我们说，森林、草地是最好的水源涵养地。

世界上，除了戈壁沙漠和地底下，只要有植物生长，就会有水。所以我们经常说，要保护森林保护小花小草，不光是因为它的美丽，最重要的是，它能帮我们存放下来大量的水。下雨最多的时候，它们把水存起来，干旱的时候，它们又把水释放出来。释放到哪里？到地下，作为地下水存起来，从泉水里面冒出来。植物是我们这个世界上水分的调节器，植物在调节水分，储藏水分。

我们今天讲了植物，讲了水，其实讲的是植物和水的关系。

水不仅滋养了这些美丽的植物，植物为我们涵养水源、调剂水源，最后使我们这个世界成为一个常绿常青的世界。今天，这个世界有很多地方已经没有这么美好的环境，人为了自己的生活和生产，对自然造成了一些破坏。我觉得你们作为丽江人应该觉得骄傲，我们发展了丽江的生产生活，我们还保留了这么优美的自然环境。将来你们的责任，是要在认识植物、认识水的基础上，更好地珍视我们的生活环境，珍视丽江的一草一木，珍视丽江的山山水水，大家也会在这个环境当中得到更幸福的生活。

大春老师说

中国古代有一种人被称为博物家，就是我们今天讲博物馆的"博物"。博物家不是一个职业，也不是限定在某一个时代才会出现。博物家，第一，必须要有很好的文字的操作能力；第二，必须要有很强大的好奇心；第三，必须要有足够的社会或者是家族的资源，让这样的人能够尽兴地徜徉在他所愿意去，或是他想要知道的地方。

语文课也不应该只有教我们平仄规律，教我们吟诗，教我们作对，或者写八股文。语文课的本质，在《论语》就已经说过了。子曰："小子何莫学夫诗？诗可以兴，可以观，可以群，可以怨。迩之事父，远之事君；多识于鸟兽草木之名。"（《论语·阳货篇》）

意思是，学诗可以激发热情，可以提高观察力，可以团结人们，可以抒发不满。近可以侍奉父亲，远可以侍奉君王，还可以多知道些鸟兽草木的名字。这就是博物的精神。

换言之，语文课并不局限在文章怎么作，修辞怎么讲究或者书怎么背。语文课的后面是认识真实的世界。

另外一个观点中西兼有。西方有这样一句话："The knowledge is one, the division of courses is nothing but the concession of human witness."知识是一体的，分科教育是对人类认知的弱点不得已的让步。换言之，早上上数学，下午上英文，明天上语文，后天上社会自然，这是因为我们的认知方式，没有办法打造一个知识一体化的体系。或者说这个体系就算存在，我们也很难在没有经过适当的训练之下，一次性地、完全性地接受这些知识，很多知识必须在分科以后一点一点地被发现。

徐霞客和阿来都是有着博物精神的人，他们要找到整体之间的联系。所以阿来老师有兴趣的不只是水，有兴趣的也不只是针叶、阔叶，他为我们上了一堂跟水和植物有关的课。

这好像不是语文课？不，这好像就是语文课的本质。

上课记

语文老师徐霞客

300多年以前，丽江来了一个语文老师，名字叫徐霞客。

他来到丽江是看山看水，但是离开的前一天，他做了一次语文老师。

丽江的土司木增恳请徐霞客，教一教自己的儿子四君如何写作文。四君刚刚考进了府学，但是此地没有好的老师，无法了解中原的文脉。土司请求徐老师赐教一篇作文，使得四君知道其中的写作方法，可以终身受益。

四君在红毡上跪拜了徐老师，送了礼物。师生一起写了一篇作文。四君陪着老师欣赏了盛开的茶花，吃了烤柔猪、牦牛舌。晚上，徐老师在灯下细细修改了四君的作文。

徐老师留下了自己的文章和批改的作文，第二天离开了丽江。他得了足疾。土司派人把徐老师一直送回江苏老家。

徐霞客在家乡写的日记，被称为《徐霞客游记》。游记中记下了这段丽江故事，还有他看山看水的发现。他发现，金沙江才是长江的源头。

语文老师阿来

300多年以后，丽江来了一个语文老师，名字叫阿来。

在丽江古城里头的大研中心小学，阿来老师教了一堂三年级的语文课，课文是《一滴水经过丽江》。

这篇课文不仅收在语文教科书上，也被刻写在丽江城广场的石碑上，它的作者就是阿来。

阿来老师教自己的课文，应该得心应手，但是他说，自己很紧张。

"其实我很紧张。你想我们作家的劳动是一个很孤独的劳动，很少考虑别人的反应。过去当教师我是教高中的，现在突然面对一群小孩子，我觉得我有压力：第一，要他们懂。第二，小孩子要让他集中5分钟、10分钟注意力都是很难的，要用什么样的方式去勾起他们的兴趣，而且让这个兴趣能够保持住？"

阿来老师走进教室，先讲了"水"。他用冰、水、云雾、雨雪，讲到八个字：周而复始、生生不息。

然后，再打开课文开始讲述，他为什么要这样写《一滴水经过丽江》。

在黑龙潭看水

阿来老师的语文课变成了户外课，他领着学生们去古城看水。

阿来老师教学生们观察自然：风有两种声音。一种是很大的，呼呼呼地吹过我们；一种是细细簌簌的、沙沙的，是风在摇动花的声音。

户外课的第一站是黑龙潭公园，玉龙雪山的水是从黑龙潭涌出来，走向全城的。

　　黑龙潭的水首先流进玉河。

　　阿来说：“你们看玉河，旁边长了很多喜欢水的树。其中最多的就是云南柳。为什么柳树会长在这里？就是因为它喜欢水。”

　　“老师，云南柳是不是和别的柳树都是不一样的？”

　　阿来说：“对，柳树也有很多种类，其中有一种长在云南的就叫云南柳，山上看到的松树，还有一种叫云南松，咱们这个地方的土壤、水、天气跟别的地方不一样，就会影响到植物，长成跟别的有区别的样子。”

　　“老师，我们学校门口的柳树和这个柳树不一样。”

　　阿来说：“学校门口那种柳树是另外一种柳树，大家发现有什么区别吗？第一你想想它的叶子，学校门口的叶子是窄窄的长长的，对不对？第二它的树枝是软的，垂下来的，这个树枝是往上长的。所以那个柳就不叫云南柳了，它叫垂柳，垂下的垂。”

　　“老师，这个叫麻将树。”

　　阿来说：“对，说得好。它的树皮裂开就像一块一块的麻将一样，也可以想成是豆腐干。凡是自己站不起来，但是可以长在人家身上往上爬，都叫攀缘植物。”

　　三年级的同学好奇多多，问题多多：

　　“阿来老师，为什么这些树不会自己动？”

　　阿来说：“植物就是不动，但它也有小动作。它的枝条在不断地升高，它的叶子会卷起来，或者是张开，尤其是开花的时候，它也有动，但是这个动看不见。如果说我们看到它的内部，它的根正在从地下把水吸起来，养料吸起来，通过里面的一些通道，送到上面去，送到枝头上去，送到叶子上去。植物的内部还是有运动，它还是和人一样要呼吸。"

"这个树有300岁的。"

阿来："这种树叫栲，叫壳斗科，它的果子像在一个碗里、一个斗一样，不是把种子全都包起来的。这个栲也是壳斗科的一种，公园里最老的树。

"如果我们是学习的话，我们这些看见就是观察。我们就要睁大我们的眼睛。

"刚才有一个同学观察得很好，他说水像翡翠的颜色，像翡翠的质感。我们直接说水的话，你就只能说它很干净、很清洁、很透明，但是你如果拿另外的我们熟悉的东西一比较，我们叫比喻，它的特点一下子就很鲜明了。

"今天很遗憾，玉龙雪山一直都用大片云彩把自己的脸、身体遮起来，不让我们看见，因为那里气温低，它就把那些上升的水蒸气都吸引到它旁边，变成含雨的云和雾，为什么会有云在那里？它是一座雪山，它身上还有那么多冰，它就把那种冷的东西都聚在它的旁边。有一阵子它又重复下雨下雪，最后还是会变成黑龙潭里的水。终于有一天又流进我们的生活当中。所以这就是一种观察。"

在古城看水

离开黑龙潭公园，阿来老师的观察课接下来走到了丽江古城的四方街、三眼井。

黑龙潭的水流进玉河，玉河的水流到大水车。大水车是丽江的一个标志。大水车的对面，有一块大石碑，碑上刻写的碑文就是《一滴水经过丽江》。

大水车把河水分流到三条河里，流遍丽江全城，城里最核心的广场叫四方街。

四方街曾经是古老的茶马古道的一个枢纽站。明清时代，四方的商贾云集四方街，带来海内外的商品和各种不同的文化。

四方街充满了来自世界各地的游客。广场上的音乐挑动了游客们舞蹈的兴致。不仅同学们参加进去，连带阿来老师也被裹挟进去"打跳舞"。

丽江是一座水城，一路走一路是水，一路是花草。一路走，同学们一路信口提问，阿来老师一路脱口回答。

路上看见一种花，有的同学叫它紫兰花，有的叫三角梅。阿来老师说，这也叫叶子花，也叫宝巾，像纸巾；也叫九重葛，因为爬得高；也叫簕杜鹃。深圳的市花就是簕杜鹃。这个花是从南美洲传过来的。

"老师你讲得太多了。"同学们发现他们有一个问不倒的老师。

古城里的户外课，最后一站是学习荛花造纸。东巴造纸是一件非物质文化遗产。上完造纸课，每个同学领到了一本东巴纸的作业本。阿来老师留给大家的一个作业，是写出自己的观察。交作业的地方，在玉龙雪山的云杉坪。

去山上看花看草看树

阿来老师的最后一堂课，在海拔3300多米的云杉坪。

阿来老师提醒同学们，观察这里的花草树木跟山下黑龙潭公园里的花草树木有什么不一样。

"不一样，很高。这里的树是一大片一大片生长的，黑龙潭的是一棵一棵的。"

阿来说："对，而且黑龙潭的树没有这么直。刚才有一个同学说到了，树叶也不一样了。这里我们想找大叶子的树很难。大叶子的一种，我们叫作阔叶树。阔叶树有一个特点，春天发芽，秋天这个时候慢慢地就要变颜色了，到冬天就落光了。

"我们背后是一棵阔叶树，这棵阔叶树叫作花楸，它的叶子大。大家看它的叶子很有特色，像一片羽毛。它春天开很繁茂的白色的花，现在到了秋天了，它就结这种一串串的白色的，有点红色的果实，结很多。这个果实人不吃，但是很多动物、松鼠、熊，更多的是各种鸟，在秋天就吃这个果实。

"我们看到另外一种树，这种树的叶子很窄，很细，但是很长，它的叶子像一根针一样。我们把它叫作针叶树。云杉树、松树，还有柏树，这三种针叶树，冬天是不掉叶子的。这些树还有另外的一个名字，叫作常绿树。我们来到的这个地方叫云杉坪，这里看到最多的，就是云杉树，而且这个杉树是丽江才有的，叫丽江云杉。"

阿来老师布置的作业，是分组或者单独去观察：去看看这些植物，它的干像什么，它的枝像什么，它的叶像什么，它的颜色是什么。

陈砚是来自台湾地区的同学，她问阿来老师："阿里山和玉龙雪山有什么区别吗？"

阿来说："阿里山的纬度更靠东，它受海洋性气候的影响，植物就有很多不太一样。日月潭旁边长了很多槟榔树，有点像棕榈树一样，因为那个地方比较温暖些，长的是亚热带和热带的树木。"

陈砚问："日月潭和丽江的黑龙潭有什么区别吗？"

阿来说："首先它们纬度不一样，黑龙潭是天然的湖泊，日月潭是人工做的，首先是修了一个水电站，要修水坝拦起来，就修了一个水库。"

每个同学都急于报告自己的发现，听听阿来老师的讲解。

"你说的蘑菇我要纠正你，蘑菇不是植物，蘑菇叫真菌。"

"这种草，这个叫蕨。蕨是地球上最古老的物种之一，我们今天说恐龙都灭绝了，恐龙时代的很多动物植物都灭绝了，但是这种恐龙时代就有的草，它们就没有灭绝。"

"这种树叫小柏，它会开黄色的花，结红色的果，但是开花的时候都过了，果子还没有红，红了以后这个果子吃起来有点甜。在欧洲人不修围墙，就栽一排这个做篱笆用，很美观。"

"这个比蕨还古老，这叫苔藓。苔藓在水里叫藻，现在地上也有，树上也有，都枯死了，最顶上也有苔藓。好的苔藓也是很多动物吃的东西，尤其是树上挂的长的那种东西。在云南有一种很珍贵的猴子，叫滇金丝猴。滇金丝猴除了吃点果子之外，尤其是冬天，就是吃树上的苔藓。因为树上的苔藓很干净。你不要看这个苔藓很简单，它对空气质量要求很高，只有空气非常清新的地方才长，一旦有空气污染，比如城里的树没有看到长苔藓，就是因为城里空气不干净。我们把它看成是一个空气质量的指标。"

"这就是杉树的果子，它成熟、晒干了，就一个一个地打开了，而它每一个叶片下面，像不像一个鱼鳞？它是一层层地盖着，每揭开一片，如果是成熟的松果，它下面就有一颗小小的种子。现在都粘在一起，看不见，如果干透了，风一吹，这个种子就出来了，而且它还带了一个透明的翅膀，就像直升机的螺旋桨一样，风吹着就会传到很远，这是植物传播种子的方式。这就是这棵树的种子，而且它还没有成熟之前是绿色的，现在它已经变成棕色的，它会打开。"

一个同学又找到了一种植物，蓝色的，就像一口钟。

阿来："这个花是一种药材。"

"是什么药材？"

"沙参。"

作业做完了，同学们团团围坐在草地上，听阿来老师讲课。阿来老师讲的最后一种植物是报春花。

这个季节，在野外已经没有报春花，阿来老师特意从林业科学所的温室里借来了一盆报春花。"这个是报春当中比较漂亮的一种，叫丽花报春。"

本来以为来看水的源头，老师讲的为什么都是植物？阿来老

学生们在四方广场跳"打跳舞"。阿来老师原本不愿加入，最后受到感染，也跳了起来。

师说，水无处不在。

"大家一坐，坐在树桩上，我就听见有同学说，好湿呀。因为苔藓里面储存的水分，被你一重压，身体一坐，挤出来了，水就把你屁股下面打湿了。在这个草地上坐上十分钟二十分钟，你也会觉得很湿。我们这个世界上，只要有植物生长，它就是充满了水，储存了水。"

为什么一篇讲水的语文课，要变成植物课?

阿来老师解释说:

水不只是跟人发生关系，水是滋养整个世界的。我们人类想到别的星球上去，拜访最近的邻居，比如人已经到过月球，我们发出的探测器到过火星、木星、土星，甚至到过天王星、冥王星，其中最重要的一个使命就是看看有没有水。

水是一切生命的基础。我们地球上的生命的爆发也是从水里开始的，最早就是水里那些小的海藻诸如此类的，最后变成苔藓、变成草、变成树，然后又在这个中间抚育出动物来，人也是这样进化的。所以水是如此重要。

丽江这个地方又是一个非常丰盛的植物王国，在全世界都是生物多样性最充足、最丰富的一个地方，所以我们只是拿植物做例子，来讲水。

关于同一堂课的说明文

（后记）

向 阳

《同一堂课》本来的名字，是《一村一课》，寄放了一个很朴素的想法，就是请代课老师去乡村小学上语文课。

给它改名字的是田明，田明是这个项目的联合发起人。他觉得应该有一个"同"，同根同脉同一堂课，所以就《同一堂课》了。

《同一堂课》三年两季，跑了19个省区市，34所学校，包括台湾的6所学校，香港的1所学校，日本的1所学校，包括北京、上海、苏州、杭州等城市的学校，所以真的没法"一村一课"了，但是远山偏乡的乡村，仍然是"同课"的主校区。

看看是谁来上课

"同课"不是上课秀，是上课，所以第一要紧的是请到好的老师。所谓好的老师，第一是肯认认真真上课，第二是有资格、有技艺。

语文不仅是"语文"，语文本质上是全科教育，所以需要有技艺的老师。戏剧、音乐、舞蹈甚至魔术，都可以是理解语文的技艺。

"同课"的第一个老师是濮存昕，他讲的是《桃花源记》和《草船借箭》。他在舞台上演过的第一个主角就是周瑜。他的代课时长是五天，在全部"同课"老师中讲课最长。"同课"第二季最后一课的老师也是濮存昕，这一回他讲的是林则徐，其时，他正在国家大剧院演出《林则徐》。

茅威涛老师讲《牡丹亭》，她演过柳梦梅。王珮瑜老师讲《空城计》，她演过诸葛亮。

张国立老师讲《论语》，他演过康熙、雍正、乾隆，这三位皇帝是历代皇帝中最敬拜孔子的。他张罗过一出戏，叫《下鲁城》，讲的是曲阜人不投降的故事。

老狼老师讲《送别》，《送别》是一首诗，首先是一首歌。

品冠老师讲《水调歌头·明月几时有》，《水调歌头》是一首词，苏东坡那个时候的歌。

作家当然是好的语文老师。

麦家老师的老家是富阳，那里跟鲁迅的故乡绍兴只有一山之隔。在富阳讲鲁迅是很自然的选择，篇目是很绍兴的《从百草园到三味书屋》。

刘震云老师也是讲鲁迅，也是很绍兴的《社戏》，但是增加了加缪的《第一个人》，以及他本人的《童年读书》。

阿来老师讲的也是他自己的作文，刊印在语文教科书上的《一滴水经过丽江》。作文写的是丽江，上课自然也在丽江。

张悦然老师很想讲讲诗歌中的失落和痛苦。她选择了《虞美人·春花秋月何时了》，上课的学校在甘肃张掖，那儿离江南很远，但是有"塞上江南"之称。

蒋方舟老师给张爱玲写过一封信，所以请她来讲张爱玲《天才梦》。张爱玲在港大上的学，所以找了港大同学会小学。

蒋雯丽老师也是一个作家，她的导演作品《我们天上见》，就源自她的著作《姥爷》，她的语文课因此讲的是萧红《祖父的园子》。

江南老师是一个理科生，却是在中学生阅读界最火的作家。他写的都是打打杀杀的故事，所以他讲的课文，是中国最著名的刺杀故事《荆轲刺秦王》。

杨祐宁老师是一个演员，但是领着孩子们做了一次科学实验，他讲的《曹冲称象》关乎浮力的物理学知识。语文课上任何奇迹都可能发生。杨老师童年的一堂《孔融让梨》课本剧，就成了他演艺生涯的一颗种子。

看看天看看地

"同课"确定要有户外课，走出教室去上课。孔子时代、柏拉图时代的上课都是户外课。

于丹老师的两堂课，一堂在台湾池上，一堂在日本神户，都是讲秋。秋天是看得见的，秋天当然在户外。池上的户外课在稻田，神户的户外课在日式庭院——相乐园。

王洛勇老师也有两堂课，一堂在贵州毕节，讲蒲松龄的《狼》；一堂在广东顺德，讲曹操的《观沧海》。讲海，要看海，看海底世界；讲狼，当然要去草原。

濮存昕老师的第一课讲了两篇课文：《草船借箭》《桃花源记》。上课所在的云南坝美村，就是一座桃花源，四面环山，两条水洞进出，坝子上是河流和稻田。

麦家老师讲《从百草园到三味书屋》，在院子里演示用簸箕抓鸟，走在村路上滚铁环，走在山路上挖何首乌，都是鲁迅时代延续至今的童年游戏。

老狼老师的《送别》课，在漠河北红村。《送别》唱"天之涯地之角"，北红村就是"地之角"。《送别》的户外课要去雪地上撒撒野，看看天空的星星，讲一讲户外生存。老狼带了豪华助教团，一支现场乐队，户外生存老师、天文老师配合星星和雪地。

马未都老师的《猫》课，当然要去看看猫。这些猫居住在观复博物馆。

蔡国庆老师在扬州讲《再别康桥》，当然要去看看桥，扬州的桥和剑桥的桥真是大不同。

孟非老师的学生是一班台湾排湾部落的孩子，他们学了李白，唱了李白，认识了李白游历图，还有一处要紧的，就是一起去喊山，对着祖灵大声喊出自己的心愿：我要去看大陆的河山。

惠英红老师的敬业精神，在香港演艺界是出了名的，所以请她来讲讲梁启超的《敬业与乐业》。梁启超是中国现代图书馆的开创者，上课地云南腾冲和顺镇恰恰有中国最早最大的乡村图书馆。更巧的是，惠英红老师曾经在这里拍过电影《武侠》。

邹市明老师的经历是一个跌宕的励志故事，所以请他讲讲"天降大任于斯人也"。地点在远天远地的四川丹巴，可以好好地看看天看看地。

凯叔老师一口气讲了两个节日，王安石的《元日》是我们今天的春节，辛弃疾的《元夕》是元宵节，都是过年。讲课的地点在四川凉山，当地的彝族恰巧要过彝族的大年。

张晓龙老师讲盛唐气象的《凉州词》，当然要从"夜光杯"说起。唐三彩很唐代，当然还可以讲唐代的化妆。讲大唐的上课地，首选当然是长安，如今的西安。

如何上好一堂课

如何让语文更有趣，如何发现语文更多的意思？

徐帆老师是一个好母亲，但是来讲了一堂好父亲的课：朱自清的

《背影》。这是徐帆自己选定的课目。父亲送她去上大学那一幕，徐帆感受强烈，几十年后还记忆犹新。

语文课要讲字词，准确达意。徐帆要求孩子们"向左微倾"，努力爬爬讲台，体会父亲爬站台的样子。《背影》是父亲课，在课堂上，徐帆要求孩子们来扮演父亲，自己扮演孩子，课后的作业，是孩子们回家采访父亲。语文需要写感情，徐帆老师布置的作文，是写写《爸爸，我想对你说》。

冯仑老师讲的是胡适"母亲课"，他的台湾鼻头小学的孩子们，要外出去探探母亲的班，要自谋生计体会母亲的不容易。

刘谦老师的《疑邻盗斧》课，在长城上认识"邻居"，是以邻为壑、以墙为界，还是以墙为桥。

王珮瑜老师的课当然要"唱念做打"，茅威涛老师的课是"唱念做表"，越剧没有打戏。杭州小百花越剧场，被称为"大蝴蝶剧场"。"大蝴蝶"成了孩子们的超级大课堂。

黄豆豆老师是舞蹈家，但是演过猴戏。他的《西游记》课，自然热闹成一团。

陈晓卿讲的是鸭蛋课，汪曾祺《端午的鸭蛋》。首先要吃到鸭蛋，鸭蛋是他从高邮请来的。广西龙胜小寨村，也有自己腌制鸭蛋的方式。鸭蛋课不限于鸭蛋，这是一堂美食课，到梯田上去看看玉米、看看辣椒。晓卿老师说，没有辣椒之前，中国人用茱萸制造辣味，孩子们齐齐地背出"遍插茱萸少一人"。然后呢，在野地里挖坑垒灶烧火吧，烤鱼、烤玉米。

阿来老师的正课是讲丽江的水，雪水泉水河水，但是还要讲讲植物。古城里的孩子们爱水，还有去花海看波斯菊，去高山看云杉，草地上一草一叶都是含水的生命体。

"同课"中更好的作文课，是张大春、刘震云、郑渊洁、王洛勇老师的课。作家的作文课效果好，是应当应分的，但是王洛勇作文课为什么好？

好作文都有一个好题目。

郑渊洁老师给出的作文题目是"大峡谷的马"："有一匹马正在吃草，吃着吃着，突然山崩地裂，马掉进了大峡谷，但是它没死，发现里面有一个神奇的地方，想象一下接下去会怎样？"

王洛勇老师给出的作文题目是"我在回家的路上"，要求就是：写你看见什么还看见什么。结果呢，几乎每一篇作文都好。

"我在回家的路上，我看到了两条小狗，我在回家的路上，看见了四头小牛，我在回家的路上，看见了几只小鸡，我在回家的路上，看见了几只小猫，我在回家的路上，看见了一头母猪，我在回家的路上，看见了几只蜜蜂。"（陈家驰）

"今天我在回家的路上见了一只小猫在自由地奔跑，我还看见小鸟在树上歌唱，有的小花在山上，鲜艳的小花，有的人在集口边挑了一担满满的水，从我的身边经过一辆汽车，里面有三个大人。在我家边上有很多人在乘凉，这就是我在回家的路上。"（曾江鸿）

"我在回家的路上，看见了一只公鸡。金鸡独立地站在那里，我赶紧跑过去看，公鸡展开两只大翅膀，拼命地跑，我追呀追呀，我怎么都追不着，我只是想和你说句话，我不是要吃你。我学着鸡和它一起金鸡独立，不知不觉我和鸡妈妈接近了，后来我收养了这只鸡，我每天放学都抱它一下。"（龙丽）

"一人回家的路上，看见牛羊吃草，吃得好饱，一头小牛不见了妈妈，就在叫，结果牛妈妈就来，我也学它叫一声，可是被母牛追到了小明家门前。后来小牛叫了一声，它就回去了。所以我发现了牛也

会叫妈妈。"（高茂）

"我回家的路上看到了一位老奶奶买东西排队，我又看到了一位男孩手里拿着手机，目不转睛地盯着手机玩，还在唱歌，好听极了，还看见了一个绿油油的草坪，我在那上面玩，可开心。我在那上面又发现了许多花，有紫的、黄的、白的、粉的等颜色，我忍不住采了几朵，我又看见了几只蝴蝶停在花上，我追啊追，终于捉住了一只，我开开心心地回家了。"（罗韶婷）

"今天在回家的路上看见了一朵美丽的鲜花，分别有白、红、黄、绿四种颜色的花瓣，于是我就想把它摘了，可是我发现旁边有一个公告牌上，请勿摘美丽的花儿，我就没有摘。而且我每天都给花儿浇水，于是我就给它起了一个好听的名字，五色花，每天我都带我的小伙伴们看我的五色花，今天真开心呀。"（陶丝宇）

"有一天我回家的路上遇见一头牛，牛奇怪地叫，一辆摩托车跑来，它停住了，牛妈妈走过去，那个人下车了，下去把牛头打了，牛的主人来了，拿着棍子来了，把牛给打走了。"（罗红涛）

这样的作文，每一个孩子都写得出、写得好。

还有几句话

"同课"首先在电视台播出，乍看是一档文化节目，但是我们理解的"同课"，它就是一个教育项目。"同课"需要结结实实地备课，老老实实地上课，必须好看、好玩，有意思，有用处。

所以"同课"的每一堂课，都有长版的课程版在网络常年播出。但是，即使是课程版，仍然不完整，不足以展现课程的菁华。所以这一次，我们整理成书，希望"同课"的课，惠及更多的学生、老师和家长。

"同课"中这些课的课文，篇篇都是语文教科书中的经典篇目，统统都是斯文中国的一部分，值得好好学。

"同课"的这些课，每一堂都涵融了代课老师自身的修为，不仅是知识修养，还有更多生活的感悟、生命的美学。

"同课"中的这些课，浸润了代课老师的虔诚之心，浸润了上课孩子们的快乐之心，当然，也寄托了我们全体教学研究伙伴、全体"同课"同仁的谦卑之心。

同一堂课行动的联合发起方，是南方周末、南瓜视业、灿星制作。其初心之本，是对中国教育的一份执念。一起做"同课"这件事情的，有多方的伙伴，几十所学校及其上级教育部门、地方宣传部门的开放度极高的合作，浙江卫视慷慨给予宝贵的黄金档，学而思网校、博实乐教育集团、方太集团、斯巴鲁汽车欣然援之大度的扶助，因缘和合，共同成就善果。

"同课"真正的果报，是孩子们都喜欢语文课。人生该懂得的，在语文课上都可以学得到。

同一堂课，是一件"对的事情"。我们会继续做下去，做好它。

2020.10.10